博物館経営論

稲村哲也・佐々木 亨

(新訂)博物館経営論('19)
©2019 稲村哲也・佐々木 亨

装丁・ブックデザイン:畑中 猛

まえがき

　博物館経営論は，第一義的には，学芸員資格のための必須科目の一つで，博物館の形態面と活動面における適切な管理・運営について理解し，博物館経営（ミュージアム・マネジメント）に関する基礎的な能力を養うための科目です。ミュージアム・マネジメントは，ICOM（国際博物館会議）の用語の定義では，「博物館の管理運営を確実なものにしていくための活動」とされ，「財務的及び法的責任，セキュリティ及び維持管理，職員管理，マーケティング並びに博物館活動の戦略的手順，そして博物館事業の企画に関連する任務を含んでいる」とされています。博物館経営についての考え方は多様ですが，博物館の使命や目的を明確にして社会と共有し，それを達成するための組織体制を整えることが，博物館経営の根幹です。

　博物館は，人類全体や地域の文化的自然的遺産を保存・継承し，それを研究し活用するという目的をもつため，強い公共性を有すると同時に，独立した機関としての経営の（私的な）部分とをあわせ持った存在です。また，そのジャンルは，総合博物館から，美術館，歴史系博物館，自然史博物館，科学博物館，動植物園など多様であり，経営主体も国立，公立，民間，企業などさまざまです。近年は指定管理者制度も広まりつつあり，その経営実態はさらに多様化・複雑化の傾向にあります。また，デジタル技術が博物館のあり方を変え，地域住民との対話・交流と，博物館同士や多様な他機関との連携もますます重視され，博物館に求められる社会的役割も大きく拡大しています。こうした大きな広がりと深みをもつ経営体としての博物館の探求によって，マネジメント全般や，経済・社会・文化の関係性についての包括的な関心と理解も深まります。

この科目が教養科目としての意義も大きいことの所以です。

　近年の地方自治体における税収減は，博物館の約4分の3を占める公立博物館の経営だけでなく，我が国の博物館全体に大きな影響を及ぼしています。そんな中，行き過ぎた入館者数偏重主義や安易なコスト削減志向が顕著になってきました。

　しかし，この傾向は博物館本来の役割とは相容れないことを，多くの学芸員や博物館関係者は気がつき始めています。そのため，博物館経営のあり方をその館の社会的役割（使命・ミッション）からあらためて見直し，再構築しようという方向にシフトしていますが，まだ具体的な方向や方策を模索している状況といえるでしょう。

　このような課題を検討する際，博物館と来館者・地域住民との関係性に着目することで，課題解決の糸口を提供できるのではないかと考えます。つまり，来館者や地域住民を，博物館活動にとって受動的な存在ととらえるのではなく，博物館が，その人たちにとっての価値を社会で実現するための重要な場であるととらえる視点です。

　マーケティングの分野では，コトラーが企業活動におけるマーケティングの進化を，①作られた製品を売る「製品中心の段階」，②売れる製品を作る「消費者志向の段階」，そして，③消費者が社会的・経済的・環境的公正さに対する欲求をもち，ミッションやビジョンで対応している企業を選択する「価値主導の段階」と論じています。

　マーケティングの変遷に関するこの説明は，博物館における先の課題を検討する際に，きわめて示唆に富むものではないかと考えます。つまり，学術的に正しい内容を，または単に希少価値がある資料を展示すればよいという展示の作り方が，マーケティング①に相当するでしょう。一方，想定する来館者が関心をもつ資料やテーマ，ストーリー展開を企

画し，来館者目線の広報メディアを使うなどして，展示を作り上げていくのが，マーケティング②といえるでしょう。最近あなたが観たまたは体験した，博物館で行われている特別展や活動は，どちらに近い活動だったでしょうか。

　さらに，マーケティング③に相当するような博物館活動には，どんなものがあるでしょうか。決して多くの事例があるとはいえませんが，たとえば，市民の参加・体験を運営の軸とする「第三世代」の博物館などがあると考えます。来館者や地域住民が体現したい価値観と，博物館が持つミッションやビジョンとが呼応して展開した事例，つまり「価値主導の段階」に相当するといえるのではないでしょうか。

　博物館における以上のような活動や試みは，博物館と来館者・地域住民との関係性を変え，これまでの博物館のあり方を大きく変換する要素になるでしょう。社会における博物館の位置づけを再定義し，まだ模索状態にある先の課題に一定の解決方法を示すきっかけになると期待します。

　こういうことが，博物館において問題提起され，検討され，意思決定され，実行されていく過程やその結果を研究することは，博物館経営論の中心的なテーマの一つと考えます。この「博物館経営論」を受講するみなさんにとって，各章の内容が博物館を経営という側面から意識するきっかけとなるよう願っています。

　最後に，番組収録の際にゲストとしてお話しいただきました，伊藤達矢さん(第1回)，佐久間大輔さん(第2回)，嘉田由紀子さん(第5回)，大貫良夫さん（第6回），古田ゆかりさん（第7回），関谷泰弘さん（第8回），源由理子さん（第9回），奥本素子さん（第11回），高井健司さん（第12回），加藤幸治さん（第13回），太下義之さん（第14回）に心か

ら感謝申し上げます。また，本書の編集でご尽力いただきました山下龍男さん，ならびに収録においてお世話になりましたディレクターの真淵威志さん，技術の下田博さん，新田健一さんそのほかご協力いただきました放送大学のスタッフのみなさまに御礼申し上げます。

2018年9月5日

稲村　哲也，佐々木　亨

目次

まえがき　　稲村　哲也，佐々木　亨　3

1 はじめに：博物館経営とは　　｜佐々木　亨　11
1．博物館と経営・マネジメント　11
2．博物館経営の特徴　17
3．博物館を取り巻く今日的な状況　21
4．「博物館経営論」の全体構成について　27

2 博物館をめぐる人々と社会　　｜佐々木　亨　29
1．博物館のステークホルダー　29
2．博物館の手段的価値とはなにか―事業事例を通して―　34
3．博物館の手段的価値とはなにか―建設計画を通して―　40
4．経済学における「外部性」の考え方　45

3 博物館の組織と人材，行財政　　｜亀井　修　51
1．組織　51
2．人材　57
3．行財政　65

4 博物館の経営①：国立の博物館
｜小津　稚加子　73
1．はじめに　73
2．国立博物館は社会的なコストか　74
3．博物館の財務に関する情報　75
4．財務から見た国立博物館　81
5．まとめ　88

5 博物館の経営②：公立の博物館
稲村　哲也　91

1．公立の博物館の現状と改革　91
2．「第三世代の博物館」論　93
3．地域博物館における改革　95
4．地域の博物館における多様な連携と対話　99
コラム　「博物館力の最大化」のために—琵琶湖博物館を経営論的に見ると〔嘉田　由紀子〕　101

6 博物館の経営③：民間の博物館
稲村　哲也　106

1．民間の博物館の経営から学ぶ　106
2．野外民族博物館リトルワールド　108
3．博物館明治村　118
コラム　ペルー，クントゥル・ワシ遺跡発掘と遺跡博物館の設立・運営〔大貫　良夫〕　123

7 博物館の経営④：企業博物館
平井　宏典　127

1．企業博物館とはどのような存在か　127
2．企業博物館の類型における2つの視点　133
3．企業博物館における4つのタイプ　135
4．各タイプに共通する企業の意思の重要性　139

8 博物館の経営手法①：マーケティングと利用者調査の手法
佐々木　亨　142

1．マーケティングの定義と活動　142
2．博物館におけるマーケティング　146
3．博物館利用者を理解するための調査方法　156

9 博物館の経営手法②：使命と評価
　　　　　　　　　　　　　　　　　　　　｜佐々木　亨　162
1．評価導入の背景と評価の定義　162
2．博物館評価導入の現状と使命の重要性　166
3．使命に基づく博物館評価―「業績測定型」評価の事例―　170
4．多様な評価手法と今後の課題　173

10 博物館における連携①：他館・他機関・学協会
　　　　　　　　　　　　　　　　　　　　｜亀井　修　180
1．博物館の連携　180
2．戦略レベルを主とする連携　183
3．方法（戦術）レベルを主とする連携　190

11 博物館における連携②：市民・地域社会
　　　　　　　　　　　　　　　　　　　　｜平井　宏典　194
1．博物館経営における地域連携の必要性　194
2．博物館の主たるステークホルダーとしての市民　198
3．博物館連携の理論的背景―戦略的提携，ネットワーク論，共創戦略　205

12 公立博物館の経営形態：直営・指定管理者・地方独立行政法人
　　　　　　　　　　　　　　　　　　　　｜佐々木　亨　212
1．なぜ，公立博物館において経営形態が重要か　212
2．選択できる経営形態の変遷　213
3．指定管理者制度の現状と課題　216
4．地方独立行政法人への期待　228

13 博物館における危機管理・倫理規程
平井 宏典 233
1．危機管理　233
2．経営倫理　237

14 我が国の文化政策と地方自治体の文化財団
佐々木 亨 244
1．地方自治体と国の文化政策に関する歴史　244
2．札幌市における文化政策　248
3．地方自治体の文化政策と文化財団　257

15 海外の博物館経営
亀井 修 263
1．視点の拡大　263
2．経営・管理　267
3．正当性の共有　272

索　引　282

1 | はじめに：博物館経営とは

佐々木　亨

《目標＆ポイント》「博物館経営論」の授業を始めるにあたり，そもそも「経営」とはどのような活動なのか。また，博物館での経営とはどのような範囲を指すのかを説明する。その上で，博物館経営の特徴と博物館が現在置かれている状況を考察する。最後にこの授業の構成を紹介する。
《キーワード》　マネジメント，ドラッカー，使命，経営資源，ステークホルダー，ユネスコ勧告，とびらプロジェクト

1．博物館と経営・マネジメント

　この節では，経営学の立場から「経営」とはなにかを説明したのち，博物館における「経営」の範囲を見ていく。なお，この第1節では，「経営」と「マネジメント」という両方の用語が登場する。「経営」と「マネジメント」は定義が異なるが，ここでは，博物館の「経営」をよりよく理解するために，「経営」と「マネジメント」を便宜的に同じ意味としてとらえることとする。

(1) 組織のマネジメントとはどういうことか
　博物館に限らず，そもそも組織のマネジメントとはどういう活動や行為であるかについて説明する。

　経営学者のピーター・ドラッカーは『マネジメント【エッセンシャル版】―基本と原則』の中で，社会と組織，マネジメントの関係を以下の

ように述べている（ドラッカー2001：9）。

> 企業をはじめとするあらゆる組織が社会の機関である。組織が存在するのは組織自体のためではない。自らの機能を果たすことによって，社会，コミュニティ，個人のニーズを満たすためである。組織は，目的ではなく手段である。したがって問題は，「その組織は何か」ではない。「その組織は何をなすべきか。機能は何か」である。
>
> それら組織の中核の機関がマネジメントである。したがって次の問題は，「マネジメントの役割は何か」である。われわれは，マネジメントをその役割によって定義しなければならない。

つまり，マネジメントとは組織の機関＝はたらきのかなめであり，組織とは社会的な機能を果たし，社会に貢献するための社会の機関＝はたらきのかなめであるというとらえ方をしている。さらにドラッカーは続けて，マネジメントの3つの役割を以下のように説明している。

①自らの組織に特有の使命を果たす。
②仕事を通じて働く人たちを生かす。
③自らが社会に与える影響を処理するとともに，社会の問題について貢献する。

すなわち，マネジメントは組織の使命や目的を果たすために存在し，その組織で働く人々の生計や社会的地位，社会との絆，自己実現などを図る手段であるとしている。さらに，マネジメントには，組織が社会に及ぼす成果や社会的な課題解決への貢献を担う役割があると指摘している。つまり，組織のマネジメントと社会とは，本来，直結して考えるべきものと言えるのではないだろうか。

(2) 博物館経営の定義と範囲

 では，博物館の世界では，経営をどのように定義しているだろうか。倉田・矢島（1997：279-280）は，我が国における「博物館経営論」の登場の経緯と経営の領域を次のように述べている。

 博物館経営という用語は，ことさら新しいものではない。従来，博物館の運営や管理と訳されていたものである。いうまでもなく，博物館の管理・運営という課題それ自体は，博物館の登場以来存在していたはずである。しかしながら，明確に博物館経営論といった組み立てが形作られるのは，1960年代の米国の博物館運営の中からであるとした上で，我が国においては1990年代になって，博物館経営論の必要性が唱えられ始めたとしている。その背景として，①社会的な各種インフラの整備が一段落しつつあること，②物質的な豊かさの追求の先行きを眺めると，それがかえって豊かな社会を生むとは限らないという認識や，文化的インフラの整備という指向性が出てきたこと，③減速経済の中で，文化的インフラ整備が意外なマーケットとして存在していて，成長が見込める市場であると考えられることの3点を挙げている。

 そして，博物館経営の領域として，以下の2つを述べている（倉田・矢島1997：280-281）。

- ミュージアム・アドミニストレーション：博物館のトップ・マネジマントの領域であり，自治体などの博物館行政にかかわる問題と，博物館の理念や目的を定めること，さらに，定められた理念や目的に向かって，博物館活動を具体的にどのように展開するかという大方針を決定し，そのための予算を手当てし，組織と施設設備を準備し，これを運営・管理することである。
- ミュージアム・マネジメント：博物館における部門別の経営であり，施設の運営管理，資料の保存・管理，調査研究の運営管理，教育活

動の運営管理などと，そのための組織やスタッフの管理・運営である。

ドラッカーが述べた「マネジメント」とは，前者の「ミュージアム・アドミニストレーション」の中に含まれると言える。

一方で，日本の博物館学史において，マネジメントという視点はそれ以前からも持たれていたが，「日本ミュージアム・マネージメント学会」が設立された1995年，その2年後の1997年に博物館学芸員資格科目に「博物館経営論」が加わったことで，ますますミュージアムのマネジメントに関心が向けられたとされている（山本2011：60；75）。

この学会は設立20周年（2015年）にあたり，『ミュージアム・マネージメント学事典』を刊行した。その中で，同学会副会長の高安はミュージアムにおけるマネジメント機能について，時代により適合した新たなとらえ方をすべきだとして，以下のように記した。

> 日本におけるミュージアムの機能は，博物館法に従って「保存」「収集」「展示」「教育」「研究」の五機能を重視してきたが，生涯学習社会や情報社会を迎えて，時代に即応するマネージメントが求められ，より細やかな「地域連携」「学校連携」「情報へのアクセス」「新しいメディアに対応した広報」「総合的な学術研究」などの各機能も提案されることとなった。このようなミュージアムの新しい機能は，地域住民との協働が重要な役割を果たすこれからの社会を見通して，博物館の本来的な役割と幅広い教育普及活動に基づくミュージアムの三大機能として集約された（高安2015：8-9）。

そして，ミュージアムのこのような三大機能（役割）が現れるマネジメント領域とは，「ミッション・マネジメント」，「コミュニケーション・マネジメント」，「コレクション・マネジメント」であると記している。

高安の定義では，ミュージアムにおけるマネジメントの対象領域をミュージアム全体にかかわる「ミッション・マネジメント」と，それ以外のミュージアム固有の2つのマネジメント領域「コミュニケーション・マネジメント」と「コレクション・マネジメント」に細分化している。

　「ミッション・マネジメント」とは，博物館の内外にその館の目指すべき方向や目標，成果を明確にし，内外の関係者と共有すること，つまりミュージアムの全体像をデザインし，表明することである。また，ミッションの実現に向けて，事業を組織的・継続的に改善する体制を整備し，評価とともに関係者に対して博物館の価値を説明することが含まれる（高安2015：8-9）。つまり，具体的な事業計画や実施は含まず，あくまでもドラッカーが述べたマネジメントの1つめと3つめの役割を体系的に検討，整理することであると言える。

　「コミュニケーション・マネジメント」とは，ミュージアムからのサービスや成果などを受け取る利用者や地域住民との関係性に焦点を当てたマネジメントであり，「コレクション・マネジメント」とは，ミュージアムが所蔵する資料・作品・標本，また動植物園や水族館であれば生きた動物・植物に関する収集，保存・飼育，研究，活用に焦点を当てたマネジメントである（高安2015：10-13）。この2つのマネジメントは，倉田・矢島が分類した「ミュージアム・マネジメント」の領域に重なると考える。

（3）統治・経営・運営の3階層構造

　近年の米国の博物館において，博物館経営の全体像をどのようにとらえて経営実践に当たっているかを調査した報告がある（牛島・椎2004）。それによると，博物館は，人々が館の使命，責任，目標と目的を達成

し，維持するために協働する社会的な機関である。そのために，博物館は人々によって，統治，経営，運営される，としている。

　ここで言う，運営（オペレーション）とは，決定された事業を計画どおりに遂行することで，スタッフの健康と安全の確保，資料のセキュリティと保存，来館者の快適性と利便性の確保，スタッフ採用，施設・設備の管理・メンテナンス，事業の実施と運用などが該当する。高安の分類した「コミュニケーション・マネジメント」，「コレクション・マネジメント」，および倉田・矢島が分類した「ミュージアム・マネジメント」がこれに該当する。

　経営（マネジメント）とは，博物館組織における目標達成のための良好な環境設定と意思決定と定義され，これは館長の役割である。その職務は，博物館職員にかかわる予算や各部署の運営（オペレーション）などに関する事項の監督である。博物館スタッフに誰を雇用し，博物館で事業をどのように行うかは，館長の意思決定範囲である。

　新たにここで登場した概念として，統治（ガバナンス）がある。統治とは，博物館の最終的な法的，財政的責任と定義されている。その内容は，使命の作成，資金調達，運営方針等ビジョン・戦略の樹立，館長の雇用・評価，長期・中期計画の策定，使命に基づく博物館経営の監督（マネジメントのチェック機能）である。ガバナンスは米国では理事会の役割とされているが，我が国の公立博物館の場合でいうと，この理事会は設置者である地方自治体に該当する。

　このように博物館経営を3つの階層から構造的に見たものに，上山・稲葉（2003：112-118）の図書がある。上山・稲葉はさらに4つめの階層として，「統治」の上に「社会体制」を挙げている。これは，博物館の存立基盤としての資金，土地，建物，人材，ボランティアなどの経営資源の供給を，社会の中でどう位置づけるかを考えることを意味してお

り，例えば，ボランティアの協力，寄附税制の整備，地域住民による博物館支援NPOの設立などが，具体的な取り組み事例である。

このように博物館の「経営」と一言で言っても，同じ内容を説明する場合でも使われる用語が異なっていたり，そもそも博物館の「経営」をとらえる階層の幅が異なっていたりすることが分かった。しかしながら，ここで紹介したどの定義にも必ず記されているように，博物館という組織の使命や目的を明確に設定し，それを達成するための組織体制を整え，博物館の内外に具体的な意思を示すことが，博物館経営の要であることは確かである。

2．博物館経営の特徴

ここでは，博物館経営の特徴を使命，経営資源，ステークホルダーから説明していく。

（1）使命の重要性
博物館を評価する際，入館者数や収支で判断することは少なくない。しかし，それぞれの博物館には固有の使命や設置目的があり，利用者や当該地域に社会的な利益をもたらすことが組織の目的となっていて，それが最も上位に来る目的である。決して収益が最上位の目的にはならない。これは，博物館以外の非営利組織においても共通していることであり，非財務的目標の優位性と呼ばれている。例えば，第9章で紹介する三重県総合博物館の使命は，「1．三重の自然と歴史・文化に関する資産を保全・継承し，次代へ活かす。2．学びと交流を通じて人づくりに貢献する。3．地域への愛着と誇りを育み，地域づくりに貢献する」で

ある。その下位にある戦略目標では，例えば，開館当初では，「博物館の存在が広く伝わるために，開館の利点を活かして積極的な広報を展開します」，「ともに考え，活動し，成長する博物館」にするために，博物館の活動と経営への県民・利用者の参画を促進します」のように設定されており，その中に収益に関する言及はない。

（2）さまざまな経営資源

一般に経営資源とは，経営活動をする上で必要なさまざまな資源や能力のことをいう。よく「ヒト，モノ，カネ」といわれるように，これらは確かに重要な要素である。しかし，企業では「ヒト」＝人材，「モノ」＝設備や土地，商品，「カネ」＝資金，金融資産のほかに，技術力や特許，法的な権益，事業の伝統（「のれん」や「ブランド」），情報システム，取引先とのネットワーク，さらには企業文化といった目に見えない「情報的資源」も大切な経営資源の一つである。では，博物館における経営資源にはどのようなものがあるだろうか。以下で具体的に見て行く。

①ヒト

博物館経営に直接かかわっているスタッフであり，館長や学芸員のほか，事務系の職員，ボランティアなどである。このほか，博物館の清掃や警備，空調などを行う委託業者のスタッフ，博物館法第20条にある「博物館協議会」の委員も経営資源としての「ヒト」である。

②モノ

博物館で最も重要なモノはコレクションであり，そのコレクションが基になって計画される展示や教育普及事業といった，博物館が提供するサービスもこの中に入る。また，博物館の建物や施設・設備，土地，周辺環境の一部も経営資源としての「モノ」である。

このことに関連して，上山・稲葉（2003：136-138）は，博物館は大型の投資が必要で固定費（収益が増加してもそれに影響を受けることなく，一定に固定されている費用）の割合が高い「装置産業」の特性を備えているとしている。例えば，装置産業の典型である鉄道会社は，人や物資を運搬するために駅舎やレールを敷設したり，列車を整備するための車両基地を建設したりと，サービスを供給するために膨大な設備投資が必要となる。このような特性は博物館にも認められる。都道府県立レベルの博物館であれば通常，数十億から百億円規模の建設費がかかる。また開館後も施設の維持管理費として，1年間の歳出のうち2分の1程度の経費が必要となる。当然のことながら，博物館の基本的な機能として資料収集を行うので，館種によっては多額の資料収集費（購入費）がさらに必要となり，装置産業としての特性を備えていることが分かる。

③カネ

　博物館経営に必要な財源のことである。博物館の入館料や会場の使用料などが利用者からの直接的な収入である。しかし一般的に，それは博物館経営に必要な財源の数割程度であり，残りは国公立博物館であれば設置者である国や自治体から税金などで，私立博物館であれば設置者である親会社などからの資金で賄われている。

　この点で，博物館は新聞や雑誌の発行と同様に，サービスを受ける者（博物館であれば観覧者，新聞・雑誌であれば購読者）とそのサービスに必要な経費の大部分を負担する者（博物館であれば設置者，新聞・雑誌であれば広告主）とが一致していないことを上山・稲葉（2003：139-140）は指摘し，博物館は「メディア産業」としての特性も備えているとした。

④情報的資源

　これまであげた3つはどれも必須の要素である。しかし，この4番目

の情報的資源こそ，博物館が質の高い展示や教育プログラムといったサービスの提供や収集活動，調査研究成果を持続的に出し続けることができるかどうかの指標になると考える。

　例えば，「モノ」の中で記した，展示を企画し制作する際，企画展であれば，そのテーマにふさわしい資料が自館以外に，どこの博物館に所蔵されているのかという「情報」，自館の資料と借用資料を使って大きな展示空間を構成していく際の「スキル」は，公開される企画展の価値を決める重要な情報的な経営資源である。さらに，質の高い企画展を次々と継続的に開催し，さまざまな層の観覧者に高い満足度を与え，併せて企画・制作のプロセスで地域社会の課題解決に貢献したならば，そのような企画展を開催する博物館は一定の「評価」を得るとともに，その蓄積によって「ブランド」が形成される。これも情報的な経営資源である。

　また，コレクションにまつわる「情報」，例えば，民族資料であれば，製作年，製作者，製作地，収集地，収集ルート，資料の使用法など，さまざまな情報が付随している。これらは資料の調査研究にとって重要な情報である。さらにこれらの情報を検索する「情報システム」を構築する「スキル」も情報的な経営資源である。博物館利用者に関するデータ，例えば，属性，来館回数，利用交通機関，展示などの満足度などは，博物館の「経営情報」として有用であり，博物館が立地する「地域とのネットワーク」も情報的な経営資源として挙げられる。

（3）多様なステークホルダー

　一般の企業では，ステークホルダー（利害関係者）として，従業員，消費者，取引先，株主・投資家，競争企業，NGO・NPO，地域社会，政府などが考えられ，各ステークホルダーとの対話やコミュニケーショ

ンが重要視されている。博物館も同様に，さまざまなステークホルダーとのかかわりの中で経営されている。

　例えば，博物館であれば，①館内のスタッフ，②直接，博物館に来館して展覧会を観覧したり，教育普及プログラムに参加したりする利用者，③博物館には足を運ばないが館発行の印刷物やホームページを通して情報を得ている人，④博物館の存在は知らないが，博物館の運営経費にその一部が使われている税金を納めている地域住民，⑤資料の貸し借りや企画展の共催相手となる他の博物館，⑥同じ地域内の他の文化施設（図書館や文化ホールなど），⑦博物館の設置条例策定や予算の決定にかかわる地方議会の議員など，多様なステークホルダーが存在することが分かる。なお，第2章において，博物館の「年報」に現れるステークホルダーを具体的に説明している。

　国公立博物館であれば，その運営経費に税金が投入されているので当然であるが，私立博物館であっても公益財団法人が経営している場合は，公共の利益のために経営されることが期待されている。そのため，博物館来館者や利用者，納税者といったステークホルダーに，博物館の活動内容や経営実態が広く公開されることが要求され，常にその内容がステークホルダーによってチェックされることが望ましい。

3. 博物館を取り巻く今日的な状況

　ここでは，博物館が置かれている今日的な状況を，最近の公的機関による報告から紹介する。それによって，博物館が今後進むべき方向を理解し，将来の博物館経営を考える際のヒントとしたい。

　報告を紹介する前に，日本における博物館の概要とその推移を見ておく。2015年度の社会教育調査等によると，全国の博物館数は5,690館で

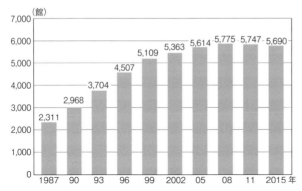

図1-1　日本における博物館数の推移
出典：国立教育政策研究所『博物館に関する基礎資料』（各年度より）

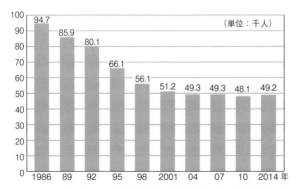

図1-2　日本における博物館1館あたりの年間入場者数の推移
出典：国立教育政策研究所『博物館に関する基礎資料』（各年度より）

ある（以下，全国の博物館数に関しては，登録博物館・博物館相当施設・博物館類似施設の合計とする）。1987年度からの博物館数の推移を見ると図1-1の通りであり，この間で約2.5倍に増加している。ただし，2008年度をピークにそれ以降，2011年度と2015年度の調査では減少傾向が見られる。

一方，日本における博物館1館当たりの年間入場者数の推移を見ると図1-2の通りであり，この間で半減していることが分かる。ただし，全国の博物館数が増加しているため，総入館者数は2.2～2.9億人の間で推移している。

（1）日本におけるマクロ的な変化

　国土交通省は2015年に，日本の国土にかかわるさまざまな政策，例えば，産業，文化，観光から交通，情報通信，エネルギー，防災・減災，共助社会づくりといった政策について，長期的な見通しを持って，統一性を持った方向付けを行い，目指すべき国づくりを推進するエンジンとなるべき「国土形成計画（全国計画）」（国土交通省2015）を発表した。この冒頭で「国土に係る状況の変化」として，以下の6点を挙げている。

　①急激な人口減少・少子化と地域的な偏在の加速
　②異次元の高齢化の進展
　③変化する国際社会の中での競争激化
　④巨大災害の切迫，インフラの老朽化
　⑤食料・水・エネルギーの制約，地球環境問題
　⑥ICT（情報通信技術）の劇的な進歩等技術革新の進展

　これらの項目はどれも博物館経営にとってかかわりの深いものと考える。とりわけ日本人の人口減少とそれに伴う変化（①，②），および国際化による外国人旅行者の増加によって引き起こされる変化（③）は，最も留意すべき事態ではないかと考える。

　この計画によると，2008年の総人口1億2800万人をピークに人口の減少が始まり，このままの出生率で推移すると，2050年には9700万人になると見込まれている。数字の上では約25％の減少であるが，この減少に伴う社会構造の変化が大きいとされている。つまり，1つめとして，地方から都市圏への若者層を中心とする人口の流出であり，それによって，地方での人口の激減と生活サービス機能の低下が生じる。2つめとして，高齢者（65歳以上）人口の増加であり，2025年には高齢者率が30％，2050年には40％弱にまで上昇すると予想している。しかも，地方

圏では高齢者人口のピークが2025年前後とされているが，東京，関西，名古屋の大都市圏ではさらにその後も大幅に増加し続けることが見込まれている。併せてこの計画では，退職して時間の余裕がある健康な高齢者の社会参画が重要な課題になると指摘している。

一方，訪日外国人旅行者の受入環境が整備され，2020年の東京オリンピック・パラリンピック競技大会を機会に，さらなる訪日外国人旅行者の増加が見込まれ，観光などのサービス産業の付加価値の向上が必要であるとしている。博物館はサービス産業のカテゴリーには属さないが，訪日外国人旅行者，特に欧米からの旅行者は，日本文化を詳しく知ることができる場所として博物館を頻繁に訪問する。そのため，この動向は博物館にとっても無視できない。

(2) ユネスコによる「ミュージアム勧告」

ユネスコ（国際連合教育科学文化機関）は，「ミュージアムとコレクションの保存活用，その多様性と社会における役割に関する勧告」(UNESCO 2015) を2015年に発表した。この勧告は，ユネスコ第38回総会で採択され，加盟国の政策立案担当者に向けたものであり，現代における博物館の社会的役割などを示した国際的なスタンダードとなるものである。

この中の「序」の項目2では，「文化の伝承，異文化間の対話，学習，討論及び研修の場としての博物館は，教育（フォーマル教育及びインフォーマル教育並びに生涯学習)，社会的な結束及び持続可能な開発においても重要な役割を果たす。博物館は，文化遺産及び自然遺産の価値並びにその保護及び伝承に貢献する全ての市民の責任に関し，公衆の意識を高める大きな可能性を有している。博物館は，また，文化及び創作の産業並びに観光を通じ，特に経済的開発をも支援する」と記されてい

るように，博物館は多様で幅広い機能と社会的役割が期待されるべきであるとしている。

　その上で，1960年に採択された「博物館をあらゆる人に開放する最も有効な方法に関する勧告」にある「あらゆる人に開放する」ことについて，さらなる言及も見られる。例えば，「Ⅲ　社会における博物館に関する論点」の項目16では「博物館は，社会における重要な役割を果たすこと並びに社会的な統合及び結束の要因として，全ての国において一層認識されてきている。この意味において，博物館は，社会における重大な変化（不平等の増加及び社会的なきずなの崩壊をもたらすものを含む。）に直面する地域社会を支援することができる」。同じく項目17では「博物館は，不可欠な公共の空間であって，社会の全てに対応すべきであり，これにより，社会的なきずな及び結束の発展，市民の育成並びに集団的な個性の反映において重要な役割を果たすことができるものである。博物館は，全ての人々（不利な立場にある集団を含む。）に開放され，並びに全ての人々について物理的及び文化的なアクセスを約束する場であるべきである。博物館は，歴史的，社会的，文化的及び科学的な問題に関し，考察し，及び議論する場となることができる」と述べている。

　加えて「Ⅳ　政策」の項目24では「博物館が遺産を保護し，及び将来の世代に継承することを可能とするため，地域社会及び文化の状況に適応した積極的な保存，調査，教育及び伝達の政策を支援するよう求められる。この観点から，博物館，地域社会及び市民社会と公衆との間の協調的な，かつ，参加型の努力が強く奨励されるべきである」としている。

（3）今後の博物館経営に向けて

　この節の（1）では，今後の人口減少に伴う社会構造の変化を説明した。これに基づいて，日本におけるこれまでの博物館事業の方向性を再検討する必要が生じていると考える。例えば，都市圏の博物館が対象とする利用者層と地方圏の博物館のそれとは，今後ますます異なってくることが考えられる。特に，両圏とも高齢者を博物館の場にどう取り込むのかを考えることが急務となるであろう。しかも，地域住民の層は今後十年単位で変化していくので，人口動態に関する情報収集も重要となるだろう。博物館数が今後減少する傾向にある中で，1館1館が担う役割は，ますます大きくなることが予想される。

　一方で，都市圏だけでなく，地方圏にも訪日外国人旅行者が訪れ，博物館に足を運ぶ人が増えると思われる。そのような訪日外国人旅行者への対応も，都市圏・地方圏にかかわらず課題となるだろう。

　この節の（2）で説明した勧告内容は，（1）で述べた課題に対して，博物館が今後進むべき具体的な方向や解決の糸口を示しているととらえることができる。つまり，これまでの博物館利用者であった大多数の人々は徐々に減少していき，今後はこれまで具体的に想定してこなかった人々，しかも決して一様ではなく，大多数でもない人々に対して，何ができるのかという問いに向かい合う必要があるということである。最近，博物館だけでなく，あらゆる文化施設において「社会的包摂（ソーシャル・インクルージョン）」の重要性を説いている論文，および「居場所としての文化施設」の存在を強調する記事をよく目にする。これらは，勧告の内容と同じ文脈でとらえることができると考える。併せて，これらの課題に向き合う姿勢として，博物館と市民との協調，市民の参加が必要であるという認識が，（1）と（2）において共通していることも分かる。

博物館は，これまで大切にしてきた「使命」や「経営資源」，これまで培ってきた「ステークホルダー」との関係を継承しながら，これから本格的に起こる大きな社会の変化にどう対応していくかという問いに，真剣に向かい合う時期に来ていると筆者はとらえる。その際，「経営」という営みの原点，つまり，ドラッカーがマネジメントの役割で述べた，①自らの組織に特有の使命を果たす。②仕事を通じて働く人たちを生かす。③自らが社会に与える影響を処理するとともに社会の問題について貢献する，という考え方に立ち返ることが大切と考える。

4．「博物館経営論」の全体構成について

　この印刷教材は，次のように構成されている。

　第1章「はじめに：博物館経営とは」，第2章「博物館をめぐる人々と社会」，第3章「博物館の組織と人材，行財政」の3回は，博物館経営の基本として，博物館における経営の概念や特徴，博物館が生み出す価値や博物館の経営資源について説明する。

　その後，博物館経営の事例として4回をあて，第4章から第6章までは，博物館の設置者別に，「国立の博物館」，「公立の博物館」，「民間の博物館」の経営を紹介する。さらに，第7章では，民間の博物館の中の「企業博物館」に焦点をあて，その現状と特徴を説明する。

　次の6回は，博物館経営の手法とルールとして，第8章では「マーケティングと利用者調査の手法」を，第9章では「使命と評価」を扱う。第10章と第11章では「博物館における連携」を他館・他機関・学協会，および市民・地域社会という2つの側面から紹介する。第12章では「公立博物館の経営形態」として，直営・指定管理者・地方独立行政法人の3形態を比較検討する。第13章では，今日的な「博物館における危機管

理・倫理規程」について紹介する。

　最後の2回では，博物館経営論を学習する際に知っておくべき事項として，「我が国の文化政策と地方自治体の文化財団」，および「海外の博物館経営」の現状と課題を考える。

参考文献

上山信一・稲葉郁子『ミュージアムが都市を再生する―経営と評価の実践』日本経済新聞社，2003．

牛島薫・椎廣行「米国博物館経営調査に基づく日本の博物館経営の重要事項に関する考察」『日本ミュージアム・マネージメント学会研究紀要』8, pp.41-51, 2004.

倉田公裕・矢島國雄『新編　博物館学』東京堂出版，1997．

国土交通省2015「国土形成計画（全国計画）」
　http://www.mlit.go.jp/common/001100233.pdf （2018年1月10日現在）

国立教育政策研究所『博物館に関する基礎研究』（各年度）
　http://www.nier.go.jp/jissen/book/index.html （2018年9月10日現在）

高安礼士「第Ⅰ部　第2章　ミュージアム・マネージメントの三大機能」日本ミュージアム・マネージメント学会事典編集委員会『ミュージアム・マネージメント学事典』学文社，2015．

ドラッカー，P.F.「マネジメントの役割」『マネジメント【エッセンシャル版】―基本と原則』（上田惇生編訳）ダイヤモンド社，2001．

山本哲也「博物館学史の編成について」『博物館学雑誌』37(1)，pp.51-84, 2011.

UNESCO 2015「ミュージアムとコレクションの保存活用，その多様性と社会における役割に関する勧告」
　http://www.mext.go.jp/unesco/009/1393875.htm （2018年1月10日現在）
　https://www.j-muse.or.jp/02program/pdf/UNESCO_RECOMMENDATION_JPN.pdf （2018年1月10日現在）

2 | 博物館をめぐる人々と社会

佐々木　亨

《目標&ポイント》　博物館という施設に来館して，博物館に直接かかわっているステークホルダー（利害関係者）とは，どのような人々か。また，来館はしないが博物館活動によって，よい影響や周辺環境の変化に伴う恩恵が生じる場面とは，どのような場面かを考察していく。
《キーワード》　ステークホルダー，年報，CSR，手段的価値，外部性，三重県総合博物館，大阪市立自然史博物館

1．博物館のステークホルダー

　この節では，博物館のステークホルダーが，「年報」でどのように現れているかを見ていく。ステークホルダーとは，組織の経営活動にかかわる各利害関係者を指す。併せて，近年，企業が公開しているCSR（企業社会責任）レポートの内容と「年報」とを比較する。

（1）「年報」に現れるステークホルダー
　2014（平成26）年4月に開館した三重県総合博物館（MieMu）の『年報』（2016）の第Ⅱ部では「平成26年度の取組概要」が記されており，さまざまなステークホルダーが現れている。以下では，事業および部門ごとにステークホルダーを見ていく。
　1）運営管理
　この館は三重県が設置者であり，この年度は直営で経営されている。

年間の歳入5億2千万円のうち，4億3千万円が「県費」，つまり税金で賄われている。このことから，この金額を県に要求する所管部署，その要求額を査定する県の財務部門と予算を計上する県知事，さらに予算内容を審議し承認する県議会が，重要なステークホルダーとして存在することが分かる。

また，外部の委員から構成され，専門的立場や利用者の観点から意見・提言をする博物館協議会および下部組織の評価部会のメンバーもステークホルダーである。

2）資料収集・保存

年報では，4件の購入した資料が紹介されているが，それぞれの購入先および購入に係る情報を与えてくれた人がステークホルダーに該当する。さらに，資料寄贈が22件紹介されている。寄贈者名は伏せてあるが，博物館活動を評価し，協力してくださる重要な個人・団体である。

また，同館は県の公文書館機能を有しているので，その公文書を選別している県の文化振興課も重要なステークホルダーである。

3）展示

展示のうち，特に企画展示ではその制作において，さまざまなステークホルダーがかかわる。例えば，この年度の5～6月に開催された「日本の心　第62回神宮式年遷宮写真展」では，

- 「主催」：スタッフが企画・制作し，開催している三重県総合博物館とともに，この企画展では中日新聞社が挙がっている。主催者は展示内容に対して全責任を負う。
- 「後援」：展示の趣旨に賛同していることを示す組織として三重県博物館協会
- 「助成」：展示の趣旨に賛同するとともに，経費の一部を負担した組織として公益財団法人岡田文化財団

・「協賛」：展示の趣旨に賛同するとともに，作品を出品している写真家への支援を通じて，展示制作において便宜を図った組織として㈱ニコンほか2社
・「協力」：同じく，趣旨に賛同するとともに，写真家への支援を通じて展示に関する技術的なサポートをした組織として㈱写真弘社ほか1社
・「特別協力」：展示の趣旨に賛同し，伊勢神宮やそこでの式年遷宮を写真展の被写体とすることを許可する団体として神宮司廳

　これらの組織・団体は，どれが欠けても同企画展は成り立たず，まさに企画展において必要な資源（人・資金・モノ・技術・知恵）を提供するステークホルダーと言える。

4）交流創造活動事業

　三重県民をはじめとする利用者，諸団体，同博物館の相互交流の場となることにより，新たな創造や発信へとつなげるための活動が，この事業である。その中で，さまざまなステークホルダーが登場する。

　博物館の「利用者」というと，一般的に展示の観覧者や教育プログラムの参加者ととらえがちであるが，資料閲覧室において，例えば歴史的公文書をはじめとする収蔵資料や動植物の標本資料の「閲覧」という利用形態も存在する。また，学習支援活動事業では，遠足や社会見学における学校団体の利用，大学生を対象とした博物館学芸員実習やインターンシップも実施されている。さらに大学は，博物館が共同研究を実施する際のパートナーとしての役割も担っている。小学校から大学までの「学校」もステークホルダーである。

5）他機関・諸団体・企業との連携

　県内外の博物館，三重県博物館協会，日本博物館協会，展示資料分野に関連する学会などが，同館を会場として大会や研究会，研修会を活発

に開催している。さらに学芸員個人が講演者やパネリストとして招へいされて館外に行く場合もあり，ステークホルダーとしての他機関・諸団体との交流は非常に活発である。また，同館の特色として，金銭的な支援だけでなく，企業の協賛により特定の日の基本展示観覧料を無料にするなど新たな創造と発信の機会とするため，県下の企業をステークホルダーとして連携を進めている。

6）利用者との協創

　博物館とともに三重の自然と歴史・文化について調査・観察，発信する活動を行い，博物館を支える外部団体として「ミュージアム・パートナー」がある。2014年度末で152組230名が活動している。このほかに，来館者対応や資料保存業務の補助を行う「ボランティア」も有している。これらのステークホルダーは，県民や利用者と「ともに考え，活動し，成長する博物館」という博物館の理念を体現している重要なステークホルダーである。

(2) 企業のCSRレポートと比較して

　企業では近年，CSR（Corporate Social Responsibility：企業社会責任）という概念が定着してきた。その内容を「CSRレポート」や「企業の社会的責任報告書」という冊子にして広く消費者に配布している。CSRとは，「企業が社会的問題や環境問題を，従来の財務問題と同じように，企業の責務としてステークホルダー（利害関係者）とのやり取りのなかに自主的に取り込むこと」（岡本2004：13-37）と考えられている。

　CSRの枠組みとしては企業内（組織）へのベクトルと企業外（社会）へのベクトルがあり，両者を合わせて，企業のステークホルダーととらえる。前者には従業員が属し，後者には，消費者，取引先，株主・投資家，競争企業，NPO，地域社会，政府などが属する（水尾・田中2004：

7-9)。

　定期航空運送事業などを行うANA（全日本空輸株式会社）を抱えるANAグループの2014-2016年度中期CSR方針では，「安全・安心の追求」，「お客様・社会を重視したサービス・商品の提供」など航空会社として優先される事項とともに，国内外の地域コミュニティの発展に寄与する「地域活性につながる社会貢献」，グループ全体の経済的・社会的価値増大を目的とした「ステークホルダーとのコミュニケーション強化」，さらには「環境負荷低減」といった地域社会や地球環境に向けられた事項も含まれていることが分かる。ここで言うステークホルダーには，お客様，株主・投資家，ビジネスパートナー，社員といった本業を構成するために必要不可欠な要素とともに，行政，地域社会，地球環境までも含まれている。また次期CSR方針では，2015年9月の国連総会

図2-1　2015年9月，国連で採択された17の「持続可能な開発目標（SDGs）」
　　　出典：http://www.unic.or.jp/activities/economic_social_development/sustainable_development/2030agenda/sdgs_logo/（2017.12.6）

において採択された，持続可能な開発目標（SDGs）（**図2-1**）に基づき，方針に反映するとしている。

ここでは，このようなCSRについて，以下の2点に着目したい。

1つは，民間企業においても，自社の金銭的な利益だけでなく，地域社会や環境といった社会全体への利益（公益性）を重視し，それを企業としてアピールしている点である。2つめは，ステークホルダーという形で，企業活動にかかわる人や組織を細分化し，それぞれのステークホルダーに対する企業の取り組みを説明している点である。

従来の博物館の年報では，博物館の基本的事業に関する1年間の報告が中心で，ステークホルダーごとに関する記述はほとんど見られなかった。しかしながら，この節の（1）において紹介した三重県総合博物館の年報のように基本的事業の報告をしつつ，「他機関・諸団体・企業との連携」，「利用者との協創」といった項目が設けられている。民間企業のCSRのように社会全体への利益という観点からの記載と言えるだろう。

しかし一方で，我が国の博物館年報の課題として，誰のために発行する報告書なのかをもう一度よく検討したり，持続可能性の視点から博物館事業が社会に与える影響を，世界的な標準から見直したりする必要もあるのではないだろうか。

2．博物館の手段的価値とはなにか―事業事例を通して―

第1節では，博物館に来館するステークホルダーとはどのようなものかを見てきた。この第2節では，博物館に来館しない地域住民にとって，博物館の手段的価値とはなにかを具体的な事業事例を通して考察する。また第3節では，その価値を近年の博物館建設計画を通して見てい

く。なお，ここで言う「手段的価値」という用語は，ホールデン（2013：49-57）が，文化が持つ価値の説明において使っており，それを使用している。文化が持つ価値の頂点は学術的，芸術的，歴史的価値であり「本質的価値」として，不可欠な第一義的価値としている。対照的な価値として「手段的価値」を挙げており，第一義的な価値以外の価値を創り出すための手段に文化が用いられることを指している。雇用や経済再生といった「経済的価値」，地域の誇りやアイデンティティの象徴といった「社会的価値」から成る。

(1) 回想法でのコレクションの活用

　回想法とは，1963年に提唱された心理療法で，高齢者に対しては，昔の生活用具や写真を見せることによって，高齢者が「楽しい」といった記憶をよみがえらせ，脳や心の活性化を促すことで，認知症予防や進行の抑制が期待できるとされる療法である。

　1990年に開館した愛知県の師勝町歴史民俗資料館（2006年より，北名古屋市歴史民俗資料館）では，1999年から行ってきた「昭和日常博物館」活動の中で昭和時代の生活用具を収集してきた。一方で，2002年に同町が譲り受けた古民家家屋「旧加藤家住宅」内に「回想法センター」が開設され，厚生労働省の補助事業として「思い出ふれあい事業」が始まった。そこで，同資料館で収集してきた昭和時代の資料と「旧加藤家住宅」を活用し，総合福祉センターが事業体制を整備し，組織的に回想法療法が展開されるようになった。2003年には，昭和の実物資料と回想法ビデオと解説書などを梱包した「回想法キット」が完成し，全国の高齢者施設や病院などに貸し出しを行っている。このような事業は，京都府の亀岡市文化資料館や滋賀県の東近江市立能登川博物館などでも実施されている（長瀬・高橋2003；地域創造2009：58-59）。

この例は，博物館が収蔵する資源に，福祉行政分野との連携のもとで，新たな社会的価値を創り出した例と言える。

（2）博物館における市民参画による波及

　滋賀県立琵琶湖博物館には，地域住民や市民が事業の企画をし，実施に参画する場が数多くある。

　そのひとつに「はしかけ制度」があり，琵琶湖博物館の理念に共感し，ともに琵琶湖博物館を作っていこうという意志を持った方のための登録制度である。登録を行うことで博物館内外での活動ができ，活動に関する情報を知ることができ，自分たちでさまざまな活動を企画・運営することもできる。例えば，この制度の中の1グループに「うおの会」がある。琵琶湖は近年，外来種に優占されるなど在来種の生息環境は危機的状況にあり，このような環境下での在来種の生態を記録して保存する目的で，滋賀県内を中心として，河川や池や水路など身近な環境に生息する魚類を調査してきた。調査結果はデータベースとして活用され，出版物などにもなっている。

　琵琶湖博物館では，市民の主体的な活動の場として博物館が活用され，その市民がそれぞれの属する組織や地域社会において，この制度で培った姿勢や考え方，スキルを広めることが期待できる。これは，博物館の社会的価値が現れているひとつの場面と言える。

（3）展示制作における共同

　ここでは，博物館と「展示される人」との関係性の再構築を紹介する。つまり，博物館が展示対象に対するこれまでの価値観を変えることで，①展示を観覧した来館者が新たな価値観を知り，その来館者が日常生活や社会の中でその新しい価値観を体現した言動をとることを期待

し，併せて，②博物館と展示対象とされる社会や人々との関係性を再構築する事例である。

　民族の文化を対象としている民族学博物館の展示制作過程および展示室には，関係者として3者が存在している。まず，「展示する人」と「展示を観る人」がいる。これは民族学博物館に限らず，いかなる館種でも同様である。しかし，民族学博物館では，自分の文化が展示されている人々，またはその民族文化を継承している人々である「展示される人」が存在し，その存在は非常に重要である。なぜならば，「展示される人」が展示制作に関与しないと，誤ったメッセージが展示から発信され，展示されている民族文化を来館者が観て，その民族に対する偏ったイメージを創り出してしまう可能性があるからである。そして，そのイメージが展示される民族にとって受け入れがたいものであったり，今日の自分たちの生活とあまりにかけ離れていたりする場合，その民族に対する差別や偏見を博物館が助長することになりかねない。

　このことは，博物館や博覧会の歴史を見ると，これまで長い間，特に少数民族の文化が，如何に「展示される人」の意向を無視して作られてきたかが分かる（吉田2007）。

　このことが1990年前後から世界的に問題視され，日本においても2000年ころから意識されはじめ，先住民展示の制作時に変化が出てきた。例えば，国立民族学博物館（以下「民博」と略す。大阪府吹田市）におけるオセアニア展示リニューアルの過程が象徴的である。1977年の民博開館当時からオセアニア展示はリニューアルされていなかったが，その展示をリニューアルするための検討が，1998年から始まった。以下，民博の林勲男の報告（林2001：55−61；2002：33−43）からその内容を見ていく。

　これまでのオセアニア展示では，「海の民族」「くらし」「儀礼の世界」

というテーマで，この地域に暮らす先住民の伝統的な文化を中心に展示していた。リニューアルする際に，留意すべき5項目を設定し，その中に「現代的テーマを選ぶこと」，「展示対象となる社会（人々，組織）との協力関係を重視すること」の2項目があった。実際にどのような展示が，どのようなプロセスで制作されたかを見ると，リニューアル後の展示は3部構成になり，①「導入部」では，オセアニアへの人の移動や言語，自然環境，交易や航海など従来のテーマを継承した。②「伝統的な文化を紹介するコーナー」では，これまでの展示の規模を縮小し，再構成した。そして，最後の部分を③「現代的テーマのコーナー」とし，「先住民の文化運動」に焦点をあてて企画した。オセアニアの先住民運動とは，欧米の植民地支配の過程で失った基本的権利（主権，土地権，人権など）と文化の回復を求める運動のことで，政治と文化の主張が基になっている。具体的には，展示対象民族・地域ごとに，先住ハワイ人に関しては「経済活動」を，ニュージーランドのマオリについては「芸術工芸活動」を，オーストラリアのアボリジニに関しては「土地権回復運動」をテーマとした。

　先住ハワイ人の経済活動を紹介する展示制作のプロセスでは，ハワイ人の経済活動を支援する目的で設立された生活協同組合の協力の下，店舗で販売している商品を民博が展示資料として購入し，それを店舗のレプリカ内で展示した。このような共同作業は2年間以上にわたり行われ，その間，民博と生協との間でいくつかの合意が交わされた。例えば，日・英・ハワイ語の3言語による展示解説文を作成すること，展示解説文のチェックや店舗レプリカの展示に関する助言を与えるコンサルタントを生協側から派遣することなどである。

　展示リニューアルにおけるこのような共同作業は，これまで同館では見られなかったことであり，その後の展示リニューアルの際にもこの考

え方や進め方が踏襲された。このように展示の切り口が変わり，これまでの展示と比較して，その変化を感じた来館者は，これまでとは異なった先住民像を持って，日常生活や社会の中で先住民に対する言動をとることになるであろう。また，そのような言動が将来的には、社会における先住民に対する認識を変化させ，先住民の国際的な地位や役割の向上に寄与すると考えられる。また何よりも，博物館と先住民社会とのよりよい関係性の構築に寄与していると言える。

（4）動物園における絶滅危惧種の繁殖活動

この活動に関しては，北海道旭川市の旭山動物園の例を紹介する。同園は行動展示を展開したことで1997年以降入館者が増加し，一時期は上野動物園を抜いて，月間入園者数日本一を記録したことで有名となった。

同園のホームページには使命として，次の4つが掲げられている。

1）レクリエーションの場：動物たちと一緒の楽しい時間を過ごし，美しい動物たちのすばらしい能力に感動し，自らの「生」を実感できる。
2）教育の場所：動物の「生命」そのものを通して，自然環境の多様性を実感できる。野生動物たちが置かれた現状を知り，私たちの暮らしと彼等とのかかわりを学ぶことができる。
3）自然保護の場：絶滅が心配されている動物たちを計画的に繁殖させることによって，動物の「種の保存」に貢献することができる。また，絶滅した地域に，繁殖した動物を放して，再び野生の状態を回復させることができる。
4）調査・研究の場：野生動物医学へと発展させる。最近では，人獣共通感染症の研究も進めている。

このうち，1）と2）は来園者に向けた使命であるが，3）と4）は通常の来園者では認識しにくい。しかしながら，3）も4）も同園の社会的価値を象徴する使命である。3）は同園が存在することで，絶滅危惧種の繁殖が進み，自然環境における生物多様性を維持することに貢献していると言える。これまでに，ホッキョクグマ，オオタカ，オオワシなどの自然繁殖または人工繁殖に成功し，日本動物園水族館協会が表彰する「繁殖賞」を数多く受賞している。また，4）も野生動物医学や人獣共通感染症の研究を通して，自然環境や人類社会に広く貢献することを目指している。

　旭山動物園では，使命の中に社会的価値を生み出すことを目指す内容が含まれていることが分かった。動物園や水族館においては，日本動物園水族館協会が，ホームページでこれら施設の4つの役割として，「種の保存」，「教育・環境教育」，「調査・研究」，「レクリエーション」を挙げているように，他の館種の博物館に比べ，社会的価値を創出する志向が強いと考える。

3．博物館の手段的価値とはなにか―建設計画を通して―

　ここでは，近年の博物館建設計画を通して，博物館に期待されている社会的価値を見ていく。

（1）三重県総合博物館（MieMu）の建設計画に見る人づくり・まちづくり

　三重県総合博物館は，その前身が三重県立博物館である。博物館の老朽化から，1986年に新しい博物館構想の検討が始まったが，その後の県知事の意向により，建設計画が進んだり，停滞したりした。2007年に建

設推進派の知事が当選し，新博物館計画は大きく前進し，2008年12月には「新県立博物館基本計画」が出来上がった。しかし，4年後の2011年4月に新知事が当選すると「あらゆる事業が見直し対象である」と表明し，同館の計画も再検討の対象となった。

　知事側と博物館側との折衝の末，同年6月に，より魅力的で県民に親しまれる博物館づくりのために必要な「3方向」と，県民の皆さんへの説明責任を果たす上で取り組みや解決が必要と考える「7項目」が知事から示された。それらを今後の取り組みに反映させていくことを条件に，新博物館の建設計画を継続することが認められた。その「3方向」と「7項目」とは以下のとおりである（三重県環境生活部　新博物館整備推進プロジェクトチーム2013：7-8）。なおその後，建設計画は進められ，2014年4月に三重県総合博物館が開館した。現在，MieMu（ミエム）という愛称で呼ばれている。

＜3方向＞
1．三重のアイデンティティを分かりやすく発信する博物館づくり
2．"わたしの博物館"づくり
3．市町や民間の博物館などを支え，協力・連携して三重を発信する博物館づくり

＜7項目＞
1．総事業費を含めた支出の節減努力を不断に行う。段階的な増収も盛り込んだ収入計画を立案し，年間の運営費4億5千万円に対する県費負担について，2割程度削減すること
2．入館者増，企業からの寄付などの収入増を実現するため，広報体制を強化すること
3．外部有識者による委員会を立ち上げ，第三者の視点から博物館事業の経営面などについて評価し，改善していくためのしくみを早期

に導入すること
4．多様なアイディアをもとに民間の参画による経営基盤の確立を図ること
5．現三重県立博物館について県費負担をかけないような解決策を示すこと
6．自然エネルギーの活用について，当初計画よりも一層拡大すること
7．金銭価値では示せない社会への影響・効果を明示し，それらへの取組状況を確認するための評価と改善のしくみをつくること

「3方向」の1．に記されている「三重のアイデンティティを分かりやすく発信する」は，博物館の社会的価値の代表的な例であろう。また，「7項目」の7．においても，「金銭価値では示せない社会への影響・効果を明示し」とあるように，評価は困難と思われるが，博物館の社会的価値を県民に分かりやすく示すことを要求している。

MieMuが掲げている現在の使命は，「1．三重の自然と歴史・文化に関する資産を保全・継承し，次代へ活かす」，「2．学びと交流を通じて人づくりに貢献する」，「3．地域への愛着と誇りを育み，地域づくりに貢献する」である。3つの使命が向かうところは，「地域文化の発展と新たな地域創造」，「子どもたちや県民・利用者の皆さん一人ひとりの成長につなげる」，「各々の関心や生活課題の解決や，新たな地域づくりに取り組むきっかけを提供する」とされており，「人づくり」と「まちづくり」重視の姿勢，つまり博物館としての社会的価値を追求する考え方が使命からも見て取れる。

（２）大阪市ミュージアムビジョンに見る市域の価値向上

　大阪市立美術館，大阪市立東洋陶磁美術館，大阪歴史博物館，大阪市立自然史博物館，大阪市立科学館の5館は，大阪市が設置者となっている博物館である。2018年度まで，この5館の経営は指定管理者である大阪市博物館協会と科学振興協会が行っていた。

　印刷教材の第12章で説明するように，2013年まで，日本の公立博物館は地方公共団体の直営による経営か，指定管理者による経営かの二者択一であった。地方公共団体において病院や大学，試験研究機関などを地方独立行政法人として経営することは，これまでも認められていたが，2013年に政令が改正され「博物館，美術館，植物園，動物園又は水族館」にも適用できるようになった。地方独立行政法人法第2条には，「住民の生活，地域社会及び地域経済の安定等の公共上の見地からその地域において確実に実施されることが必要な事務及び事業であって，地方公共団体が自ら主体となって直接に実施する必要のないもののうち，民間の主体にゆだねた場合には必ずしも実施されないおそれがあるものと地方公共団体が認めるものを効率的かつ効果的に行わせることを目的として，この法律の定めるところにより地方公共団体が設立する法人をいう」とされている。つまり，直営で経営する必要がない博物館のうち，指定管理者制度によって選ばれた民間組織（地方公共団体が出資する財団法人も含まれる）に経営を委ねた際，その博物館が本来実施すべき事業がうまく行われない可能性がある場合には，効率的かつ効果的に事業を実施する目的で地方独立行政法人を設置できるようになった。大阪市は，先に掲げた5館に現在計画中の新美術館を加え，6館を一体的に経営する地方独立行政法人を2019年度に設立した。

　それに先立って，これらの博物館群が目指すべき姿として，「大阪市ミュージアムビジョン」を策定した（大阪市経済戦略局2016）。以下で

は，その内容を概観する。

　このビジョン全体のキーワードとして，「都市のコアとしてのミュージアム」を掲げ，次の3つの目標を記している。

　①「大阪の知を拓く」：ミュージアムは，大阪が有する自然や歴史，文化・芸術，科学の伝統の素晴らしさをさまざまな博物館活動を通じて発掘し，戦略的に発信することで，都市格の向上に寄与する。

　②「大阪を元気に」：ミュージアムは，都市大阪に立地する特徴を活かし，内外から幅広い利用者を獲得するとともに，周辺エリアや多様なパートナーとの連携を図ることで，都市の活性化と発展に貢献する。

　③「学びと活動の拠点へ」：ミュージアムは，人々が探究心を抱き，感受性や創造性を育み，多様なニーズに応える学びや活動の拠点となることで，大阪を担う市民力の向上に貢献する。

　各目標の最終的なゴールは，①ではミュージアムが大阪市の格（ランキング）の上昇への貢献，②では都市の活性化への貢献，③では大阪を担う市民力向上への貢献であり，いずれも博物館の社会的価値を中心に手段的価値が発揮されることを期待したビジョンとなっている。

　このように2000年以降における博物館の建設計画では，博物館の資料や展示といった基本的な役割や，博物館が持つ学術的・芸術的・歴史的価値のみが建設・活動計画において強調されることはなく，むしろこれらを手段として活用することで，来館しない市民や地域社会に対して，どのような手段的価値を生み出すことができるかを模索していると言える。

4．経済学における「外部性」の考え方

　最後に，経済学における「外部性」という概念を紹介した上で，博物館の事業事例を別の視点からとらえなおしてみる。

（1）文化・芸術における「外部性」

　文化経済学では，1966年にボウモルとボウエン（邦訳1992）が，舞台芸術に関する実証研究を行って以来，公共財としての文化・芸術について関心が寄せられ，文化・芸術への公的支援は必要であるとされてきた。

　ここで，公共財と私的財について，簡単に説明する。

　公共財は，市場メカニズムに委ねているだけでは最適な供給が行われない財やサービスのことで，その特徴として，消費の非排除性と非競合性を持っている。前者の非排除性とは，お金を払わない人でも手にすることができるか，サービスの恩恵にあずかることができるかである。例えば，美術館で人気のある展覧会が開催され，多くの人々が来館した場合，来館しない周辺の住民もその館の存在に誇りを持つことが挙げられる。また後者の非競合性とは，売り切れる可能性があるか，または数に限りがあるかである。例えば，美術館で最初に1人が絵画を鑑賞していて，その後，別の人がその隣で鑑賞しても，最初の人が鑑賞から得る便益は通常変わらない。つまり，展覧会会場が極端に混雑している場合は別として，入場者数が決められていたり，制限されたりすることはなく，多くの人が鑑賞から便益を得ることができる。一方，私的財とは，市場で通常に取り引きされる衣類や耐久消費財などである。手に入れたい者が市場で需要を顕示することで，企業によって供給がなされ，そこで競争が行われる結果，最適な資源配分が実現することになる（片山

2009：147-149)。

　このように，文化・芸術には公共財としての特徴が備わっていることが分かる。しかも，舞台芸術にしても博物館の展覧会にしても，チケットを購入または入館料を支払った人のみが，その舞台や絵画を楽しむことができるので私的財の性格も持っていると言える。そのため，文化・芸術は公共財と私的財の両方の特徴を持つので，準公共財（混合財）と位置づけられる。

　片山（1995：220-227）は，準公共財としての文化・芸術において，個人や組織の行動が市場を経ずにほかの経済主体の行動に与える影響（外部性）に関するこれまでの議論を概観した上で，おおむね以下の7つのカテゴリーに整理することができるとしている。

1）文化遺産的価値：文化・芸術を後の世代まで遺産として残していく際に生じる価値。ただし，将来の世代に向けただけでなく，現在の人々が将来的に遺産として価値を認めることも想定している。
2）威信的価値：優れた文化・芸術が，その国や地域の市民に対して与えるプレステージ
3）地域経済波及価値：文化・芸術に関するイベントや事業が開催されることで生じるさまざまな経済的波及効果
4）社会的向上価値：一般教養教育の普及が社会全体に広く与える利益
5）社会批判機能価値：広く一般に及ぶ，文化・芸術に備わっている社会批判の機能
6）イノベーション価値：実際に文化・芸術に触れた人々が，そこから得たヒントを自らの創作活動に活かして行う芸術的創造
7）オプション価値：実際にサービスを利用しなくても，「サービスを利用できる」ということから得られる効用

（2）博物館の事業事例と外部性

　文化・芸術の外部性を構成するこのような価値は，第2節で紹介した博物館の「手段的価値」が実現している具体的な事業事例を解釈する際に重要な基準になると考える。

　2．（2）に挙げた「博物館における市民参画による波及」では，参画する者からすると自己研鑽や知的欲求の満足という側面があるとともに，参画した者が自分の住む地域や属している組織内において，身に付けた考え方やスキルを，地域や組織の課題解決に活用することが考えられる。そのため，外部性に関する7つのカテゴリーのうち，4）社会的向上価値，5）社会批判機能価値を持つ可能性があるととらえることができる。

　また，2．（3）「展示制作における共同」は，2．（2）に類似しているが，さらに幅の広いものである。2．（2）では，事業に参画した個々の市民がその後，社会に影響を及ぼすことを期待している。同様に2．（3）でも，例えば，「展示する人」と「展示される人」との間で共同が成立している展示を観た者は，これまでの先住民展示と比較して，今までとは異なった先住民像を持って，日常生活や社会の中で先住民に対する言動をとることになる。将来的には、社会における先住民に対する認識を変化させ，先住民の国際的な地位や役割の向上に寄与するであろう。これは，2．（2）が将来的に持つ，外部性の4）社会的向上価値，5）社会批判機能価値に該当するものである。さらに，このような展示制作過程を経ることで，博物館と先住民社会との間に存在する過去の負の関係性を解消し，よりよい関係構築を目指していることが分かる。つまり，この共同作業を通じて展示だけでなく，関連する資料にも文化遺産としての新たな価値を付与しているので，1）文化遺産的価値の創出にも関係していると考える。

2．（4）「動物園における絶滅危惧種の繁殖活動」で挙げた動物園の使命は，地球環境や生物多様性の保持に寄与することを目指しているものであり，外部性の1）文化遺産的価値に類似する。文化・芸術ではないが，地球環境や生物多様性を後の世代まで遺産として残していく際に生じる価値を創出する事業と言える。また，外部性の2）威信的価値や3）地域経済波及価値も旭川市旭山動物園では，顕著であると考える。つまり，一時期閉園の危機を迎えていた同園が，園職員のアイディアと努力および市からの予算措置で活動が復活し，一躍動物園業界のトップランナーとなり，東京の上野動物園と肩を並べるまで来園者が増加した。このことによる地域経済への影響は大きかったはずである。またその後，この動物園の経営モデルを学びに，多くの自治体関係者が視察に訪れている。このことは，北海道の一地方都市である旭川市民にとって，このようなすばらしい動物園を持ち，この街に住んでいることに誇りを覚える役割を果たしたと言える。

（3）博物館の手段的価値と評価・外部性

この章の第2節から第4節では，博物館活動における価値に着目し，博物館の利用者だけでなく，博物館が立地する地域社会，さらに広く人類や地球環境に対して，社会的な役割を果たす手段的価値を博物館が持つことが近年求められ，また個別の事業でも顕著になっていることが分かった。

我が国の博物館は75％以上が国公立であり，しかもその運営経費の70〜80％程度が公的資金で賄われている現状を考えると，当然の動向であると考える。つまり，博物館法に記されている博物館としての基本的役割である，資料の収集・保管，調査研究，展示，教育普及を果たした上で，博物館を利用しない地域住民，または社会全体や環境などに博物

館がどれくらい寄与しているかが，問われ始めているということである。すでに動物園や三重県総合博物館では，使命の中にこのような事項が位置付けられており，「大阪市ミュージアムビジョン」にも同様の内容が盛り込まれている。

　このことは第9章で述べる「評価」とも深くかかわってくる。つまり，評価対象となる項目の現状を測定する際，博物館来館者への効果だけで測っていいのかどうか。また，そもそも評価対象となる項目に地域住民や地域社会全体の課題や関心事が盛り込まれているかどうかということである。併せて，経済学の「外部性」のような他の学問領域の枠組から，博物館の活動を検証し直すことも今後重要と考える。

参考文献

ANA グループ　https://www.ana.co.jp/group/csr/activity/（2017年12月16日現在）

旭山動物園　http://www.city.asahikawa.hokkaido.jp/asahiyamazoo/2200/d052432.html（2017年12月16日現在）

大阪市経済戦略局『大阪市ミュージアムビジョン　都市のコアとしてのミュージアム』大阪市経済戦略局，2016.

岡本享二『CSR入門』（日経文庫），2004.

片山泰輔「芸術文化への公的支援と競争」日本経済政策学会『日本の社会経済システム―21世紀に向けての展望』有斐閣，1995.

片山泰輔「芸術文化と市場経済」小林真理・片山泰輔監修『アーツ・マネジメント概論　三訂版』水曜社，2009.

地域創造『これからの公立美術館のあり方についての調査・研究』地域創造，2009.

長瀬保・高橋信裕「「回想法」事業の展開によって精神的福祉の向上を実現する」『Cultivate』（20），pp.18-25，2003.

日本動物園水族館協会　http://www.jaza.jp/index.html

林勲男「オセアニア常設展示リニューアル「先住民の文化運動」の展示をめぐって―その一」『民博通信』(94), pp.55-61, 2001.
林勲男「オセアニア常設展示リニューアル「先住民の文化運動」の展示をめぐって―その二」『民博通信』(95), pp.33-43, 2002.
琵琶湖博物館　うおの会　http://uocore.web.fc2.com（2017年12月16日現在）
ボウモル, W.J., ボウエン, W.G.『舞台芸術　芸術と経済のジレンマ』丸善, 1994（原著1966）
ホールデン, J.「基調講演Ⅱ　民主主義社会における文化の価値」福原義春編『地域に生きるミュージアム　100人で語るミュージアムの未来Ⅱ』現代企画室, 2013.
三重県環境生活部　新博物館整備推進プロジェクトチーム『新県立博物館の活動を運営』(4) 三重県環境生活部　新博物館整備推進プロジェクトチーム, 2013.
三重県総合博物館『三重県総合博物館　年報』(通巻1号・平成26年度) 三重県総合博物館, 2016.
水尾順一・田中宏司『CSRマネジメント』生産性出版, 2004.
吉田憲司「異文化と自文化の展示をめぐる新たな動き2006」大阪人権博物館編『博物館の展示表象　差別・異文化・地域』, 2007.

3 | 博物館の組織と人材,行財政

亀井 修

《目標&ポイント》 博物館の組織と人材および行財政について説明する。博物館のような非営利組織の目的は事業そのものであるが,世の中の大勢を占める営利企業と同様な経営視点を求められる場合も少なくない。経営に用いられる用語や考え方,日本の組織の利点や課題,日本の博物館組織の特徴など,組織・人材,行財政が目的を達成するための手段であるという視点から説明する。
《キーワード》 組織,学芸員,資源,意思決定,目的と手段

1. 組織

(1) 組織の形態

　組織は「共通の目標を実現するための分業と調整の仕組みによる人々の行動」と定義される。共通目標の存在が集団や群衆との区別である。分業とは組織全体の仕事を分割して各構成員に割り当てること,調整とは仕事を適切に分割・統合して組織全体の仕事として完成させることである。組織は,個人の能力を強調・追加・拡張することにより,多種・広範囲の問題を解決できる利点を持つ一方,惰性や相互作用の減少,自己保存の目的化などの傾向があることが知られている。組織については企業など営利組織の経営を中心に多く研究されている。

　ピラミッド型は,大きめの組織を目的に則して効率よく動かすときに効果を発揮する組織構造である。秩序を持った上意下達の指揮系統と,高度に専門化した職能別集団に分けられた階層構造を特徴とする。職能

別集団とは，いわゆる部署である．人事，会計，研究，登録，保存，あるいは動物，植物，地学などの研究分野など専門職能ごとで構成される．各部署に特化した目標や成功尺度を設定した効率的な活動が可能である．職能別集団においては，組織全体や外部とのかかわりなどホリスティックな視点からの目標設定や意思決定が難しく，経営判断が必要な案件では調整に手間が必要となり時間がかかることや，組織全体を見渡す管理能力を持った人材の育成・確保が困難であることなどの問題が指摘されている．組織に十分な大きさがない場合や日本的終身雇用制度では，専門特化した人材の確保，育成や適切なキャリアパスの設定が困難であるため，ゼネラリストの養成に重きがおかれる傾向があった．

事業部制組織は，適正規模のピラミッド型を並列させた組織構造である．組織拡大時の単一指揮系統（大きなピラミッド）での機能不全への解決策として考案された[1]．意志決定の迅速化や競争原理で効率化が促進される効果と，必要資源の重複，過度の競争，横断的活動の困難などの問題が生じることがある．

マトリックス組織は，事業部制や職能別組織などを複合化して要素素子としての人材を効率的に活用することを目指した組織構造である（図3-1）．1人の人材が2つ以上のプロジェクトチームに所属する多次元型のマトリックス組織も存在する．組織資源の活用戦略からよく練られた構造の組織がある一方，結果として指揮系統が複数（雑）となった組織まで多様である．命令系統一元化などの経営論の原則に反し，実際面でも職員の過重労働や経営・管理の混乱への懸念の常在など弊害が多いにもかかわらず，日本ではしばしば，米国でも36％の企業で用いられている．ツーボスモデル（マルチボスモデル）もマトリックス組織に分類

---

1) アルフレッド・D・チャンドラー Jr, 有賀裕子訳,「組織は戦略に従う」，ダイヤモンド, 2004.

される。マトリックス組織は広く用いられて利点も期待できる一方，作業に集中できないことによる効率低下，より高度な職能を持った人材が必要，入り組んだ集団間での複雑な調整，そのための時間や人材などの資源の確保，長期化すると職員や組織が慢性的に疲弊すること，などの欠点を意識して用いる必要がある。

組織構造には顕在的部分と潜在的部分があることも意識する必要がある。公式組織は組織図等に明示される権限関係や階層構造である。非公式組織は趣味や通勤経路，信条や社会階層，喫煙や飲酒習慣などを通じて生じ，組織の情報伝達やコミュニケーションに影響を与える[2]。

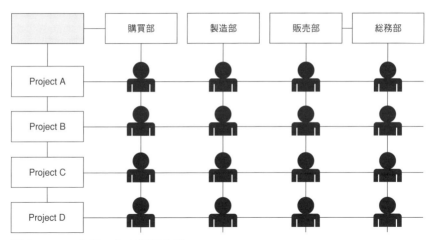

図3-1　マトリックス組織の例

2）米国ウェスタン・エレクトリック社のホーソン工場で1924年から1932年まで行われた一連の実験と調査＝ホーソン実験では「労働者の作業能率は，客観的な職場環境よりも職場における個人の人間関係や目標意識に左右されるのではないか」という仮説が導き出され，フレデリック・テイラーなどの科学的経営管理論が見直されるきっかけとなった。その一方，研究手法や結果の解釈への批判や異論も多く指摘されている。

(2) 組織と使命

博物館は，社会とその発展に貢献するため有形・無形の人類の遺産とその環境を研究・教育・楽しみを目的として収集・保存・調査研究・普及・展示を行う公衆に開かれた非営利の常設機関と定義された[3]組織である。

図3-2では経営論で用いられることの多い用語を整理した。言葉の使われ方や意味合いは場面によって異なるが，「手段と目的」の関係で経営論的に整理して考えることができる。使命など戦略的に上位の目的を実現するのが方法あるいは手段である。実際の組織で目的と方法を区別することは存外難しい。

博物館のような非営利組織の目的は事業そのものである。組織の事業は目的と手段を適切に連鎖させ，分業と調整によって計画的に進められる。非営利組織でも収益を求めることは可能である。得られた利益は原則として投資家など組織外の主体に還元しないことが営利組織と違いである（表3-1）。組織の目標や成功尺度を適切に設定しないと，効率的

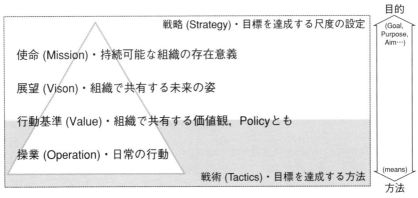

図3-2　用語が示す概念の概要

---

3) 国際博物館会議 International Council of Museums：ICOM

表 3-1　非営利組織と営利組織の比較

	非営利組織	営利組織
事業目的	事業そのもの	利潤と資産の拡大
価格	受容者の負担能力や事業理念目的により決定される価格	市場メカニズムで決定される競争的価格
環境変化への適応力	小	大
経営（資本）と労働者の緊張関係	小（ないことが理想）	大（利益分配に関する葛藤）
経営上の意思決定方法	職務分掌によるが，ボランタリー組織の場合は合意の形をとる	職務分掌による，命令の形で示される
事業に対する構成員の価値観	肯定・共感	必ずしも是としなくてもよい

運営などの目的達成のための手段が目的化してしまい「節約[4]ファースト」のような考えが組織の価値となって業務の効率的遂行が二の次になってしまう喜劇のような事態[5]を招くことがある。

　図 3-3 は2018年9月現在の国立科学博物館の使命である。図 3-4 は科博が設立された当時からの博物館活動の背景となる社会的出来事や雰

> 　国立科学博物館は，自然史及び科学技術史の中核的研究機関としての役割を果たすと共に，ナショナルコレクションを体系的に構築，継承し，我が国の主導的な博物館として，社会教育の振興を通じ，人々が，地球や生命，科学技術に対する認識を深めることに貢献する。

図 3-3　国立科学博物館の使命

---

4) 節約は快適な生活のための手段の1つであることは日常生活でも同様であるはず。
5) 取り組んでいる当事者が大まじめの場合は時として悲劇となることもある。

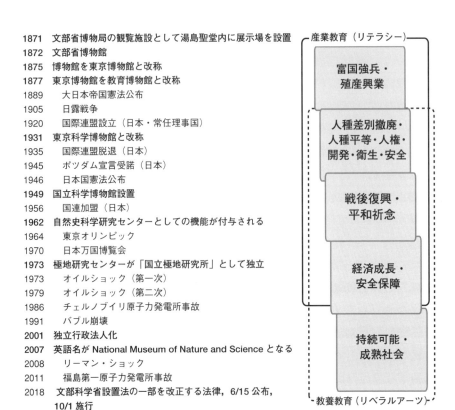

1871	文部省博物局の観覧施設として湯島聖堂内に展示場を設置
1872	文部省博物館
1875	博物館を東京博物館と改称
1877	東京博物館を教育博物館と改称
1889	大日本帝国憲法公布
1905	日露戦争
1920	国際連盟設立（日本・常任理事国）
1931	東京科学博物館と改称
1935	国際連盟脱退（日本）
1945	ポツダム宣言受諾（日本）
1946	日本国憲法公布
1949	国立科学博物館設置
1956	国連加盟（日本）
1962	自然史科学研究センターとしての機能が付与される
1964	東京オリンピック
1970	日本万国博覧会
1973	極地研究センターが「国立極地研究所」として独立
1973	オイルショック（第一次）
1979	オイルショック（第二次）
1986	チェルノブイリ原子力発電所事故
1991	バブル崩壊
2001	独立行政法人化
2007	英語名が National Museum of Nature and Science となる
2008	リーマン・ショック
2011	福島第一原子力発電所事故
2018	文部科学省設置法の一部を改正する法律，6/15 公布，10/1 施行

図 3-4　博物館と社会情勢

囲気の傾向の変遷を時系列に並べて示したものである。背景の変遷に対応して組織の使命や活動も変化してきた。経営の本質は環境に応じて柔軟に対応させていくことにある。経営に唯一解や真理に相当するものは存在しない。

2．人材

（1）組織と人材

　組織を動かすのは人である。個人の資質と組織の目標が合わさって組織はその機能を発揮する。職員の組織内でのキャリア遷移や業務が継続できる採用・育成についての計画は重要である。その一方で，非常勤職員や外部委託は日常となった。今後は一般業務や一部学芸業務の AI による代替，収蔵管理や展示へのマテリアル・ハンドリング技術のなど導入，より一般化した ICT 利用などによるあらゆる業務の置き換えが進むことが予想される。人材についても将来を見越した重要な変曲点を通過しつつある。

　日本では2018年現在も，何でもできる職員（ゼネラリスト）を育成しようという傾向がある。それぞれの業務で人材に求められる資質や能力は異なる上に，それぞれが一層高度化してきている。ゼネラリストという考え方は必ずしも効率的ではないことは製造業が輝いていた時代にもネタとして語られていた。「優れたエンジニアから「昇進」して管理職になるため，技術職にも管理職にも「無能」が増殖する」。マネージメント職については現状主流となっている年功序列や「ご褒美」だけでなく，MBA とまでは言わないが経営のトレーニングを十分に受け，視点や能力を身につけた人材をあてる必要がある。人が行っているほとんど全ての業務の機械による代替の可能性が見えてきた現在，日本でも専門性を尊重した人材育成を考えられる時機に来ている。

　現在の博物館で中核を担うとされているのが**学芸員**である。学芸員は博物館の学芸的業務を扱う者の資格での意味と，この資格を持っている者という意味の両方で用いられている。学芸員を職として名のるためには，学芸員資格を取得して登録博物館に勤めることが必要である。博物

館法で定められた博物館ではない場合，あるいは学芸員という職がない場合は，その職員が学芸員資格を持っていても学芸員とはならない。一般用語として「学芸員」という言葉が使われる場合がある。

Curator は学芸員の英訳として使われるが，欧米の博物館における *Curator* は資料に関する相当高度の専門性を持つ，館長級あるいはそれに準じる職である。博士号の学位あるいはそれに相当する実務での業績が必要とされる。欧米の博物館の *Curator* には，「Curator is King」といっ

表3-2　各国における学芸員の要件の比較

	日本	フランス	英国	米国
公的資格制度	有	有	有	無
資格認定の主体	国または大学	国 国立文化財学院（ENP）の卒業生	英博物館協会（AMA: Associate-ship of Museums Association）他	－
博物館専門職員の名称	学芸員	conservateur（コンセルヴァトゥール）博物館，文書館，図書館等で有形，無形文化財の調査研究，保存管理，普及等を行う専門職公務員	curator（キュレーター）他 この項では，以下「学芸員」の訳語を用いる	職務内容による名称統一的名称はない 例：コレクション関係 curator, conservator, 展示関係 Exhibit Developer, 教育事業関係 Educator, マネージメント関係 Director 等
博物館職員の配置および職務に関する定義・法的根拠等	「博物館に，専門的職員として学芸員を置く」（博物館法第4条） 「学芸員は，博物館資料の収集，保管，展示及び調査研究その他これと関連する事業についての専門的事項をつかさどる」（博物館法第4条）	「フランス博物館の学術的活動はコンセイユ・デタ（国務院）の議を経るデクレ（政令）により定める資格を有する専門家の責任において遂行するものとする」（仏博物館法第6条） （国立文化財学院の設置政令1992/2/12アレテに記載） 「文化財に関する学術研究の責任者として，また調査研究・分類・保存・維持・（コレクションの）充実化，付加価値を高めるための普及啓発に関する技術に関する責任者」（1990年5月16日デクレ90-404号第3条）	「博物館は専門的な訓練及び経験を積んだ学芸員を置くこと」（学芸員を置かない小規模館には，最高意思決定組織が任命する Curatorial Adviser の助言体制の義務）（英国憲章に基づく公益団体・博物館・美術館委員会登録基準）	「博物館に関する知識や経験が豊富な有給の専門職員が1人以上いること」（アメリカ博物館協会登録認定基準）

	日本	フランス	英国	米国
資格要件	学士の学位，博物館に関する科目19単位を修得 または 大学に2年以上在学で62単位以上修得，博物館に関する科目19単位を修得，3年以上学芸員補の実務経験 または 国家試験または認定審査に合格	大学とは別系統のグランゼコール＝高等行政官養成学校の1つENPの選抜試験に合格後，18ヶ月間の研修受講が必要 選抜試験：現職公務員(勤務7年以上)向け内部試験，学士号以上の学位取得者向け外部試験。合格者のほとんどは修士号，博士号取得者	所定の実務経験または博物館協会認定大学院での学習等で申請資格取得→3～5年以上の実務→2年間で70時間以上最低限10日の博物館協会認定指導者下で自ら計画案を立てて行う職業能力開発教育(CPD)の受講→協会審査に合格→AMA取得（修士以上が一般的） 「学芸員は以下の条件の1つは備えていることが望ましい」 ・博物館が扱う分野に関係する学位 ・博物館学のディプロマまたは相当する資格 ・博物館運営と管理についての理論と実践に関する実質的経験（英国憲章に基づく公益団体・博物館・美術館委員会登録基準）	博士が望ましい，最低修士以上

出典：文部科学省，http://www.mext.go.jp/b_menu/shingi/chousa/shougai/014/shiryo/07022102/003.htm 2017.06.30を基に作成

たCurator絶対主義とも呼べる組織体制の1980年頃以前はもちろんのこと，ほぼ今日的な組織体制となった1980年代後半以降でも，日本で言えば館長級に匹敵する高度な専門性と高いマネージメント能力が要求されている。各国の学芸員の要件との比較を表3−2に示した。

資格としての「学芸員」は国内の同種資格や諸外国と比べて外形的には見劣りする。従前の政府系の報告書[6)7)]では，学芸員資格そのものが

---

6) これからの博物館の在り方に関する検討協力者会議，「新しい時代の博物館制度の在り方について（中間まとめ）平成19年3月」，2007.
7) 日本学術会議史学委員会博物館／美術館等の組織運営に関する分科会提言，「21世紀の博物館・美術館のあるべき姿―博物館法の改正へ向けて 平成29年（2017年）7月20日」，2017.

期待される職務の専門性に比較して取得が容易であることや，指導内容自体が現代のニーズに応じる博物館に求められる活動の多様化・高度化や専門化への対応が十分であるかどうかの指摘がなされている。資格があっても，相当な知識やスキルがないと専門職として扱われないことは，他の資格や免許と同様である。資格を取得しただけの者と安定して能力を発揮できる者との間には大きな違いがあるのが普通である。

　日本の学芸員資格取得に大学で修得すべき博物館に関する科目は19単位である（表3-3）。年間約10,000人程度が資格を取得し，博物館関連施設等への就職は概ね200人程度である[8]。よく比較される教員免許状は小学校・中学校・高等学校（小中高）いずれも一種免許が67単位，専門性で比較すべき専修免許は91単位である（表3-4）。小中高を合わせて年間約85,000人が資格を取得し，採用は公立学校総計で32,244人である[9]。

　日本の博物館法では登録博物館には専門的職員として学芸員をおくこととされているが，禁止あるいは制限を解除する「免許」とは異なり学芸員的業務を資格なく行うことは禁止されてはいない。公立博物館では

表3-3　学芸員資格取得に必要な科目の単位数

資格	基礎資格	必要科目修得単位数※									
		生涯学習概論	博物館概論	博物館経営論	博物館資料論	博物館資料保存論	博物館展示論	博物館教育論	博物館情報・メディア論	博物館実習	合計
学芸員	学士の学位	2	2	2	2	2	2	2	2	3	19

※大学で文部科学省令の定める博物館に関する科目の単位を修得して，大学を卒業して学士の学位を取得する場合

---

8) 2017年4月現在公表資料からの推測。
9) 文部科学省，http://www.mext.go.jp/a_menu/shotou/senkou/1366695.htm，（2017年6月1日現在）。

表3-4 学芸員資格取得に必要な科目の単位数

免許状		基礎資格	最低修得単位数※					
			教科に関する科目	教職に関する科目	教科又は教職に関する科目	特殊教育に関する科目	その他	合計
小学校教諭	専修免許状	修士の学位	8	41	34		8	91
	一種免許状	学士の学位	8	41	10		8	67
	二種免許状	短期大学士の学位	4	31	2		8	45
中学校教諭	専修免許状	修士の学位	20	31	32		8	91
	一種免許状	学士の学位	20	31	8		8	67
	二種免許状	短期大学士の学位	10	21	4		8	43
高等学校教諭	専修免許状	修士の学位	20	23	40		8	91
	一種免許状	学士の学位	20	23	16		8	67

※普通免許状の取得に必要な基礎資格と修得単位。大学での養成による場合。その他の科目は日本国憲法，体育，外国語コミュニケーション，情報機器の操作

教員採用者から博物館職員をあてる場合もある。学芸員と名のれる職は希少である。

　組織としての博物館には学芸的業務以外にも様々な業務があり，それを担う人材が必要である。展示や教育などのコミュニケーション，修復，保存にかかる人材は学芸的業務とも深くかかわる。それぞれの業務では，学芸員という基礎資格にあわせて，その博物館が扱う学術領域での高い専門性が求められる。会計，人事，設備，資金獲得，広報，意思決定など管理や経営にかかわる人材は組織にとって重要である。大規模な博物館においては，不十分ながらも，それぞれの業務を専門とする職員がおかれて博物館活動を支える。小規模館においては，これらの業務を学芸員に担わせる場合もある。多目的用途の学芸員の実態を揶揄した「雑芸員」という言葉もある。日本の学芸員には専門性とは違うことも（が）期待されている実態が示唆される。

人材に求められるものは，その組織がなにに，例えば研究と教育・普及あるいは地域振興など，重きを置くかによって違ってくる。また1人の人材が対応しなければならない業務が1つではないことも普通である。問題状況が日常化していることが問題への対応を意識の外に追いやり，解決を難しくしている状況を見ることもある。採用後の組織内での職能開発や人事ローテーション，年齢構成，組織を超えたキャリア・アップへの対応などについての方針や計画は，組織にとっても個人にとっても重要である。組織として具体的な計画を示すことが必要であるし，置かれた状況に応じて修正し続けることが必要である。将来の姿から逆算して長期的視点で人材確保・育成を考えることに加えて，変化する世の中で組織の状況が目論見から外れた時の対応への明確な設定と共有が組織として必要である。

（2）社会と人材

学芸員をはじめ職業の国家資格の取得要件については職業に必要な資質・能力と合わせて，将来的な需給や社会的機能の見通しに基づいた量や内容の設定が必要である。適切な見通しによって社会的損失を防ぐことができる。内部からの視点に加えて社会全体を俯瞰する視点をもって考えることが必要であることは前項でも述べたとおりである。「資料ファースト」は博物館の中心的価値であったし，博物館的にはこれからも強調しなければならない価値である。その一方で，存続し続けるためにはより多様な視点からの専門職能も必要となる。例えば社会的理解を得るための社会とのコミュニケーションがある。組織への社会的理解を増進することができれば，予算などの適切な資源配分もより容易に受けることができるようになるかも知れない。ある意味，このような職は学芸職以上に資料を保管しつづけるための有効であることを社会的にも評

価しなければならない。

　日本の人口減少傾向は今後も続く。世界人口も今後しばらくは増加し2050～2100年頃にピークを迎え，その後は減少すると予想される[10]。現代日本は少子高齢化社会といわれているが，人口動態からは「高齢化」は30～40年後には自然解消，「少子化」による人口減少もある程度減少した後に定常状態となることが予測される。1人あたりが使える資源は増大する。単純に考えれば，各自の幸福は向上する，はずである。

　日本は，現場での長い経験によって身につけられる「職人技」に高い価値をおいてきた。この職人技に価値を置く考え方の背景には，教育投資を節約し，低い賃金でたくさんの働き手を確保し，時間をかけて優れた「職人技」にいたるというモデルへの評価がある。このモデルは，人口が増加し続け，社会や技術の変化が少ない時代においては一定の有効さを発揮した。経済成長を実現した日本の「経営」の強さは，職人技による「現場」の問題解決能力の高さによって支えられてきたと言うことはできる。

　明治維新から150年，グローバル化が進展した今日の国際状況は日本が開国した頃と同じくらい予断を許さない状況にある。優れた技術でありながら製品が売れない状況は今日ではよく見かける。効率の悪さを指摘され続けてきているサービス業，国際的なネットワークから取り残されつつある文化，教育や流通・小売業，財務中心で保守的で遅い意思決定の経営などはいずれも海外のうまくやっているような地域と比べるとき心配となる。法律の高度化，国際的な規程や交渉の複雑化・多層化，顧客となる人々の傾向の多様化など，現場の力だけで解決できる問題は本当に少なくなってきている。

---

10) United Nations Department of Economic and Social Affairs / Population Division, "World Population to 2300", 2004.

必要な人材を確保するためには，これまで機能してきた「職人技」モデルだけでは不十分である。長期のOJTによって身につけられる現場の暗黙知に基づく問題解決能力を過大に期待するのはもはや非効率である。経営的視点で社会全体を見渡し，組織の位置づけや自分の立ち位置，守備範囲を理解・評価し，適宜，他の分野へも展開していけるような広い視野を持つ人材とそれに対応した組織が必要である。限られた人材や時間を有効に活用するためにも，時間をかけた「職人技」ではなく，広い視野から個別の業務を評価し全体を体系的なシステムで思考でき複数の局面にマルチで対応できる人材が必要である。そのような人材の育成や雇用にかかる経費は一時的には増大するが，社会全体としてまた長期的視点からは効率化や経費節減を実現することが予想できる。行財政の現実を前提とした上で，その地域社会的課題の発見し，適切な解答を示して人々の賛同を得ることができる人材が博物館と博物館が属するコミュニティを前進させることができる。

　これからの博物館の人材は，正規職員型だけでなく，非常勤やパートタイム，ハイ・アマチュアやボランティア等も重要な人材として活用していく経営視点がますます重要となることと予想される。現在，長期にフルタイムで専業する正規職員型人材の仕事を幅の広い多種多様な人材で担うことによって，組織としての博物館の機能を持続・発展させることとなる。

　ボランティアは外注スタッフなどと合わせて博物館の日常業務を支える大きな柱である。ボランティアについては複数の定義があるが，「自発的な意志に基づき他人や社会に貢献する行為」を用いる。活動の性格として，「自主性（主体性）」，「社会性（連帯性）」，「無償性（無給性）」等が挙げられる。英語のボランティア（volunteer）の原義は志願兵である。歴史的には十字軍での騎士団などの「神の意思（voluntas）」に

従う人の意につながる言葉である。無償という意味はない。ボランティアは，活動の実費や交通費あるいはそれ以上の金銭を得る場合もある。活動内容に対する対価が低い場合が多いが，ボランティアは「無償あるいは安い給料で働く人」でも「気ままに働く人」でもない。時に高い専門性や職業的良心を発揮しながら「給料を気にしないで働ける人」あるいは「収入より志を優先する人」とするのが適切である。

　通常の職であっても，使命感をもって行われる仕事の多くはボランティアの範疇と考えなければ説明がつかない場合もある。個人の生活の確立や自己実現あるいはキャリア設計への配慮，既存のピラミッド型組織構造との整合性を図ることなどは，場面に応じた解決が求められる課題である。

3．行財政

(1) 資源の配分

　行財政は，行政と財政のことである。行政[11]は，法律など政治体系において権威を有する意思決定者による公共政策の決定を実行する活動である。財政[12]は，国家や地方公共団体がその任務を遂行するための取得にかかわる権力作用と取得した財・役務の管理・経営の管理作用で構成される経済行動である。中央レベルの政策，末端レベルの事業は，予算（お金）と密接に関係している。博物館の行財政は，博物館にかかわる意思決定と資源[13]の分配に関する活動を一体的に表す用語である。

---

11) administration または executive
12) public finance
13) 単に「資源」といった場合は人・金・物，加えて時間・情報のことであるが，ここでは「金」に焦点をあてる。

博物館，特に公立館には，おかれた地域の課題全般を見渡す総合的視点からのマネージメントが求められる。社会的な機能が直接競合する組織だけでなく，機能が競合しない組織や施設，例えば保育園や病院，道路や橋，あるいは近所の歩道や自転車置き場の整備，地域の活性化などと軽重が比較検討され，博物館より優先されるべき課題があるのであれば，そちらを先に解決する経営的判断が行われる。鳴り物入りで設置されたものの長きにわたり手を入れられていない博物館も見ることも多い。

営利組織では調達した資金や売り上げ等を用いて利益の獲得を目指す活動が主体となる。非営利組織の博物館の場合は，公的資金や入場料等を用いて使命の実現を目指す活動が主体となる。営利組織においては，使ったお金と得られた利益がその活動の主な評価尺度となる。

非営利組織としての博物館の評価は「使命」によってなされなければならない。このことは広く知られるようになってきているが，数値化しやすい入館者数の増大や使うお金の削減など営利組織の尺度による評価が重視される傾向がある。少ない出費で多くの来館者は「よい」と感じられるが，営利組織であれば「利益」が実現されているか，非営利組織ならば「使命」が実現されているかを見て，はじめて「よい」ことが確認される。入館者数や経費節減は目的ではない。目的をよりよく達成するための手段の一つである。

現実問題として，入館者数は博物館の分かり易い評価尺度として定着している。「入館者数といった表層的部分ばかりを見て，資料の収集・保管や調査・研究と言った博物館の本来業務が評価されないから予算などの資源が配分されない」と考えるだけではなく，この状況の中で社会を構成する者としての広い視点からの指摘に耐える説明や活動を不断に行うことは，博物館の行財政の重要なプロセスの一つである。

図3-5に示す国立科学博物館では収入の9割近くが運営費交付金である。この割合は年度によって変化する。支出は博物館で行われている事業と国が示す枠組に対応した表現となっている。事業では展示関係が全体の4分の1，調査・研究と資料の収集・保管関係が2割，学習支援関係が1割弱となる。一般管理費には施設の運営や維持・補修にかかる経費が含まれる。科博でなければできないことや「強み」に集中した活動への流れもあるし，歴史的経緯等により変化には時間が必要な状況にもある。

　日本の博物館の運営資金においても「もらう」から「つくる」への傾向は感じられる。しかしながら，寄付やファンディングに対する文化的違いや制度的制約などの理由により，モデルにしようとしている米国との隔たりは大きい。このことについては海外の博物館を扱う章でも記述する。

　非営利組織では，営利組織の収支決算との比較から支出金額を減らすことが効率さの尺度とされることがあるため，業務の効率や効果を低下させてでも支出額を減らすことが求められる場合がある。非営利組織の効率さは，組織の目的と支出が対応していることを見るのがポイントである。無駄は省かなければならないが，削減は目的である業務の変化・縮小・消滅に直結する。

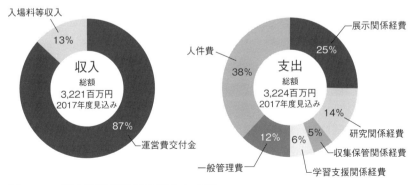

図3-5　国立科学博物館の収入と支出
　　　　出典：独立行政法人国立科学博物館概要2017，p.28をもとに作成

(2) 組織の意思決定

　博物館の活動は何らかの規則に基づいて行われる。例えば国立科学博物館の活動は，日本国憲法，独立行政法人通則法，独立行政法人国立科学博物館法をはじめとする諸法・諸規則・諸省令等をはじめ国立科学博物館内部で定められた諸規定・諸規則に基づいて行われる。博物館には，保存，研究，展示，教育，コミュニケーション，アドボカシ，管理などの各セクションからの意見が妥協なくぶつけ合わされ，それらを組織の使命に則って経営が調整して活動することが期待される。日本では職能による専門性が確立していることが少なく，各職能の専門家として主張する義務という視点での意見交換や計画作成となりがたい傾向も感じられる。

　文書主義は，事務や事業の最終的な決定内容だけでなく，立案経緯や過程を文書で共有し，後から検証することができるように記録として残すことである。諸活動の正確性の確保，責任の明確化，適正かつ効率的な運営等の観点から有効な手法である。文書主義は，文書によって明示・記録・保管することにより，客観性・正確性・効率性などを実現する副業務の手法であり，主業務を円滑に進めることが目的である。マックス・ヴェーバーは文書主義を合理的管理様式と指摘した[14]。

　定型的で繰り返される内容や，処理に係る事案が軽微なものの場合であっても煩瑣(はんさ)な文書作成が求められるためスピードのある対応がしがたいことや，実際の意志決定が口頭によるネゴシエーションによって行われ紙面に残されない場合もあることが知られている。手続きが煩雑となって非能率的な状況を表す「レッドテープ（red tape）」や「繁文縟礼(はんぶんじょくれい)」という言葉がある。主業務を効果的に助けるはずの副業務が主業務化して大きな負担となる。文書を作成し，保管することが目的と化して

---

14) マックス　ウェーバー，世良晃志郎訳，「支配の社会学　1（経済と社会）」，創文社，1960．

しまう。それがさらに進むと，些細なことにも書類の発行を要求され，業務遂行の障害となっていく状況になりがちであることを表している。本来は明確な規則と公正な手続きによる「合理的」であったものが，形式的・技術的側面にしばられ，「非合理的」になるということをロバート・キング・マートンは文書主義の逆機能の一つとした[15]。

　20世紀の日本の意思決定では，本会議の前には「根回し」という，意見や反対を述べそうな部署や個人への事前説明や，規則上は権限を持たない実務者レベルでの準備会議などを実施し，意思決定を行う本会議の場では実質的な議論なく通過することが重要とされ，意思決定者と意思決定の理由が必ずしも明確に残されない特徴があるという分析がある[16]。21世紀のグローバル化やICT化が進んだ状況に対応するためには，実現すべき価値，使命，行動目的，戦略，活用できる資源，選択できる方法，実行計画，数値目標，タイムテーブル，リスクの想定と評価，成果の検証，目標達成後のプランなどをあらかじめ想定して書いたもの（ポリシーペーパー）を基に，実現性や合理性を具体的に議論して磨き上げていく会議の場での意思決定，およびその過程や理由の記録と報告が求められている。

　EBP（Evidence-Based Policy）は，統計などにより厳密に確立された客観的な証拠に基づいてポリシーが決定される状況を表し，公共政策などの分野で適用される用語である。合意形成を重視する文化の社会では，ポリシーへの意見が分かれた時には，論議を尽くして決着をつけるより，両論併記などのあいまいな結論となりやすい。博物館など特定の機関では，限られた資源を有効に活用し，効率的に，高い成果を上げる

---

15) Robert King Merton, Reader in bureaucracy. New York : Free Press of Glencoe, 1952.
16) 山本七平，「空気」の研究，文藝春秋，1983.

ことが求められる。そのための合理的意思決定の手法の一つとして，正確な統計で得られた数値データなどの情報に基づき，分析視点を明確にした上での，適切な分析で，効果的なポリシーの選択が有効であることが期待されている[17]。ただし，この方法がうまく機能するのは過去の経験が未来に適用できる場合だけであり，突発的な変化に対応する方法ではないことには注意が必要である。

　PDCA（Plan→Do→Check→Action）サイクルは，組織のマネージメントの手法としてよく取り上げられる。PDCAサイクルは状況の変化が少ない，あまり複雑な問題ではない，あるいはある程度の時間的ゆとりが見込める場合に有効な手法である。IDA（Information→Decision→Action）サイクルは，社会や自然などの環境とともに，常にかつ速い速度で変化している状況にある実際の現場の意思決定で効果を発揮する。Ｉは自他を含む状況に関する情報，Ｄは情報を基にした決心あるいは決断，Ａは決断に基づく実行をそれぞれ表わす。Ｉにおける正確度と精度がサイクルの要となり，正確度とIDAサイクルを回す速度がその組織の能力を決定する。OODA（Observe→Orient→Decide→Act）ループもIDAサイクルと同様に変化する状況での意思決定に有効な手法である。Ｏは対象の観察で，IDAサイクルでのＩの部分，情報収集に相当する。2つ目のＯは状況判断による方向付け，Ｄは採るべき方針の決

---

17) 日本でも，2017年5月19日に開催された統計改革推進会議で最終取りまとめの「証拠にもとづく政策立案（EBPM）」でも取り上げられ一般化しつつあるが，日本の風土の中で定着し，博物館でも有効活用されていくかについてはこれからといえよう。また，人間の直感が社会的に大きな進歩（イノベーション）をもたらしてきたことにも留意しなければならない。さらに余談であるが，すでに決定されているポリシーを支援するための研究を戒める意味で「Policy-Based Evidence（政策にもとづく証拠作成）」という言葉が用いられることがある。この「PBE」にも注意が必要である。

定，Aは行動である。PDCA が穏やかで合議的な組織雰囲気下での適用が有効であるのに比較して，IDA と OODA は現場での活動を重視した迅速な判断が求められる場合に有効な手法である。IDA や OODA を用いる場合には組織の使命や行動目的の共有化，個々の職員の業務範囲や権限の明確化が PDCA と比較してより必要となる。

　レジリエンス（強靱性）は想定外の事態が発生することを前提と認め，それに具体的に備えることによって実現される。想定しないことや，想定してもそれが見当外れである場合，組織は大きなダメージを受ける。都合の悪い事態を想定しない傾向は，日本特有のリスクとして想定しておく必要がある。この背景には「言霊信仰」的な考え方も感じられる。また，自己保全のための集合知とも考えられる。問題に気づくと，褒められることはなく，対応させられたり，責任を負わされたりする。問題を見て見ぬ振りして先送りしたり，甚大被害後の対応優先の混乱が生じたりすると，対応には全員で臨むこととなるし，責任の所在はうやむやとなる。最も効率的な組織は独裁制とされるが，指導者が意志決定を誤った場合の脆弱性については広く知られている。博物館の経営や活動に用いる方法や理論は研究が進められきてているが，科学的唯一解は知られていない。どの方法を用いるにしても「戦略の誤りは戦術では補えない」ことは常に意識して臨む必要がある。

参考文献

P.F.ドラッカー，上田惇生訳「非営利組織の経営（ドラッカー名著集4）」ダイヤモンド社，2007.
武藤泰明「ビジュアル経営の基本　第3版」日本経済新聞出版社，2010.
池田信夫「希望を捨てる勇気」ダイヤモンド社，2009.

鈴木博毅「「超」入門　失敗の本質　日本軍と現代日本に共通する23の組織的ジレンマ」ダイヤモンド社，2012．
栃木良一「経営学では学べない戦略の本質」KADOKAWA，2017．

4 | 博物館の経営①：国立の博物館

小津　稚加子

《目標&ポイント》　国立博物館の財政状態は，1年に1回決算されて，情報公開されている。ここでは，博物館の財務情報を通して国立博物館の経営を理解するために，財務に関する基本的な内容を解説する。次に，国立科学博物館と国立美術館の財務諸表の数値に基づいて，独立行政法人化以降の国立博物館の財政状態について理解を深める。
《キーワード》　財務諸表，独立行政法人，事業報告書，国立科学博物館，国立美術館

1. はじめに

　組織の経営資源には，ヒト，モノ，カネ，情報があり，組織の経営を考える場合には，一般に，このような経営資源に着目する。本章では，日本の国立の博物館・美術館（以下，国立博物館という[1]）の経営をカネの側面から，すなわち，財務的な側面から学習していく。本章では，国立が冠されている博物館の中から，国立美術館と国立科学博物館を選び，具体的に見ていく。

---

[1] 本章では国立博物館・美術館のみを取り上げる。博物館・美術館は運営主体が都道府県立，公益財団法人，企業，大学のいずれであるかによって財源が異なるため，問題の所在も将来の見通しも異なる。

2. 国立博物館は社会的なコストか

　国立博物館は，1年間の経営活動の結果を「財務諸表」と「事業報告書」という書類にまとめて公表している。国立博物館は，社会教育機関，調査研究機関，コレクションの保存機関として，社会的な役割を果たしているところであるが，国立博物館が果たしている社会的な役割にかかったコストや博物館が所有している資産や負債を，各館の財務的な状態として集約し，表示しているものが「財務諸表」である。「財務諸表」は数値によって示されているので，定量的な情報を読み手に伝えている。「事業報告書」は，財務諸表に表示された数値では説明しきれない業務の内容を記述形式で説明しているので，定性的な情報である。

　国立博物館の収入のうち，運営に必要な資金の75％から85％[2]が運営費交付金というかたちで，国から（間接的には国民が納める税金から）得ている。各館が自助努力によって獲得している資金は，15％から25％である。国立博物館は，財政状態や資金の使い道を，1年に1回まとめて（会計の用語では，「決算」という作業を行って），主務大臣へ報告している。さらに，財政状態は透明性を高めるために，広く情報開示されている。国立博物館の財政状態は，納税者である我々は当然のこと，誰でも見ることができるのである。

　そして，情報公開されている財務諸表の数値を一つ一つ探っていけば，例えば，国立博物館の経営規模がどのように変化したか（規模が大きくなったのか，縮小されたのか），経営努力をどのようにしているか（国立博物館が提供する社会サービスはいくらかかるものなのか，経費削減努力をしているか）が見えてくる。本章では，財務諸表を読むことによって，国立博物館の年度ごとの状態を観察し，博物館の経営につい

---

2) むろん，年度や館によって異なる。近年はさらに減少する傾向にある。

て理解を深める。

3．博物館の財務に関する情報

（1）独立行政法人とはなにか

　独立行政法人国立美術館は，1999年に成立した独立行政法人国立美術館法（第3条）に基づいて，2001年4月に設置された。国立科学博物館は，独立行政法人国立科学博物館法（第3条）に基づいて2001年に設置された。国立美術館，国立科学博物館ともに，独立行政法人である。

　独立行政法人について，総務省は次のように説明している。

> 「独立行政法人制度とは，各府省の行政活動から政策の実施部門のうち一定の事務・事業を分離し，これを担当する機関に独立の法人格を与えて，業務の質の向上や活性化，効率性の向上，自律的な経営，透明性の向上を図ることを目的とする制度である。（総務省ホームページより）」

　このように独立行政法人という制度は，①業務の質の向上や活性化，②効率性の向上，③自律的な経営，④透明性の向上，を目的として導入されたものである。一般に，効率的とは，「少ない労力で多くの効果があがること[3]」である。自律的とは，「外部からの制御を脱して，自身の立てた規範に従って行動すること[4]」である。したがって，国立博物館も，博物館が持つ「業務特性に応じた目標を管理しながら」，「少ない経営資源の投入でより多くの効果を上げる」という経営手法が導入されている，ということである。

---

[3］広辞苑を参照。
[4］広辞苑を参照。

そして，独立行政法人となった，国立博物館に導入された，効率的で自律的な経営活動の結果を財務数値にまとめ，日々の業務の質の活性化や効率性の向上を管理するために，財務に関して特徴的な手法が導入された。それは，「企業会計的な経営手法によって業績評価や財務運営を行う」，というものである。つまり，国立博物館の場合，博物館の業務である展示活動，調査研究活動，教育活動を行うために支出した資金や，入館料，財産賃貸料，資料同定料などによって獲得した資金を，企業会計に似た会計処理方法を使って，記録し，評価している。そして，1年間の業務の結果を，「財務諸表」と「事業報告書」に整理して，主務大臣に報告している。

また，国立博物館は「財務諸表」と「事業報告書」をホームページで公表している（次の（2）で，詳しく説明する）。したがって，博物館のステークホルダーはもちろん，博物館の業務に関心がある人は，誰でもいつでも閲覧できる。

（2）国立博物館の業務に関する財務情報とはなにか

上で，独立行政法人である国立博物館は，毎年，財務諸表を作成して公開している，と述べた。企業の場合で説明すると，「財務諸表（financial statements）」とは，「損益計算書（profit and loss statement/income statement）」，「貸借対照表（balance sheet）」，「キャッシュ・フロー計算書（cash flow statement）」など財務に関する計算表の総称である。国立博物館の場合は，損益計算書，貸借対照表，キャッシュ・フロー計算書のほかに「行政サービス実施コスト計算書」が加わる。

例えば，国立科学博物館の場合，「自然史に関する科学その他の自然科学およびその応用に関する調査および研究ならびにこれらに関する資料の収集，保管および公衆への供覧等を行うことにより，自然科学およ

び社会教育の振興を図る[5]」という目的を掲げている。国立美術館の場合，「美術館を設置して，美術（映画を含む。）に関する作品その他の資料を収集し，保管して公衆の観覧に供するとともに，これに関連する調査および研究ならびに教育および普及の事業等を行うことにより，芸術その他の文化の振興を図る[6]」という目的を掲げている。国立科学博物館であっても，国立美術館であっても，掲げた目的のもとで行う業務は，行政サービスである。「行政サービス実施コスト計算書」は，企業にはない計算書であり，独立行政法人会計に固有の計算書である[7]。

　岡本（2008）は，行政サービス実施コスト計算書は，「法人の業務運営に関連して発生する国民負担コストを表示する」，と説明している。企業の場合，営利を追求する組織であるから，1会計期間を終えて，企業がいくら利益や損失を生み出したかは，株主や経営者，ステークホルダーにとって重要な指標となる。しかし，国立博物館は営利を追求しない組織なので，企業のように利益や損失が重要な指標とならない。代わりに，納税者である国民の負担や国民が受けるサービスは広く関心を呼ぶ指標となる。

　独立行政法人に適用される会計は，「原則として企業会計原則によるもの」とされている。しかし，独立行政法人は「公共的な性格」を持ち，「利益の獲得を目的としない」という特殊性があるため，企業に適

5）独立行政法人国立科学博物館法第3条による。
6）独立行政法人国立美術館法第3条による。
7）独立行政法人の損益計算書と企業の損益計算書には異なる部分がある。企業の損益計算書にはすべてのコストが表示されるが，独立行政法人の損益計算書にはすべての行政コストが反映されない仕組みとなっている。そのため，独立行政法人の損益計算書を補完し，すべてのコストを算定するための計算書として「行政サービス実施コスト計算書」が作られている。行政サービス実施コスト計算書については，石田（2017）を参照。

用される会計基準に修正が加えられている。言うまでもなく，国立博物館は，公共性の高い「行政サービス」をするのが業務目的である。企業のように「利益」を生み出すことを目的としていないので，企業会計の影響を受けていても，作成される財務諸表に違いがある。

(3) 国立博物館の業務に関する財務情報はどこで検索できるか

　国立博物館の業務に関する財務情報を調べたければ，ホームページにアクセスしてみればよい。例えば，国立科学博物館であれば，ホームページの「法人情報」のバナーを開けてみて，次に「財務に関する情報」を開けてみよう。すると「財務諸表」，「決算報告書」，「事業報告書」，「監事の意見」，「会計監査人の意見」という項目が見つかるはずである。国立美術館の場合も同様である。「法人情報」のバナーから入っていくと，「財務に関する情報」があり，「国立美術館が作成している貸借対照表，損益計算書その他の財務に関する直近の書類の内容」という項目のもとに，独立行政法人化以降のすべての年度の「財務諸表」などが公開されている。

　このように「財務諸表」とは，日頃私たちが慣れ親しんでいる博物館の姿を，特別展や企画展，所蔵作品展などの「展示」や「収集保管」や学習支援などの「教育」活動，また研究員や学芸員が行っている「研究」活動を，貨幣量で表示している。博物館の，資産，負債，資本，費用，収益，損益，キャッシュ・フロー情報を表示するのである。

　また，貨幣数量を補足するものとして，「事業報告書」がある。「事業報告書」は記述情報であり，定量的に置き換えることのできない，博物館の業務内容を記載している。「事業報告書」は組織の事業活動の概況を記載した報告書であり，経営状況を多くの人に知らせるために作成された情報開示の手段である。情報の受け手が，さまざまな手段で国立博

物館の活動を財務の面からも知ることができるように作成されているのである。

「財務諸表」を公開する最も重要な役割は，アカウンタビリティ（Accountability）である。アカウンタビリティとは，会計を意味するAccountingと責任を意味するResponsibilityが結合した用語である。会計責任，説明責任とも言われる。また，英語のAccountingには，account for …，…を説明する，という意味が含まれている。つまり，国立博物館が，業務内容を財務諸表や事業報告書によって詳しく情報開示するのは，国立博物館を取り巻くステークホルダーに向けて，自らが行っている業務の内容を情報にして説明するためである。では，誰に向けて情報を説明しているのか。国立博物館を取り巻くステークホルダーはさまざまである。本章の冒頭で述べたように，現在，日本の国立博物館は，独立行政法人となった。よって，情報は主務大臣に報告される。そして，業務に必要な資金のほとんどが運営費交付金によって賄われているので，最も重要なステークホルダーである，国民へも伝えられている，ということになる。

表4-1は，国立科学博物館の第16期事業年度の財務諸表の目次である。目次を含み23ページある。この中で開示されている情報は，すべて数値による財務情報である。そして，細部まで詳しく開示されている。

表4-1　国立科学博物館の財務諸表の目次
**　　　　（第16期事業年度〈平成28年4月1日～平成29年3月31日〉）**

Ⅰ．貸借対照表
Ⅱ．損益計算書
Ⅲ．キャッシュ・フロー計算書
Ⅳ．損失の処理に関する書類（案）
Ⅴ．行政サービス実施コスト計算書
Ⅵ．注記（重要な会計方針等）

Ⅶ．附属明細書
　（1）固定資産の取得及び処分並びに減価償却費及び減損損失の明細
　（2）たな卸資産の明細
　（3）有価証券の明細
　（4）長期貸付金の明細
　（5）長期借入金の明細
　（6）債券の明細
　（7）引当金の明細
　（8）貸付金等に対する貸倒引当金の明細
　（9）退職給付引当金の明細
　（10）資産除去債務の明細
　（11）法令に基づく引当金等の明細
　（12）保証債務の明細
　（13）資本金及び資本剰余金の明細
　（14）積立金の明細
　（15）目的積立金の取崩しの明細
　（16）運営費交付金債務及び当期振替額等の明細
　（17）運営費交付金以外の国等からの財源措置の明細
　（18）役員及び職員の給与の明細
　（19）科学研究費補助金の明細
　（20）セグメント情報
　（21）主な資産，負債，費用及び収益の明細
　（22）関連公益法人等に関する事項

出典：国立科学博物館の財務諸表

　表4－2は，国立科学博物館の平成28年度事業報告書である。表紙を含み，149ページある。

表4-2　国立科学博物館の事業報告書の内容
（平成28年度事業報告書より抜粋）

1．国民の皆様へ
　国立科学博物館は，我が国唯一の国立の総合的な科学博物館であり，地球や生命，科学技術に対する人類の認識を深め，人々が生涯を通じて人類と自然，科学

> 技術の望ましい関係について考える機会を提供することを使命としています。
> 　この使命を果たすため，地球と生命の歴史，科学技術の歴史を，標本資料を用いた実証的研究により解明し，社会的有用性の高い自然史体系・科学技術史体系の構築を図る「**調査研究事業**」，調査研究を支えるナショナルコレクションを体系的に構築し，人類共有の財産として将来にわたって確実に継承していく「**標本資料の収集・保管事業**」，調査研究の成果やコレクション等知的・物的資源と社会のさまざまなセクターとの協働により，人々が自然や科学技術に関心を持ち考える機会を積極的に創出して，人々の科学リテラシーの向上に資する「**展示・学習支援事業**」を主要な事業として一体的に展開しています。(…後略…)

出典：国立科学博物館の平成28年度事業報告書。冒頭の太字は筆者

　事業報告書は，「国民の皆様へ」という項目から始まっている。事業報告書によって，誰に何を伝えようと意識しているのかは，重要である。国立博物館は，博物館としての自らの使命をまず国民に対して説明しているため，「国民の皆様へ」という項目が冒頭にあるのである。それは，企業の事業報告書が，株主の皆様へ，という項目から始まっているのと同じである。株式会社は株主からの資金調達で賄われているので，まず株主に対して1年間の事業報告を行うのである。国立博物館にも，企業会計的な手法が導入されていると述べたが，こうしたところに現れている。

4．財務から見た国立博物館

　すでに説明したように，財務諸表に表示されている数値は，定量的な情報である。定量的な情報の利点は，客観的であること，そして，年度ごとの比較をすることができるという点にある。財務数値のこの特徴を生かせば，時系列で国立博物館の経営状況の変化をとらえることができる。以下では，国立博物館の財務面を見てみよう。(1)で，国立美術

館の事例を，続いて（2）で国立科学博物館の事例を取り上げる。

（1）国立美術館

図4-1は，2001年から2013年における国立美術館の資産規模の変化を示している。財務諸表の中から，貸借対照表に計上されているデータに基づいて作成した。

図4-1から，次のことが分かる。

①13年間で国立美術館5館を合計した資産規模は，着実に伸びている。

②資産合計を見ると，特に2006年に大きく伸びている。

③おそらく2006年の大幅な増加は国立新美術館の設置が理由と考えられるが，その後も国立美術館5館の資産規模は拡大している。

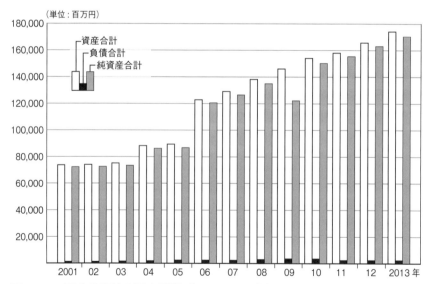

図4-1　国立美術館の資産規模（2001〜2013年）
　　　（筆者作成）

図4-2は，国立美術館5館の総資産額を，各館ごとに示したものである。図4-2から，次のことが分かる。
①2013年時点で，最も資産規模が大きい館は国立新美術館である。続いて，東京国立近代美術館であり，他3館（国立西洋美術館，京都国立近代美術館，国立国際美術館）は，ほぼ同規模である。
②総資産額の内訳を見ると，2007年以降，東京国立近代美術館と国立新美術館が増加傾向にある。
③ ②の事実を詳しく見ると，国立新美術館の伸びは，2007年以降も顕著である。一方，東京国立近代美術館は微増であり，国立新美術館と東京国立近代美術館で伸び方に差がある。
④国立国際美術館は，2003年以前，配分は少なかったが，2004年以降，国立西洋美術館，京都国立近代美術館と同規模になった。

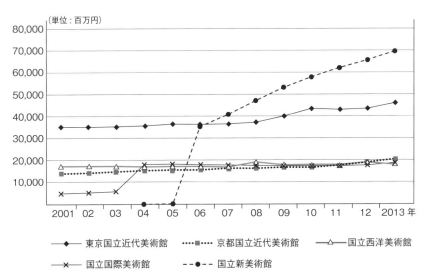

図4-2　国立美術館の資産の内訳（2001～2013年）
　　　（筆者作成）

図4-3は，国立美術館5館の美術品・収蔵品の金額を，各館ごとに示したものである。図4-3から，次のことが分かる。
①東京国立近代美術館の美術品・収蔵品が最も多い。
②次に，京都国立近代美術館，国立西洋美術館，国立国際美術館の順である。
③国立新美術館は，美術品等を持っていない。

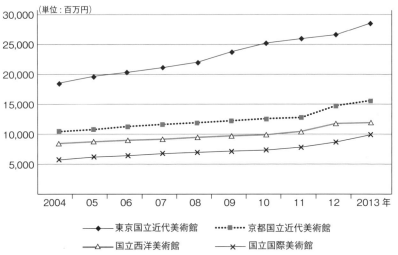

図4-3　国立美術館の美術品・収蔵品の推移（2001〜2013年）
（筆者作成）

次に，国立美術館が行っている業務を，資料保管業務，展示業務，調査研究業務，教育普及業務に分けて，見てみよう。図4-4は業務ごとに支出した費用を示している。

図4-4から，次のことが分かる。
①2006年以降，展示業務費と教育普及業務費が増加傾向にある。
②2001年から2013年にかけて，収集保管業務費と調査研究業務費はほ

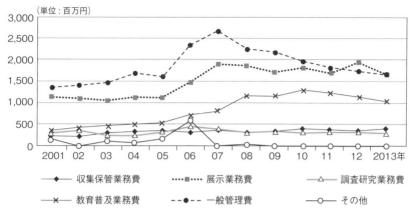

図4-4　国立美術館の業務目的別費用の推移（2001～2013年）
（筆者作成）

とんど変化がなく、支出は一定である。
③一般管理費は、2007年をピークに、それ以降は下降する傾向にある。

　図4-5は、国立美術館の人件費および経費を示したものである。図4-5から、次のことが分かる。
①2006年に、経費は飛躍的に上昇した。
② ①の事実はあるが、2009年以降、経費は徐々に減少しつつある。
③人件費は、2001年から2013年まで横ばいである。

　ここまで、国立美術館の財務諸表に基づき、いくつかの財務数値を時系列で整理することを通じて国立美術館5館の経営状態を見てきた。国立美術館において、大きな変化は2006年に起こったことが確認できた。国立新美術館という、収蔵品を持たない、都心に設置されたアート・セ

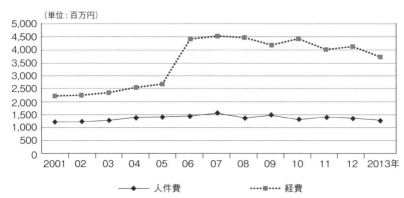

図4-5　国立美術館の人件費および経費の推移（2001〜2013年）
　　　　（筆者作成）

ンターは，財務面から見ても国立美術館機構に新しい経営の姿をもたらしたと解釈できる。

（2）国立科学博物館

　図4-6は，2001年から2012年における国立科学博物館の業務活動によるキャッシュ・フローをグラフにしたものである。財務諸表の中から，キャッシュ・フロー計算書に計上されているデータを12年分集めて作成した。
　図4-6から，次のことが分かる。
　①入場料収入が，緩やかに増加する傾向にある。
　②寄付金収入は，横ばいである。
　③2001年と2012年を比べると，運営費交付金収入はわずかに減少している。
　④2005年以降，運営費交付金と経常収益の動きは徐々に離れている。

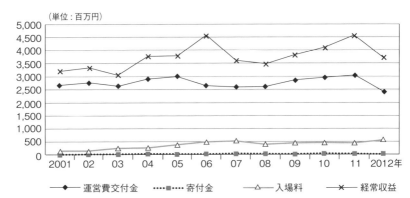

図4-6　国立科学博物館の業務活動によるキャッシュ・フロー（2001～2012年）（筆者作成）

こうした傾向をより詳しく考察するために，経常収益の比率を図4-7に表した。図4-7の作成に当たり，国立科学博物館の各年度のキャッシュ・フロー計算書に計上されている数値を使った。

図4-7から，次のことが分かる。

①図4-6で指摘した，運営費交付金収入の漸進的減少という傾向は，時系列で，経常収益の割合から見てみると，よりはっきりとしている。
②2008年度以降，その他の収入が占める比率が，入場料収入の比率より大きくなるという傾向が定着した。

ここで，②は特徴的である。もともと博物館という組織は，利益追求を目的とする組織ではないにもかかわらず，独立行政法人化後の国立科学博物館は，自律的な経営という要素を取り入れ，多様な収益を確保するための施策をしている，という姿が見える結果となった。

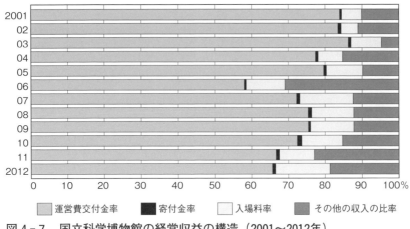

図4-7　国立科学博物館の経常収益の構造（2001～2012年）
（筆者作成）

5. まとめ

　ここまでで，国立美術館と国立科学博物館を事例として，両館の財務諸表の財務数値を時系列で見ることによって国立博物館の経営を確認した。美術館と自然史博物館という業務目的に違いがあっても，財務数値からは両館の経営に共通する傾向が浮かび上がった。それは，国立美術館は展示と教育普及以外の業務費用を低く抑える傾向にあり，国立科学博物館は収益構造を多様化する傾向にある，というものである。会計において，費用と収益は，損益を測定するために対照させる項目である。そうした財務の視点から国立博物館の経営をとらえ直してみた結果，国立美術館も国立科学博物館も，経営を効率化し，無駄をなくすような努力をしているという姿が見えてきた。博物館は，元来，収蔵品の保管や展示といった「質的な」モノの管理に関心があり，その機能こそが社会的な存在であったが，近年は，財務上の効率性にも注力しているという

事実が見えてきたのである。

　国立博物館は独立行政法人制度のもとにある。そのため，法人による業務運営の自主性が尊重されている。業務運営の主務官庁の事前関与や統制を極力排除することが意図されている。独立行政法人化の目的は，組織の潜在的な活力を引き出すことに主眼がある。この趣旨が，国立博物館の運営方針にも影響を与えたのであろう。財務数値でも確認できたのは，上で見てきたとおりである。

　博物館・美術館は，それが国立館であれ，地方館であれ，財団で運営されているのであれ，「ゆとり」をもった空間を提供する公共財であることには変わりがない。しかし，それが組織であり，資金が投入されている限り，カネの側面から把握し直すことができる。財務から見た国立博物館の現状は，運営費交付金収入が減少するという現実の中で，自主財源を多様化させているという状況である。

　国立博物館の将来の財務環境は，我が国の経済環境と連動していることも明らかになった。国立博物館の運営費交付金が減少してきた背景には，経済的な事情があるからである。我が国の経済環境は少子化・人口減少や赤字国債の発行残高の増大という背景があり，財政は厳しい状況にある。そのような中で，国立博物館は，将来どのような経営方針を立てて，実行していくのだろうか。

　最後に，簡単に欧米の博物館について触れておく。筆者は，海外の博物館の財務諸表を調査した。その結果，最も運営費交付金が少なかったのは英国であった。つまり，筆者の調査によれば，大英博物館の運営費交付金収入は，2012年には約54％であったが，2013年においては約37％となった。日本の国立館よりもはるかに少ない運営費交付金の割合で事業運営している。大英博物館は，海外の博物館の中でも自主財源が多様であることも調査から明らかになった。大英博物館は，日本の国立館と

容易に比較できない特殊な事例であろう。とはいえ，海外館へ視野を拡げれば，国立博物館の財務構造のあり方については，さまざまな考えとモデルがあるのかもしれない。

　財務から考える国立博物館という領域には，本章で取り上げた以上に多くのテーマや課題が残っている。公共財である博物館を，これからも財務的な支援をしながら国民が守っていくものなのか，それが昨今の経済環境の中で継続できるものなのか，それとも，国立博物館に一層の自律性を促すべきものなのか。国立博物館の経営の方向性を探るために，より多くの議論と知恵が必要な領域である。

参考文献

石田晴美「独立行政法人の行政サービス実施コスト計算書の検討」『會計』第191巻第3号，2017年．
岡本義朗『独立行政法人の制度設計と理論』中央大学出版部，2008年．
谷武幸，桜井久勝『1からの会計学』中央経済社，2009年．
桜井久勝『財務諸表分析』中央経済社，2017年．
独立行政法人会計基準および注解．
総務省ホームページ
　（http://www.soumu.go.jp/main_sosiki/gyoukan/kanri/satei2_01.html）
国立科学博物館（http://www.kahaku.go.jp/）
国立美術館（http://www.artmuseums.go.jp/）

5 | 博物館の経営②：公立の博物館

稲村　哲也

《目標＆ポイント》　地域における博物館の役割がますます重要になっている現在，学芸員をはじめとする博物館関係者のみならず，行政，市民にとっても，公立博物館のマネジメントについて知ることは重要である。この章では，公立博物館の変遷の過程を踏まえた上で，自治体が財政難に苦しむ現状の中，指定管理制度を取り入れ，改革を進める2つの博物館を紹介する。一つは大規模博物館としての江戸東京博物館，もう一つは小規模博物館として野田市郷土博物館である。前者は公益法人，後者は地元のNPOが運営をしている。この2つの事例を比較することで，経営主体による地域博物館の運営や活動の違いが理解できる。また，直営の公立博物館にとっても，今後の改革の参考になるだろう。さらに，開設の過程で議論を重ね，地域との連携を理念と実践において先駆的に行ってきた滋賀県立琵琶湖博物館を取り上げ，今後の地域博物館のあり方について考える。

《キーワード》　地域博物館，第三世代，指定管理者制度，公益法人，NPO，改革，江戸東京博物館，野田市郷土資料館，琵琶湖博物館

1．公立の博物館の現状と改革

　日本の博物館の多くが公立博物館である。地域における博物館の役割がますます重要になっている現在，学芸員をはじめとする博物館関係者のみならず，行政，市民にとっても，そのマネジメントについて知ることは重要である。

　1970年に歴史民俗資料館建設に対して国庫補助が認められることになり，高度経済成長期にあたる1980年代には，公立の博物館が次々と建設

された（以下，五月女2017）。それらの博物館の中には設立目的や理念が明確ではないものが少なくなかった。そこで，いわゆる「ハコモノ」優先という批判があがった。しかしながら，地域の博物館は，時代とともに大きく変化してきた。顔の見える地域密着型の活動を地道に続け，個性的で，地域にとってなくてはならない存在となった博物館も少なくない。一方で，全国的な状況としては，1990年代後半からの景気低迷と地方自治体の財政悪化の中で，公立の博物館は，予算が削減され，厳しい経営・運営を強いられている。

2002年に市場原理による民間開放の政策の一環として地方自治法が改正され，指定管理者制度が成立し，2003年から施行された。自治体は，直営を続けるか，指定管理者制度を利用するかを自ら判断し，後者の場合は，民間企業やNPOに博物館の運営を委嘱できるようになった。しかし，この制度を人員削減・経費削減の手段として安易に取り入れると，博物館の形骸化につながりかねない。一方で，この制度の利点を活かし，地域連携の強化などの改革を進め，運営を大幅に改善した博物館も存在する。いずれにせよ，こうした現在の状況において，公立の博物館は，どのような経営・運営の仕組みをとるにせよ，さまざまな改革が求められている。

そこで，公立博物館の現状や変遷を把握し，今後の経営・運営のあり方について考えたい。そのために，まず地域の博物館の変遷を伊藤寿郎による「第三世代」論によって整理しよう。伊藤は，1991年に44歳という若さで急逝したが，竹内順一（1985）に準拠して，博物館の「第三世代」論や「地域博物館」論を展開した。これは，1980年代における博物館の現状と変遷を踏まえて，博物館の理想を論じ，博物館が地域に果たす役割に期待したものである。現在の博物館の現状とは異なる点が少なくないが，1980年代当時の整理としては的確である。また，博物館の通

時的な変遷を整理し，地域の博物館の今後のあり方を考える上で有意義である。現状で，第三世代を超えたといってもよい博物館がある一方，第一世代から抜け出ていない博物館もあるだろう。

次に，近年に改革を進めてきた地域の博物館の中で，大規模な博物館の例として江戸東京博物館，小規模の博物館の例として野田市郷土博物館の例を取り上げる。この2館は，前者が公益法人，後者はNPOによる指定管理者制度をとっており，その比較としても興味深い。さらに，設立過程で地域との連携と対話を熟議し，開館後はそれを実践してきた博物館の例として滋賀県立琵琶湖博物館を取り上げる。同館はその明確な理念と実践において先駆的であり，他館にも大きな影響を与えてきたといってよいだろう。

2．「第三世代の博物館」論

まず，博物館の第二世代までの現状把握の概要をまとめておこう（伊藤1993）。伊藤によれば，博物館の第一世代とは，国宝や天然記念物など，希少価値をもつ資料（宝物）を中心に，その保存と運営の軸とする古典的博物館である。第二世代とは，資料の公開を運営の軸とするもので，学芸員という専門職員が登場し，物の調査・研究，収集・保管，公開・教育という博物館固有の活動も展開されてくる。しかし，この第二世代は知的好奇心・探究心を満たすための一過性の見学施設であり，多くは市街地の周辺に設置され，地域の人々は，特別展示以外はあまり訪れない。展示以外に，一過性の教育事業など，さまざまな機会を提供し，要求に応えることに意味をもち，人びともそれを期待している。

以上のような現状把握に対して，望ましい博物館像として，伊藤が描いた第三世代は，社会の要請に基づいて，必要な資料を発見し，あるい

はつくりあげていくもので，市民の参加・体験を運営の軸とする博物館である。また，第三世代は，関心の薄い人々こそを対象に，その自己学習能力を育むことに意味があるとする。伊藤は，1980年代当時において，いくつかの博物館は部分的にその特長を備えているものの，「第三世代」とは期待概念であり，典型となる博物館はまだないとみていた。

伊藤は，市民の日常的な活用が可能で，市民へのフィードバックが可能な，地域の中小の地方の博物館こそが，こうした第三世代の博物館の舞台になると考えた。そして，「地域志向型博物館」という概念を提起し，その特徴を備えた博物館を「地域博物館」とした。従来の博物館に対して，次の2点をその重要な特色としてあげた。

①地域のさまざまな課題を軸として，新しい価値を発見していく視点であり，特に自然科学と人文・社会科学の地域での結びつきを重視すること

②地域の課題は地域に生活する市民自体が主体となって発見し，取り組んでいくこと

伊藤によれば，地域博物館は，単に展示内容が地域に限定されているという基準ではなく，地域志向型博物館のことである。これは，中央志向型博物館や，観光志向型博物館との対比によって，その特徴が明示される。この3つの型は，浜口哲一が，平塚市博物館の設立準備の過程で，同僚の小島弘義の考えを発展させて提起したものだという（浜口 2000）。この博物館の3つの型の「教育の方向性」に着目すると，次のようにまとめることができる。

①地域志向型
　・教育内容：地域と教育内容の連関を重視する内容
　・教育方法：ものを考え，組み立て，表現する能力の育成が中心

②中央志向型

・教育内容：組織された知識・技術の体系を重視する内容
　　・教育方法：知識の教授が中心
　③観光志向型
　　・教育内容：希少価値を重視した内容編成
　　・教育方法：資料のもつ意外性，人気性が中心
　この類型は，博物館の世代論と重なる部分があるが，時間軸ではなく，機能によって類型化したものと見ることができる。伊藤は，(学芸職員の考えが反映されやすい) 教育事業の内容は「地域志向型」，(設置者の考えが反映されやすい) 展示の内容は「中央志向型」，入館者の意識は「観光志向型」というように「3つの型が混在している場合が多い」(前傾書157) とし，現実には1つの博物館において，これらの機能 (志向) が並存することによって，博物館の性格があいまいとなり，基本方針を決めにくくしているという。

　以上は，伊藤による1980年代の博物館の現状の把握と地域博物館のあるべき姿であった。この地域博物館の考え方は，市民参加調査などを積極的に推進した平塚市博物館（1978年開館）など，いくつかの博物館ですでに試みられていたが，先に述べたように，高度成長期に設立された地方の博物館の多くは，その設立理念があいまいであり，ハコモノ行政として批判にさらされた。そうした中で，伊藤が示した理想像は，博物館の現場に大きな影響を与えた。

3．地域博物館における改革

（1）公益法人運営の大規模博物館の事例—江戸東京博物館

　近年，博物館を取り巻く社会状況は大きく変化し，地方自治体が主体となって行ってきた公共サービスに対する民営化の波が，博物館を揺さ

ぶっている（以下，小林2009）。1990年代後半，多くの地方自治体が財政危機に陥り，公社・事業団等のいわゆる公益法人（自治体側から見ると「管理団体」）の見直しや統廃合を進めた。公立の博物館でも入場収入や収支が問題とされた。江戸東京博物館を例にとると，小林克によれば，東京都が2000年に発表した外郭団体の評価では，江戸東京博物館がDとされ，評価がEとされた東京都立高尾自然史博物館，東京都近代文学館は廃止となった。全国の博物館の6分の1程度が公益法人によって運営されているが，江戸東京博物館（1993年開館）も東京都の外郭団体である財団法人，東京都歴史文化財団によって管理運営されてきた。1995年に監理運営団体の見直しや統合により，東京都現代美術館，東京都美術館，東京文化会館なども東京都歴史文化財団が管理運営することとなり，人員と予算の削減の中で，さまざまな改革が実施された。

　また，2002年に市場原理による民間開放の政策の一環として地方自治法が改正され，指定管理者制度が成立し，2003年から施行された。そして，民間企業やNPOが博物館の運営を受託できるようになった。江戸東京博物館では，2008年度までは，引き続き東京都歴史文化財団が指定管理者とされ，その後2017年度まで8年間の指定管理者として同財団と民間企業2社との共同事業体が決定された。指定管理者制度の中では，「いかに民間企業に打ち勝つか」ということがテーゼでとなり，すでにギリギリの状況であった博物館の現場に，さらなる指定管理者に関連する改革が求められた。

　そうした中で，江戸東京博物館が実施した改革は，まずは予算の柔軟化である。2002年度から，展覧会などが「利用料金制度」に変更された。以前は，収入に関係なく予算が立てられていたが，この制度では，展覧会予算の一部に入場収入が当てられるという仕組みに変わった。これによって，入場収入が少なければ年度後半の事業に支障が起こるが，

入場者数が多く，剰余金が出た場合は，それを東京都に返納する必要はなく，博物館で活用できるようになった。これは，企業などでは当たり前であるが，行政の予算主義とは異なるシステムである。このシステムにより，入場者を増やすためのモチベーションが高くなったという。それによって，多様で来館者のニーズにあった企画展が開催されるようになった。また，付帯事業として，企画展の図録やオリジナルグッズの開発なども熱心に行われるようになり，地域や企業との連携などが充実してきた。さらに，自己点検，組織としての評価，外部評価などからなる評価システムも確立された。さらに，友の会，ボランティア，大学との連携，企業等との連携，地域の多様な機関との連携も進められた。

（2）NPO運営の小規模博物館—野田市郷土博物館

指定管理者制度を人員削減・経費削減の手段として安易に取り入れると，博物館の形骸化をもたらす恐れが高い。しかし一方で，明確なミッションとビジョンのもとに，地域のNPOが運営し，改革と努力を重ねた結果，飛躍的に改善したケースもある。以下では，金山喜昭に依拠し，野田市郷土博物館について紹介する（以下，金山2012, 2017）。

野田市郷土博物館は，1959年に千葉県内で開館した最初の登録博物館である。野田市教育委員会が所管する公立博物館として2007年3月まで直営であったが，同年4月から地元のNPO法人野田文化広場が指定管理者となった。直営時代の入館者は年間1万1千人台と低迷していたが，NPO運営になってから4年後には約3万人にV字回復した。それにともない利用者の満足度も高くなり年間の利用者1人当たりのコストが3,528円であったのに対し，669円となり，経営効率は直営時代に比べて約5倍になった。

直営時代に郷土博物館が行き詰まり状態に至った要因として，経費と

人員の削減によって，仕事がこれまで通りの方法でできなくなり，学芸員・職員のモチベーションが低下し，それによって博物館のビジョンが不明瞭になるとともに，事業の縮小と質の低下を招いたことが指摘された。そして，公立博物館を再生させるポイントとして，次のような各点があげられた。

①社会の変化や人々のニーズに応えるために，地域の課題や市民のニーズに対応するミッションを策定し，それを見直すこと
②直営のままでは再生ができない場合，地元のNPOに運営能力があるならば，それが指定管理者として望ましい。当事者意識をもつ市民が，地域づくりの一員として活躍することができる。
③自治体は，コストや人員の削減を目的にするのではなく，住民サービスの向上や，ミッションを達成するために指定管理者制度を導入する。そのために必要な予算措置と，施設の改修などの環境整備をする。
④NPOと行政とは，連携を密にしながら博物館の事業を行う。博物館に運営上の障害が生じれば，行政もその解決のために柔軟に対応する。
⑤博物館と市民との連携を円滑にする。地域の多様なコミュニティの人たちや組織・団体の協力や支援・参加を促すことに配慮する。
⑥これまでの多くの公立博物館は評価について消極的であったが，NPO運営により，評価制度を導入する。その結果は広く情報公開するとともに，市民からの意見や評価を受け入れることのできる仕組みづくりをする。

野田市郷土博物館は，新たなミッションとして「市民のキャリアデザイン」を掲げた。これは，市の政策とも合致するものであった。限られた資源を有効に活用して「まちづくり」に参加できるように，行政とし

ても環境整備を進めた。指定管理者制度を導入するにあたり，予算はわずかながら増額された。学芸員の数は，1名から4名に増員され，臨時職員の用務員も1名から4名に増員され，新たに資料整理員2名が雇用された。資料収集費が増額されたことも重要である。

市民のキャリアデザイン，すなわち市民の人生設計の拠点として博物館が機能するために，博物館が多様な機関，団体をつなぐコーディネーターの役割を果たすようになった。そのミッションを果たすために，企画展の回数を増やすとともに，市民参加型企画展，自主研究グループの育成，小中学校新規教職員の研修，寺子屋講座，キャリアデザイン連続講座など，多彩な事業を展開するようになった。また，従来からあった市内ガイドの団体と共同して，博物館が連携することにより，広報と交流の機会が広がった。

4．地域の博物館における多様な連携と対話

前節で，地域との連携，公共サービス等の充実によって，地域の博物館の存在意義を高めてきた2つの事例を取り上げた。どちらも，非常に意義深い実践を行っているケースである。もう一つ，忘れてはならないのは，地域連携などの活動とともに，そのベースとしてのコレクション・マネジメントの重要性であり，とりわけ研究の重要性である。そこで，ここでは，明確なコンセプトのもとに充実した地域連携を実践し，その基礎となる研究を重視してきた博物館の典型例として滋賀県立琵琶湖博物館を取りあげる。

滋賀県立琵琶湖博物館では，設立の過程で地域との連携と対話の方法が熟慮され，開館後にそれを実践してきた（布谷2005）。開設準備の早い時期から十数名の学芸員が採用され，どのような博物館にするか，徹

底的な議論が重ねられたのである（以下，布谷2001）。博物館は教育する場ではなく，博物館と利用者とが双方向に情報を往来させる場所であること，本当に重要なのは博物館ではなく地域そのものであるという共通認識，地域の人々と情報が博物館を介して双方向に往来することで，改めて琵琶湖地域を見直し再発見しようというという考え方，などである。そうした議論の結果として，同博物館は，「湖と人間」と「環境（歴史と未来）」という明確なコンセプトに加え，「フィールドへの誘いとなる博物館」，「交流の場としての博物館」を基本理念に掲げて，1996年に設立された。

同館の設立に携わった嘉田由紀子は，「個人的文脈」，すなわち，来館者が展示の物的・社会的文脈を個人的経験と照らしあわせて「自分化」すること，また，博物館の運営者が仕掛ける「参加」より，さらに自発的な概念として「対話」を重視した（嘉田1998, 2001）。

このように，琵琶湖博物館の理念は，先に述べた伊藤による「第三世代」の地域博物館の概念を踏まえ，さらに発展させたものといえる。理念を実践するための具体的な活動としては，「フィールドレポーター」と「はしかけ」という制度がある（章末のコラムを参照）。こうした活動が行われることで，琵琶湖博物館の理念がさらに外へと広がっていく。これらの公式な制度以外にも，博物館を利活用するグループがあり，その一つが「湖国もぐらの会」である。もぐらの会は，地域で活動する鉱物や化石を収集・研究する人々を束ねる会の名称である。こうした人たちが，博物館で採集した標本を展示しながら来館者と交流するような活動を行っている。

この琵琶湖博物館の運営を，主として研究の観点から，嘉田由紀子氏に次のコラムで紹介していただく。

コラム
「博物館力の最大化」のために──琵琶湖博物館を経営論的に見ると

嘉田由紀子（元琵琶湖博物館総括学芸員，前滋賀県知事）

　文部科学省の社会教育活性化21世紀プラン「現代的課題に関するモデルプログラムの開発等」では博物館が社会から期待される役割を全うする力を「博物館力」とし，そこでは琵琶湖博物館の「リンゴの木」イメージが示されている（図5－1）。

　博物館は，地域の自然や文化に根差し，資料の収集や調査研究を通して，展示や教育交流活動といった「果実」を人々に提供する。そもそも琵琶湖博物館でリンゴの木イメージを生み出すまでには，大変長い議論があった。1990年代初頭の準備室時代から設置側の県当局は，展示や観察会など住民サービスを強調しがちで，研究や資料収集などには関心が低かっ

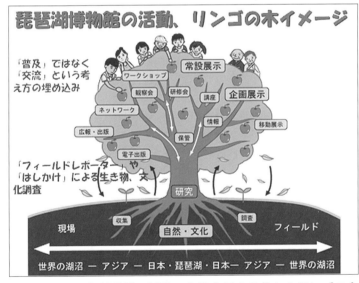

図5－1　琵琶湖博物館の活動の全体を見える化したリンゴの木イメージ

た。しかし研究者の立場からすれば，地道な資料収集と地道な研究なしにオリジナルな洞察力と発信力のある展示はできない。参加者が楽しく学べる観察会もできない。いろいろ議論したあげく，農業的思想基盤の強い滋賀県であるから果物のなる樹木のイメージで示したら県当局も行政職員も理解してくれるだろうという判断になった。それ以来，琵琶湖博物館では運営の基本としてリンゴの木を示し，大地という領域に根を深く張り栄養を吸い上げ，樹幹を太くして葉を茂らせる研究活動と資料収集こそ，実となる展示や住民サービスを充実させることができると表現してきた。そして博物館という樹木は，設置者と職員・市民がそれぞれの役割を果たすことで成長し，社会に潤いをもたらすのであるとした。

　しかし研究活動を重視すると言っても博物館での研究は大学とは2点で大きく異なる。1点目は大学などの原理追求型研究だけでなく政策課題解決型の研究が求められることである。どこの地域も地域固有の課題があり，その課題に則した研究が求められる。琵琶湖博物館で言えば，琵琶湖の生態系の破壊とともに，琵琶湖の魚類の減少が大きな問題であった。そこで，かつて琵琶湖での漁獲高が多かった時代に周囲の水田が果たしていた産卵場としての役割を研究し，その結果「魚のゆりかご水田」という政策への応用を行ってきた。この政策研究には，県当局から送りこまれている行政職員が学芸員として配置されていたことが大きく貢献した。琵琶湖博物館では開館当初から，「河川工学」「農業工学」「水産」「森林」「環境教育」の5分野の行政職員を学芸職員として配置し，2～3年の間，博物館で調査研究に従事し，その結果をもって県政に当たるという仕組みをつくった。行政職の力は，魚のゆりかご水田だけでなく，全国で最初の「流域治水条例」の制定等にも大きな貢献となった。

　2点目は研究仲間としての地域の生活者，居住者との連携を深め，展示見学や観察会参加だけでなく，市民・住民自身が調査研究に参加することで，博物館も住民も双方が成長できる機会になることだ。生き物の調査でも，専門の学芸員が分布調査を行おうとするとごく一部しかカバーできない。しかし，調査の仕方を住民の方と共有し，共に調査研究をすることで，たとえばホタルやトンボの分布調査など数千ケ所の調査を行うことができた。またこのことで市民にとっても研究への目をひらき，地域への関

心を高め，生きがい創出等にもつながる。

　琵琶湖博物館では，「はしかけ」と「フィールドレポーター」という２つのグループがある。「はしかけ」は継続的に特定テーマでの調査研究を博物館学芸員とともに行うグループで，中には学会誌に論文を投稿する住民まで出現し，「博物館と県民をむすぶ研究や交流の橋をかける主体」となっている。「フィールドレポーター」は，生き物の生態や地域の民俗行事など，年数回の全体調査を，テーマを決めて行う母体である。1997年から2017年までの21年間で53件の住民に身近なテーマでの調査を行ってきた。琵琶湖博物館の市民参加型調査は国内外から大きな評価を得ている。そして2018年夏に新規オープンした「大人のディスカバリー」展示では，参加型調査の結果を常設展示に取り入れ，好評を博している。

　行政や住民と長期的に安定的な信頼関係を築くためには学芸員の身分が保障されている必要がある。それには公立博物館では定年までの安定した研究職としての身分の保障が大前提だ。最近大学などでは任期制の研究職が増えているが，滋賀県では琵琶湖博物館だけでなく環境科学研究センターなども研究職では任期制は導入していない。そもそも博物館は採算を求めるものではない公的な存在だ。そのためには博物館の経済的・社会的・文化的効果を博物館側から自ら示して，運営に税金を投入することの意味と意義を発信する必要があるだろう。市民・県民・納税者に理解されてこそ，安定した歳入が確保できる。琵琶湖博物館では開館後３年目に博物館の総合的な効果を計測し，県立県営で経営を安定化させることの意義を社会化した。

　とはいえ一方で，財政難の問題は避けて通れないところもある。琵琶湖博物館では２代目の篠原徹館長になってから，いわゆるネーミングライトなどで，水族の水槽毎に企業名をいれて寄付金を導入するなど，来館者による入館料収入の増大に加え，営業努力も行っている。

　開館から20年以上がたち，来館者は1000万人を超えた。琵琶湖博物館は所期の目的である「琵琶湖を知り，琵琶湖に親しむ」「琵琶湖を通じて手を結ぶ」「琵琶湖から広げる」「琵琶湖を考える」拠点として成長してきたといえるだろう。そして「テーマをもった博物館」として研究成果があがり，「フィールドへの誘いとなる博物館」として人びとの琵琶湖の自然と

文化への関心を深め,「交流の場となる博物館」として幅広い利活用がなされ,琵琶湖の価値が住民の間で高まったといえるだろう。とはいえまだまだ十分とは言い切れない。

今後に向けては,開館後20年をきっかけに現在展示内容を大きくリニューアルをしつつあり,博物館の「木」から地域の「森」への成長が期待される(**図5-2**)。まずは人びとの心に「種」をまき,博物館での展示等に触れ,また観察会などに参加することで気付き,地域問題の「自分化」を促す。その種が育ち,「苗」を育て,自らの力で活動する人びとを育み,共に歩む。そして琵琶湖博物館を拠点として,県民,NPO,企業,学校,大学等多様な人たちがつながり,琵琶湖とその集水域及び淀川水系の自然,歴史,暮らしについての理解がひろまり,木から森への発展が期待される。図2にはそのイメージが淀川水系の流域図の上に表現されている。「リンゴの木」の運営イメージを基本に,個別のリンゴの木が複数集まり,集合的な森として面的に広がるイメージが描かれる。「交流の場から人が育つ博物館へ」と琵琶湖博物館はリニューアル活動を通じてさらなる進化を目指し,「博物館力」の最大化を目指している。今後とも多くの皆さんからの教えをいただけることを期待したい。

図5-2　2014年の博物館リニューアル時に示された博物館の森構想

参考文献

伊藤寿朗『市民のなかの博物館』吉川弘文館，1993．

嘉田由紀子「地域から地球環境を考える拠点としての博物館」『ミュージアムデータ』丹青研究所，pp.1-10，1998．

嘉田由紀子「地域社会での博物館利用の実践的展開の可能性―琵琶湖博物館への来館が県民にもたらす博物館イメージから何を展望できるのか―」村山皓編『施策としての博物館の実践的評価』雄山閣，pp.138-146，2001．

金山喜昭『公立博物館をNPOに任せたら―市民・自治体・地域の連携』同成社，2012．

金山喜昭『博物館と地方再生―市民・自治体・企業・地域との連携』同成社，2017．

川那部浩哉他（6版，2013）『滋賀県立琵琶湖博物館　総合案内』滋賀県立琵琶湖博物館，1998．

小林克『新博物館学　これからの博物館経営』同成社，2009．

五月女健司「小規模館の運営」山西良平・佐久間大輔（編）『日本の博物館のこれから―「対話と連携」の深化と多様化する博物館経営―』平成26〜28年度日本学術振興会科学研究費助成研究成果報告書，pp.43-46，2017．

重森臣広「博物館に期待される効果と時代特性―知の集積としての琵琶湖博物館が社会から求められているものは何か―」村山皓編『施策としての博物館の実践的評価』雄山閣，pp.127-137，2001．

竹内順一「第三世代の博物館」『冬晴春華論叢』3，瀧崎安之助記念館，pp.73-88，1985．

布谷知夫「博物館の現状と評価の課題―琵琶湖博物館のこれまでの歩みと今後の課題はどのように意図されているのか―」村山皓編『施策としての博物館の実践的評価』雄山閣，pp.11-24，2001．

布谷知夫『博物館の理念と運営―利用者主体の博物館学』雄山閣，2005．

浜口哲一『放課後博物館へようこそ』地人書館，2000．

6 | 博物館の経営③：民間の博物館

稲村　哲也

《目標＆ポイント》　この章では，民間の博物館の経営・運営の例として，筆者が設立に携わった野外民族博物館リトルワールドと，博物館明治村を取り上げる。この２例は，名古屋鉄道㈱の系列会社である㈱名鉄インプレスが経営に参与し，前者は民間の博物館相当施設として，後者は公益財団法人として，自立的な経営を行っている。いずれも一種の野外博物館であるが，その運営上の特色として，着実な学術的基礎に裏付けされた，娯楽的要素を含む多彩な体験型の展示，それによる多様な収入源の確保などがあげられる。国立博物館でも，独立法人化以後，政府からの予算の減少傾向が続く中で，博物館も企業的経営を取り入れることが目標の一つとされている。地方の公立博物館も経済的にはより厳しい状況が続いている。そうした状況を踏まえ，民間の博物館の経営・運営の特徴を把握し，それが公立の博物館や他のジャンルの博物館にとって，どのような点で参考になるか考えよう。また，コラムでペルーの遺跡博物館を取り上げるが，そこでの地域住民による博物館運営の形態について学び，我が国の博物館の運営にとって，どのように参考になるかも考えてみよう。

《キーワード》　野外民族博物館リトルワールド，博物館明治村，公益財団法人，CSR，ペルー，クントゥル・ワシ博物館

1. 民間の博物館の経営から学ぶ

　第４章では，国立博物館の経営に関して，国立美術館と国立科学博物館の財務分析から，独立法人化以後，政府からの予算の減少傾向が続く中で，企業的経営，つまり経費の節減，自立的な経営などの「法人化の

目標」が，一定程度実現していることが示された。第5章で取り上げた公立博物館も，多くのケースで財務状況はますます厳しさ増しており，各館のスタッフは，さまざまな工夫を試みている。

　そうした状況の中で，企業的経営とは実際にどのようなものなのかについて，民間の博物館の経営・運営から学ぶべきことは少なくない。そこで，この章では，（筆者が設立に携わった）野外民族博物館リトルワールドと，博物館明治村を取り上げる。この2つの博物館は，名古屋鉄道㈱の系列会社である㈱名鉄インプレスが経営に参与し，前者は民間の博物館相当施設として，後者は公益財団法人として，自立的な経営を行っている。それらは，愛知県犬山市の丘陵地域にあるが，どちらも一種の野外博物館である。野外博物館の運営上の特色は，体験型の展示や活動がしやすいということがあげられる。その点でも参考になる部分は少なくない。

　前章で，伊藤寿朗による博物館の志向の区分として，中央志向，地域志向，観光志向を取り上げた。国立の博物館が中央志向，地域の公立博物館が地域志向であるとすれば，リトルワールドと明治村は典型的な観光志向の博物館と言えるであろう。そうした観点からの比較も興味深い。これからの博物館運営において，3つの志向パターンのいずれかに焦点を絞り，その特色を活かしていくことは重要である。しかし，一方で，かたくなに一つの志向を守るというよりは，他の志向パターンの長所を取り入れて，経営や運営に活かしていくことも重要であろう。その意味においても，この章で紹介する2つの博物館は，公立博物館にとっても参考になる点は少なくないであろう。

　なお，この章末で，野外民族博物館リトルワールドの館長である大貫良夫氏（東京大学名誉教授，東大アンデス調査団元団長）に，東大のアンデス調査団が発掘したクントゥル・ワシ遺跡の地元の村に創設した，

クントゥル・ワシ博物館について紹介していただく。その博物館は，地元住民が創設したNPO法人「文化協会」が母体となり，きわめてユニークな運営を行っている。

2. 野外民族博物館リトルワールド

(1) リトルワールドの概要

　野外民族博物館リトルワールドは，愛知県犬山市と岐阜県可児市にまたがる丘陵地に位置し，総面積約123ヘクタールの広さをもつ。広大な野外展示場とともに本館展示室があり，本館の建設面積は約9600㎡で，展示部門面積は約5000㎡である。

　本館展示は，人類の基本的特性を理解することを目的として，「進化」「技術」「言語」「社会」「価値」の5室を中心に常設展示がなされている（図6-1，2）。収蔵資料は約4万7千点で，そのうち約6千点が展示されている。野外展示では，文化の多様性を示すことに重点がおかれ，実物大の家屋が，付随する生活用具などとともに展示されている（図6-3，4）。展示家

図6-1　リトルワールドの本館展示「技術の部屋」

図6-2　リトルワールドの本館展示「価値の部屋」

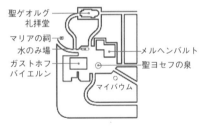

図6-3　野外展示「ドイツ　バイエルン州の村」と配置

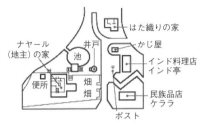

図6-4　野外展示「インド村　ケララ州の村」と配置

屋は2015年現在で23ヶ国・地域の32棟である。

　リトルワールドの設立は1970年に開催された大阪万博が契機となった。リトルワールドの構想は，1967年にその検討が始められ，1969年に資料収集・調査活動が開始された。発案者は，名古屋鉄道㈱元会長の土川元夫氏（故人）であった。同氏は渋沢敬三氏と親しく，民族学への理解が深かったという。名古屋鉄道は，すでに1965年に博物館明治村を犬山市に開設し，大きな評価を得ていた。そこで，万博で建てられる世界各国の建物を移築・保存しようというのが，最初の発想だったようである。具体的な計画を作ることになって，土川氏は，文化人類学者の泉靖一氏（元東京大学教授，当時東大アンデス調査団団長）に相談した。

　万博を民族学博物館設立の好機と考えていた泉氏と梅棹忠夫氏（国立

民族学博物館初代館長）は，連携して，国立と私立（名鉄）の2つの路線で推進活動を進め，結果的に両方が実現した。梅棹氏は「日本にとっては両方とも必要なんだ」と述べている。国立民族学博物館は研究を中心とする博物館であり，リトルワールドは学術的ベースの上に娯楽的な要素も重視した，野外博物館である。泉氏は1970年に急逝したため，その後には，東アジア考古学・歴史学者の江上波夫氏（東京大学名誉教授）がリトルワールドの設立に尽力し，初代の館長となった。

（2）来館者の傾向とターゲットの絞り込み

　リトルワールドの2012年度から5年間の入場者数および収入の推移についてみてみよう。2013年度は，53万人という，前年度比で8万人以上の伸びを示し，売上高が14億4千万円と前年比で約3億円増の伸びを示した。この年は野外展示場に，大型の展示家屋として「トルコ　イスタンブールの街」を建設したためである。こうした大型イベントに伴う増加の翌年は，どうしても落ち込むことが通例だが，2014年度は，入場人員で47万人強と，前々年度比で2万7千人以上の伸びを示した。さらに，続く2015，2016年度に，入場人員で50万人超を達成し，5千万円を超える営業益を計上した。

　リトルワールド前所長の鈴木英司氏によれば，堅調な経営の要因は，学術的な裏付けをもつ本物志向のしっかりした本館と野外の展示と企画展示をベースとして，多彩な催事を年間を通じて実施していることである。さらに，2014年から，来館者のターゲットをF1層（20歳から34歳の女性）に絞ったことも好調の要因の一つとなっている。以下は，マーケットの年齢・性別層を示した一覧である。

■年齢層一覧
　Cは child（子どもの男女）の頭文字，Tは teenager（若い男女）の頭文字，Mは male（男性）の頭文字，Fは female（女性）の頭文字で表している。

- C層　　（Child, Kids）　男女4歳～12歳
- T層　　（Teen-age）　　男女13歳～19歳

- M1層（Male-1）　　　20歳～34歳の男性
- M2層（Male-2）　　　35歳～49歳の男性
- M3層（Male-3）　　　50歳以上の男性

- F1層（Female-1）　　20歳～34歳の女性
- F2層（Female-2）　　35歳～49歳の女性
- F3層（Female-3）　　50歳以上の女性

　F1層にターゲットを絞り込む経営的なメリットは，この層は，独身の場合は若い男性を伴い，既婚の場合は家族づれ・親子づれが多い傾向にあることだという。さらに，親子連れを増やすことができれば，幼児はやがて，中長期的な集客増につなげることができる。F1層の波及効果である。2014年以降，大人の入場者数と幼児の人数が着実に増えていることに，その効果が表れている。

（3）物販と飲食

　リトルワールドの経営が堅調であることのもう一つの要因は，収入を入場収入だけに頼っているのではなく，物販，飲食など他の収入の比率が高いことである。2016年度でいえば，13億円強の売上高全体のうちの入場収入は約5億円（約37％）であるのに対し，物販収入が約2億7千

万円（約20％），飲食収入が約4億1千万円（約30％）を占めている。物販と飲食を合わせると，収入の約半分を占め，入場収入を大きく上回っているのである。物販の商品の多くは，野外展示と関連した各国からの輸入品であり，民芸品のほか，ヨーロッパ地域では，多様なワイン，チーズなどの食品も含まれている。

　民族衣装試着の収入も8千万円以上（約6％）を占め，営業益の上乗せに貢献している。これは，300～1000円で民族衣装を試着できるというものである。建物と民族衣装の相乗効果がエスニックな雰囲気を高めるため，昨今の「インスタ映え」による人気が高い。

　飲食に関しては，野外展示家屋のいくつかに付随して，その地域の特色ある食べ物を提供しており，野外を見学しながら，「食べ歩き」ができるようになっている。たとえば，「ドイツ　バイエルン州の村」ではビールを飲みながらソーセージを食べ，「イタリア　アルベルベッロの家」ではワインを飲みながらピザをつまむこともできる。また，「インド　ケララ州の村」でカレーを食べたあとに，「トルコ　イスタンブールの街」でトルコ・アイスのデザートを楽しむこともできる，といったように徹底している。

　食文化は，文化理解への入り口であり，食の魅力に引かれて来る来場者は，食の多様性から文化の多様性に導かれる。こうした食イベントはすでに定着しており，世界各地の食の提供には，それぞれの現場のスタッフが，現地のレシピを検討して，食材と調理方法を研究している。また，学芸部門と連携し，食の特徴や関連する文化などの情報も提供している。

　食は，F1志向とともに，経営戦略としても重視されている。近年は，食イベントと連動して，広報パンフレットやポスターも，食イベントを前面に打ち出している。例えば，2018年3月から7月初めまでの食

第 6 章　博物館の経営③：民間の博物館　　113

イベントとして「ワールド　スイーツ　フェア」を打ち出し，本館と野外展示場各所のレストランで，世界のスイーツを展開した。ポスターや広報パンフレット表紙には，「ダイエットの休日：たまには自分を甘やかそう」というフレーズとともに，「ローマの休日」のイメージをパロディ化したデザインを作成した（図6-5）。こうした，食イベントは，前述したＦ１層にターゲットを合わせており，若い女性の心をしっかりとつかんでいる。鈴木前所長によれば，昨今のSNS普及により，このようなポスターの波及効果がかなりあるという。情報があふれて，ポスターの効果が活かされないことが多い中で，明快なメッセージ性をもつポスター戦略には，博物館の学芸部門としても，学ぶべきことが多い。

図6-5　食（スイーツ）のイベント「ダイエットの休日」

（4）非日常世界への導き

　非日常世界への導入の演出の一つは，前項でも述べた民族衣装の試着である。究極の参加型展示とも言えるものである。リトルワールドの野外展示の家屋は，家屋の中の家具や生活用具をできるだけ備え，植栽などによる建物の周囲の景観も，できるだけ現地に近づけている。つまり，「その家の住民がどこかに出かけている」状況を再現することをコンセプトとしている。そこに，民族衣装を身につけて「参加する」ことで，その地域・民族の住民の生活や気分に浸ることが可能となる。民族

図6-6 「ペルー 大農園領主の家」で民族衣装を試着する家族

図6-7 「インドネシア バリ島の家」の前で民族衣装を着る母娘グループ

　衣装の試着は，筆者がリトルワールドに勤務していたとき，野外家屋の「ネパール 仏教寺院」や「ペルー 大農園領主の家」が完成したあとのイベントで試みたところ，人気があったため，他の展示家屋でも実施するようになったものである。現在は，特に親子連れや若い女性たちのグループを中心にますます人気を博している（図6-6，7）。

　非日常世界への導きは，催事イベントでも行われている。その一つは，春と秋の催事として定着している「世界のサーカス」である。この催事は，もちろん集客を目的としたものであるが，2015年の「エキスポ・サーカス（チェコ，ベトナム，イタリア，カザフスタン）」，「ウクライナ・サーカス」，2016年の「ヨーロッパ・サーカス（ポーランド，ウクライナ，ブルガリア，ハンガリー）」，2017年の「ウズベキスタン国

立サーカス」,「ポルトガル・サーカス」など,多様なエスニシティ（文化的属性）を紹介しており,多文化への関心の導入の役割を果たしている。

　世界のさまざまな祭・フェスティバルを紹介する催事も,非日常世界への導きとして重要な位置づけとなっている。沖縄のうりずんまつり（エイサー公演）,モンゴルのナーダム（モンゴル相撲・民族音楽など）,ペルーのインティ・ライミ（太陽の祭・民族音楽）,タイのソンクラーン（水かけ祭）,ドイツのオクトーバーフェストなど,定番となった祭をはじめとして,毎年,世界のさまざまな祭が紹介されている。

（5）民間の博物館としての社会的貢献

　博物館の経営を考えるにあたって,博物館も一つの組織であることが前提となる。この「博物館経営論」の第1章の冒頭で,「組織は目的ではなく手段である」ことが強調された。そして,企業をはじめとするあらゆる組織の存在意義・目的は「自らの機能を果たすことによって,社会,コミュニティ,個人のニーズを満たす」ことである,と述べられている。

　民間企業は利益を追求することを目的とするが,組織活動が社会に与える影響に責任を持つ必要がある。それがCSR（Corporate Social Responsibility）,すなわち「企業社会責任」と呼ばれるものである。企業には,自らの永続性とともに,持続可能な社会をともに築いていくための活動が求められている。ちなみに,近年では,社会責任は企業に限定されず,組織や個人が社会にとって望ましい行動をすべきであるという考えのもと,単に「社会責任」という概念が広がる傾向もある。なお,CSRについては,本書の第2章で詳しく論じられている。

　民間企業のCSRの基本は,あらゆるステークホルダー（利害関係者）,

すなわち，従業員，消費者，取引先，株主・投資家，地域社会，および社会全般に対する説明責任やコミュニケーションである。第1章2節で述べられているように，博物館の場合も，館内スタッフ，来館者にとどまらず，地域社会，社会全般まで広がるステークホルダーとのコミュニケーションは重要である。

以上のような観点から，民間の博物館の経営・運営を知ることは興味深く，また意義のあることであろう。ここでは，最後に，野外民族博物館リトルワールドを例に，民間の博物館が果たしている社会的貢献について考えてみよう。

佐々木は，片山泰輔に依拠して（片山2009），文化・芸術等を，公共財と私的財の両方の特徴をもつ「準公共財（混合財）」と位置づけ，7つの価値に整理している（本書第2章4節）。これは，博物館資料全般にも広げられる考え方であろう。それに基づいて，リトルワールドが果たしている社会貢献として，まず「社会的向上価値」があげられる。前者は，一般教養教育（とくに国際理解）の普及が社会全体に広く与える利益である。「リトルワールド」は，「人類共通の特性と多様性を理解すること」をコンセプトとしている。

先に，経営戦略としてF1層をターゲットとしているということを述べた。来館者の多くは，知的好奇心をも満足させてくれる娯楽を目的として，親子連れで来館する。広々とした野外展示場では，心おきなく動き回り，親子で楽しみ，ストレスを発散することもできる。そのように楽しく過ごす中で，（意図せずに）人の多様な営みや価値観を学びとれるということは重要である。本来，多様な文化の中に埋め込まれた「多文化共生」，「環境共生」，「サステイナビリティ（持続性）」，「レジリエンス（危機対応力）」といった知は，幼児期から体感して学ぶことが重要であり，その学習の理想的な形の一つがここにあるだろう。筆者は，

リトルワールドの設立に携わったあと，25年半，愛知県立大学で教鞭をとったが，「先生，私は子どものころからリトルワールドが大好きでした」と言ってくれる学生に少なからず出会うことができた。幼児期から体得した広い視野は，成長していく上で大きな財産となるに違いない。それがいずれは社会を広い視点から見ることのできる人格の形成に役立ち，先の7つの価値の中の「社会批判機能価値」にも資することは当然であろう。

2005年に愛知県長久手市で半年にわたって万博が開催されたが，その機会に地域住民全般に世界の文化に関する関心が高まり，万博後にリトルワールドへの来館者が増えたという事実もある。F1層，特にに親子連れを重視するという考え方は，博物館利用者の増加と，社会一般の文化や知への関心を高めるという観点からも，大いに理にかなっている。しかしながら，従来の一般的な傾向としては，博物館・美術館では静かに鑑賞しなければならないという雰囲気があり，乳幼児連れの来館は歓迎されないことが多い。この点は，大いに再考すべきであろう。

その他の社会的な貢献として，「イノベーション価値」，「文化遺産的価値」などもあげることができる。「イノベーション価値」とは，実際に文化・芸術に触れた人々が，そこから得たヒントを自らの創作活動に活かして行う芸術的創造を意味する。希少・高価な美術品である必要は必ずしもない。多様な生活用具の中にも，創造力・想像力の源があふれているだろう。世界で近代化が急速に進む中，現地でも手に入らないモノが多くなっているという状況の中「文化遺産的価値」も時とともに大きくなっている。

野外の展示物は，多様な活動の場としても活用されているが，その一つの例として，2010年，生物多様性条約締約国第10回会議（CPOP10）が開催されたとき，リトルワールドのアイヌの家屋などで，アイヌの

方々や世界の先住民族の方々とともに儀礼を実施した（稲村2011）。そのときの写真は，アイヌ民族の新たな活動の例として小学校の教科書にも採用された（図6-8）。

以上述べてきたように，リトルワールドは民間の博物館であっても，

図6-8　リトルワールド野外のアイヌ家屋で行われたカムイノミ

その公共的役割と貢献は大きく，企業にとっては大きなCSR効果を発揮しているといえる。これは，ひとえに，館長，経営陣，従業員，学術スタッフ，ボランティア，協力者の努力の賜物であろう。ただ，経営と利用者の満足度の向上に大きな力を注がざるを得ないことから，学芸部門は縮小の傾向にある。学芸研究員は，開館時の8名から徐々に減少し，現在は少ない学術スタッフで，博物館の基本機能としての資料収集・保存・展示・研究・教育を支えている。学術部門の補充によって，今後，博物館の経営・運営が益々充実し，ステークホルダーの満足度と社会貢献がさらに向上することを期待したい。

3. 博物館明治村

（1）明治村の概要

明治時代の建築は，江戸時代から継承した木造建築の伝統と蓄積の上に，欧米の様式・技術・材料を取り入れ，石造・煉瓦造の洋風建築を導入し，産業革命の進行に伴って鉄・セメント・ガラスを用いる近代建築

の素地を築いた。これらの建築のうち，芸術上，歴史上価値あるものも，時代とともに姿を消していった。取り壊されてゆくこれらの文化財を惜しんで，その保存を計るため，旧制第四高等学校同窓生であった谷口吉郎氏（博物館明治村初代館長）と土川元夫氏（当時名古屋鉄道株式会社副社長）とが語り合い，2人の協力のもとに，1962年に財団法人明治村が創設された。そして，1964年に博物館登録がなされ，1965年に開村され，そして2012年に，「公益財団法人明治村」として，新法人に移行した。

　明治村は，広さが約100万㎡あり，そこに64件の建物が移築され展示されている（図6-9）。そのうちの聖ヨハネ教会堂，西郷従道邸，東山梨郡役所など11件が国指定の重要文化財である（図6-10）。西園寺公望別邸「坐漁荘」は，2017年に新たに重要文化財の指定を受けたものである（後述）。また，帝国ホテル中央玄関，呉服座などの建物やガラ紡績機などの資料は近代化産業遺産群に指定されている（図6-11）。

　移築した建造物だけでなく，明治村全体に，庭園，植樹などを配慮し

図6-9　明治村「2丁目」の街路

図6-10　聖ヨハネ教会堂

（写真提供：博物館明治村）

図6-11　帝国ホテルの中央玄関

図6-12　蒸気機関車12号

（写真提供：博物館明治村）

て，建物の周辺環境を整備している。それぞれの建築は，室内に家具調度等を陳列して公開するほか，その建物に関連する資料を常設展示し，必要に応じて，明治時代の歴史資料の特別展示も行っている。また村内に軌条を敷いて，京都市電や蒸気機関車を動かし，入村者の交通の便に供し（図6-12），また宇治山田郵便局舎では実際の郵便業務を行っている。

このように明治時代の建築を保存するとともに歴史資料を収集・保存・管理することは，人々が明治を体験する社会教育の場，またレクリエーションの場として有意義であり，ひいては現代および将来の国民生活の向上並びに文化の伝承と創造に寄与すること，さらに，人類遺産の一部として，東西文化交流の資料として，我が国と世界諸国の国民間の相互理解に役立たせることを目的としている。

（2）明治村の経営

　入場者数は，2015年度は，開村50周年に当たり，多彩な行事が行われたこともあり，587,070人と前年度（480,583人）との比では，22％の増となった。2016年度は減少し，508,698人（前年度比でマイナス約13％）であった。2016年度を例として，最も多い年齢層は，65歳未満の大人（1,700円）が366,503人と約72％を占めている。リトルワールドと同様

に，明治村でも，近年はＦ１層の集客を重視しているとのことである。

　明治村の経営で関わりが深い企業は，名古屋鉄道㈱および，名鉄が100％出資している㈱名鉄インプレスである。名鉄が一部社員の派遣，資産の賃貸を行い，名鉄インプレスも社員・パートを出向させている。財団は，名鉄から土地・建物などの資産を賃借している。

　また，財団の直営部分に加え，一部業務を運営委託している。具体的には，テナントとして，名鉄インプレスが，各物販店舗，浪漫亭，なごや庵などの飲食店を運営している。碧水亭はシティホテル美濃加茂が運営している。また，名鉄ビルディング管理に村内ライフライン，防犯・防災設備の保守管理，名鉄環境造園に村内植栽管理を委託している。

　明治村の収支，財務に関しては，公益財団法人の義務として，ホームページ上に詳細な財務諸表が公表されている。経理，財務の専門家でない素人には分かりにくいが，「正味財産増減計算書内訳表」を見ると，大きく，①公益目的事業会計，②収益事業等会計，とに分けられている。①は，公益財団法人として利益を目的としない収支に当たり，収入は法人税は非課税となる。ここに当てはまる収入としては，入村料（入場料収入）および蒸気機関車，京都市電などの乗車料が含まれる。②は，利益を目的とする収入とそれにかかわる経費に当たり，名鉄インプレスなどに委託して実施している物販や催事の「貸会場代」などが相当する。

　近年入場者数は50万人余で推移している。①の収入の総額は，2015年度でみると，経常収益は約９億４千万円で，その内訳を見ると，入村料が６億５千万円弱，催事が約５千５百万円，乗り物利用料が約１億６千万円となっている。②の収入の合計は１億２千万円で，その主なものは，明治村茶会等の催事運営料，テナント料などである。

(3) 博物館明治村の社会的貢献

　博物館明治村は公益財団法人であるため，ステークホルダーへの説明責任や社会的貢献は法的にも義務づけられ，ホームページや年報で財務状況や事業報告が公表されている。

　落合知子は，野外博物館論の草分けである藤島亥治郎が，日本史上重要なエポックを画した明治時代の文化遺産を保存することの重要性と，これらを調査して建築物の集合体を保護して展示することの重要性を論じ，明治村をその理想として賞賛したことを紹介している（落合2009：73）。

　前節で述べた7つの価値に即していえば，明治村の社会貢献として第一にあげられるのは「文化遺産的価値」の維持・継承であろう。明治村は消滅の危機にあった多くの建築物等を民間の力で救ってきた。その維持・管理には莫大な費用と人手が必要であり，さらに，その綿密な調査と記録を続けてきたことは，大きな賞賛に価する。丁寧な修復とそれに伴う調査の結果，新たに重要文化財に指定された例もある。西園寺公望別邸「坐漁荘」がそれである（図6-13）。この建物は老朽化のため，2012年5月より2014年2月まで，本格的な修理工事が実施されたが，それに伴い綿密な調査が実施され，修理工事の詳細と調査の内容が407ページの本文と49枚の図面を含

図6-13　旧西園寺公望別邸「坐漁荘」
（写真提供：博物館明治村）

む報告書に記録された（公益財団法人明治村（編）2015）。その結果，この建物の文化的な重要性が再確認されたのである（詳しくは稲村2019を参照されたい）。

　明治村は，明治の文化と暮らしに関する知見を社会に発信する「社会的向上価値」も大いに発揮している。これは，建物展示だけでなく，周辺の景観とともに，生活を表す室内展示（常設展）などによって体感し，やはり，楽しみながら学ぶという点で，リトルワールドと共通している。多様な企画展や体験型学習も充実している。その運営には，多くのボランティアが活動している。

　明治村は，「イノベーション価値」，さらに，地域の市民の誇りとなる「威信的価値」，「地域経済波及価値」などにも大きく貢献している。また，施設そのものが，テレビや映画の撮影現場として活用されるなど，博物館の枠を大きく超える価値の創出にもつながっていると言えよう。

コラム
ペルー，クントゥル・ワシ遺跡発掘と遺跡博物館の設立・運営
大貫良夫（東京大学名誉教授，東京大学アンデス調査団・元団長）

　東京大学のアンデス調査団は，1960年からペルーで発掘を開始し，これまでに多くの実績を残してきた。ペルー中部山岳地域のワヌコ県のコトシュ遺跡での1960年からの発掘では，当時としては最古の神殿である「交差した手の神殿」を発掘し，古代アンデス文明史を塗り替えた。1988年からは，ペルー北部の形成期の遺跡クントゥル・ワシで調査を開始し，以来発掘は2003年までの長丁場となった（図6-14）。重なりあう神殿構造が明らかになり，大規模建築・金属器・土器などの重要な資料が膨大に得られたのみならず，年代測定，人骨・獣骨分析など自然科学との学際的連携も進展し，クントゥル・ワシをめぐる社会の過程は詳細に解明された。北部ペルーの形成期遺跡としてもっとも充実した調査成果と言ってよい。

　クントゥル・ワシでは，1989年の発掘で，神殿を構成する基壇構造や広場，石彫，壁画の発見などが続き，調査終了間際には，床下から墓が

図6-14　東大アンデス調査団によるクントゥル・ワシ遺跡の発掘

図6-15　クントゥル・ワシ遺跡の近くに開設した博物館。記念行事で、民族舞踊を踊る児童たち

見つかり、見事な細工の黄金の冠などの副葬品が発見された。紀元前800年頃という時代の金製品が正規の発掘で出土したのは初めてのことであった。南北アメリカ大陸で最古の金製品として、東大調査団の発掘は再び世界の考古学会から注目を集めた。

翌1990年にも別の墓から黄金製品が出土した。それは、予期せぬ結果をもたらした。ペルー政府は首都リマでの管理を当然のこととしたが、村人たちは黄金を地元で保管したいと強く希望したのだ。一方、調査団は双方と調整を重ね、地元に博物館を建設することを約束した。当然、資金の調達が問題であったが、日本での巡回展を行うとともに、外務省の草の根無償援助によって、建設資金を調達した。そして、1994年に遺跡のふもとにクントゥル・ワシ博物館が完成したのである（図6-15）。

地元クントゥル・ワシ村までは、リマから陸路では3日ほどかかり、空路ではカハマルカ市の空港から山道を5〜6時間ほどかかった（現在

は道路が整備され2時間ほどで到着する)。当時はインフラや治安上の不安もある小村であったが,時の大統領アルベルト・フジモリが出席して盛大な開館式典となった。

　博物館のオープンに際して,博物館をどのように運営するか,特に運営の主体をどうするかが,大きな議論となった。一つの案は村営とすること,つまり,村長を中心とする村の行政に任せるというものであった。しかし,これは,政治的な利害に結び付くこと,また,3年ごとの選挙によって主体が変わるため不安定になるということで,反対意見が多かった。そこで,村人の希望者を会員とするNPO法人「クントゥル・ワシ文化協会」を設立することになった。カハマルカ県に正式に登録,消費税の免税資格も獲得した。

　協会員は80名余りで,総会で館長が選ばれる。任期は2年であるが,設立以来ずっと大貫が館長に選任されてきた。また,協会員から10名が互選で選ばれ,運営委員会が構成される。その内訳は,委員長,副委員長,会計,書記,監事,ガイド,受付,夜間警備員である。毎日,受付とガイド等が輪番で出勤する。この出勤の保障として,少額の手当が支給される。毎週月曜日の休館日には,ローテーションにより協会員が10名集まって,博物館の内外を掃除する。協会員には,クリスマスのお祝いとして,食用油,砂糖,ケーキが配られる。

　入場収入とミュージアム・グッズが主な収入源であるが,それで博物館施設の光熱費等の維持費を賄うことができる。しかし,人件費や祝い品の経費までは賄えない。そこで,日本で民間のクントゥル・ワシ博物館支援の会として「稀有の会」を設立し,支援してきた。直近では稀有の会から40万円を,埼玉県ペルー友好協会から10万円をクントゥル・ワシ博物館に支援した。

　運営は軌道に乗ってきたが,課題も少なくない。十分な収入が確保できないこと,経理などの不慣れ,国や州の文化省への対応能力の不足などである。しかし,この博物館の運営によって,年々,村民の能力は高まっている。そして,遺跡と遺物の保全の意義への理解,村民の誇り,郷土へのアイデンティティや自治意識の高まり,「公務」への責任感が醸成されている。

大貫はほぼ毎年現地に数ヶ月滞在し，調査団メンバーもサポートを続けてきた。2014年からはJICAの青年海外協力隊員が滞在するようになり，協会員の能力向上，企画，対外関係，特に日本との連絡などに，大いに活躍している。
　観光客も訪れるようになり，上下水道や電気や舗装道が敷設されるなど，村の環境も大幅に改善されることになった。博物館を通じて考古学の研究成果が地域開発に結び付いたのである。ペルー政府の分類に従えば国有ではなく私有博物館となるが，一村落の住民有志が運営しながらも希少な黄金製品を保有するなど，他に類を見ない施設である。

参考文献

稲村哲也（編）『共生の文化研究』5号（特集：先住民族サミット in あいち2010）），2011 (http://www.for.aichi-pu.ac.jp/tabunka/journal/index5.html)

稲村哲也「第5章　野外博物館と建築物資料の復元・修復・保存」稲村哲也・本田光子（編）『博物館資料保存論』放送大学教育振興会，2019

大貫良夫・稀有の会（編）『アンデス古代の探求―日本人研究者が行く最前線』中央公論新社，2018

落合知子『野外博物館の研究』雄山閣，2009

片山泰輔「芸術文化と市場経済」小林真理・片山泰輔（監修）『アーツ・マネジメント概論』（三訂版）水曜社，2009

高安礼士「第Ⅰ部第2章　ミュージアム・マネージメントの三大機能」日本ミュージアム・マネージメント学会事典編集委員会（編）『ミュージアム・マネージメント学事典』学文社，2015

公益財団法人明治村（編）『西園寺公望別邸「坐漁荘」修理工事報告書』，2015

公益財団法人明治村・博物館明治村（編）『公益財団法人　博物館　明治村年報』（平成28年度），2017

7 | 博物館の経営④：企業博物館

平井　宏典

《**目標＆ポイント**》　公共の利益に資する施設である博物館にとって，営利を目的としている企業が設置する「企業博物館」は特異な存在といえる。日本では一般的である公的な性質を多分に有した主体が設立した博物館と企業博物館がどのような点で異なってくるのかについて，企業博物館の定義，企業が博物館を設立する経営学の理論的背景としてのCSR，企業博物館の分類を中心に解説する。
《**キーワード**》　Corporate Social Responsibility（CSR：企業社会責任），Corporate Philanthropy（企業社会貢献），戦略的CSR，企業博物館の分類（事業―機能マトリックス）

1．企業博物館とはどのような存在か

　企業博物館と聞いて，どのような博物館をイメージするか。「企業がつくった博物館」や「企業の歴史や商品を紹介する博物館」，または「企業がビジネスとして経営している博物館」等々，人によってさまざまなイメージがあるだろう。その多種多様なイメージの中で，ほとんどの人は「○○博物館」，「□□記念館」，「△△ミュージアム」のように企業名を冠している博物館を想起するのではないだろうか。つまり，企業博物館を考える上で，当然のことながら，「企業」の存在がある。問題は，その「企業」と「博物館」が，字義どおり，どのように結び付いているかが重要になってくる。

　まず，先行研究における企業博物館の定義をレビューしながら，企業

博物館とはどのような存在かについて考察していく。

（1）企業博物館の定義

　企業博物館とは、どのような博物館のことを指すのか。Danilov（1991）は、「企業の所有地の中で、モノ的資料を保存し、展示する博物館的セッティングである。それらはまた、企業の歴史や事業を、企業の利益にかなうように、従業員、大事な取引先やたんなる客に紹介するところ」と定義している[1]。

　日本におけるミュージアム・マネジメント研究の先駆者の一人であり、元 UCC コーヒー博物館館長の諸岡は、企業博物館を以下のように定義している[2]。

　①企業が設立したもの
　②企業の生業にかかわる資料を保存し、展示し、公開しているもの
　③積極的に地域社会の文化開発に貢献しているもの

　諸岡は、ギャラリー、美術館、イベントホール、ショールーム、PRセンターなどの文化施設も企業博物館の枠組みで論じており、この3つの要件すべてを満たす必要があるわけではない。公立博物館との差異を論じる上で、「設置主体が企業である」という根本的な要件として①を欠かすことはできないが、ギャラリーやイベントホールなども含めて論じていることから②を満たしているかどうかについては柔軟な見解を示している。また、諸岡は、日本の博物館の歴史的経緯や制度は公立館を

1） Danilov, V. J.（1991）*Corporate Museums, Galleries, and Visitor Centers : A directory*, New York : Greenwood Press.（安井亮（訳）「世界の企業博物館」『企業と史料』第5集、pp. 22-28、1995.）
2） 諸岡博熊、「企業の文化活動からみた企業博物館」『日本ミュージアム・マネージメント学会研究紀要』、創刊号、pp. 1-10、1997.

中心とした思想であり，企業博物館は従来の文脈とは異なる独自のスタンスを持つ組織であると言及している。そして，企業博物館の社会的意義を主張すると同時に，その組織体としての独自のスタンスから企業博物館特有の研究の必要性を指摘している[3]。

星合は，企業博物館を「自社の歴史とその背景の保存と，企業理念の理解のために，企業（またはその業界）が設立した博物館」とし，換言すると「企業のことが分かる博物館」と定義している。さらに，企業博物館は便宜上「史料館」「歴史館」「技術館」「啓蒙館」「産業館」の5つに分類できるとし，企業が設立した美術館などは含まないとしている[4]。この分類の主眼は，いかに企業を知ることができるかという問いに対して，どのようなコレクションと展示・教育普及活動でアプローチするのかに置かれていると考えられる。

渡邉は，星合の定義を引用しつつも「産業博物館」という言葉を併記し，歴史的推移から我が国の発展に大きく寄与した産業技術の「継承」を企業博物館の重要な意義としている[5]。森も，星合や渡邉と同様に，企業の本業との関係性を重視した「博物館」を強く意識するものと定義しており，一般的に「企業博物館」というときには美術館は含まれないと指摘している[6]。

3）諸岡博熊『企業博物館』東京堂出版，pp. 29-35，1995.
4）星合重男，「日本の企業博物館の動向について」『レコード・マネジメント』，No. 48，pp. 60-62，2004.
5）渡邉辰郎，「企業博物館・企業博物館について」，『日本機会学会誌』，Vol. 110 No. 1061，2007年，pp. 46-49.（渡邉，2007，pp. 47-48）
6）森真澄「企業と博物館」，大堀哲他編『ミュージアム・マネージメント』，東京堂出版，pp. 41，1996.

（2）広義の定義としての「企業博物館」

　先行研究における企業博物館の定義を概観すると，多くの先行研究において「設置主体が企業かどうか」よりも，星合の言葉を借りれば「企業のことが分かる博物館かどうか」に重きがおかれている。このことから，創業者の美術コレクションなどが展示されている美術館は，企業の歴史や本業と無関係であり，企業博物館に含めないとされてきた。しかし，公立館との比較によって，企業博物館を一つの経営形態としてとらえるのであれば，従来の定義より広く企業博物館をその範疇に入れることが必要不可欠であると考えられる。その理由として，①設置主体である企業の意思，②本業との関係性の複雑化の2点が挙げられる。

　第1に，「①設置主体である企業の意思」の論点は，企業博物館は，設置主体である企業の意思が経営に大きく影響しているというところにある。企業とは「営利を目的として継続的に経済活動を行う組織体」である。より平易な言い方をすれば，企業とは第1にお金儲けを目的としており，営利を目的とせず公益に資する活動を行う公立館とは大きな差異がある。

　博物館は，その設立にあたって施設やコレクションの整備に巨額の初期投資が必要となる上に，適切な収蔵・鑑賞環境の整備やコレクションの維持管理等のランニングコストも高く，営利事業として利益を上げるのが非常に困難であるといえる。では，なぜ営利を目的とする企業が博物館を設立するのか。この問いに対するシンプルな答えは，諸岡の「最終的には企業になにかをもたらす存在でなければならない」という言葉から見いだすことができるだろう[7]。企業博物館が，設立した企業との関係が社会に対して明確になっている場合，企業としてなにかしらの「意思」を持って設立・経営しているのである。この意思とは，企業は

7）諸岡博熊『みんなの博物館―マネジメント・ミュージアムの時代』創元社，2003．

博物館の活動が自社に対してなにかしらのメリットを与えることを期待しているといえる。それは，本業と直接関係あるだけではなく，はた目には本業と無関係のように見えても社会的価値等の観点から自社のメリットととらえる企業もあるだろう。

また，企業博物館は，直営の場合も，出資している財団法人等が経営する場合も，その意思決定には設立した企業が大きく影響してくる。このことは，従来の定義では除外されているような博物館であっても同様であり，経営組織や行動原理が公立館と異なる。このように，企業博物館はその設立の目的と意思決定のあり方が，公共のために開かれた非営利の常設機関という博物館の本質的な性格と異なることから，経営主体が企業である博物館は，そのコレクション内容や館種を問わず広く企業博物館としてとらえていく必要があると考えられる。

第2に，「本業との関係の複雑化」の論点は，自社の歴史や背景または経営理念を伝える，もしくは本業のパフォーマンスと高い相関にあるのは，必ずしも本業の製品やサービスに関連した資料および活動のみではないということである。この点について，企業が博物館を設立・経営する要因の一つとして取り上げられることの多い企業社会責任論（Corporate Social Responsibility：CSR）の文脈から考察してみよう。

CSRはその理論的な生成期における是非論を越え，現在では企業経営の一翼を担う重要な概念だといえる。中村はCSRを「企業倫理に根ざしたものであり，すべての企業活動において法的責任を果たすだけではなく，併せて経済的責任，制度的責任，自由裁量的責任（社会貢献）をも果たすことにより，よき企業市民を目指す活動であり概念」と定義し，次ページの図7-1を提示している[8]。

また，水尾はCSRを企業倫理との関係で説明している。企業倫理は，

---

8) 中村久人『現代企業経営の解明』八千代出版，pp.179-181，2008.

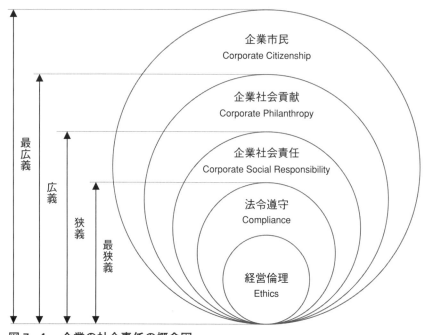

図7-1　企業の社会責任の概念図
出典：中村（2008）p.180

　企業の内なる方向として予防倫理の領域を司り，企業社会責任は社外のステークホルダーに対する責任と義務という企業外へのベクトルの強い企業行動であり，積極倫理に基づく活動であると指摘している。このような社外のステークホルダーに対する積極的な関与は「啓発的自己利益」の概念に基づいている。この概念は，社会貢献活動は単純な慈善活動や博愛主義的倫理観ではなく，長期にわたる利益の源泉となるものであり，他者の利益尊重が自己利益の促進につながるとするものである。つまり，企業の積極的な社会貢献活動は啓発的自己利益の観点から新しい企業価値の源泉になると考えられる[9]。つまり，社会貢献活動とは，

---

9) 水尾順一『セルフ・ガバナンスの経営倫理』千倉書房，pp.38-45, 2003.

利益の余剰分をその活動に充当するという受動的な取り組みではなく，現在ではより積極性を持った公共的な投資活動として理解することができる。

　上述のように，今日，企業社会責任や社会貢献活動は，企業経営において重要な役割を果たしており，この活動によって企業の理念や姿勢，歴史や背景を理解することができる。例えば，美を追求する化粧品を扱う企業や，都市や地域開発を行う企業が美術館を設立・経営する場合，直接的に製品やサービスと関係はないかもしれないが本業と極めて高い相関にあるケースも存在する。

　このように，経済・社会環境が高度化・複雑化する中で，企業の本業とはなにか，本業のパフォーマンスに関係する要因とは何かなど，その関係性を容易に測ることが困難になりつつある。今日の変化する企業の実情に合わせて，企業博物館を新たな枠組みでとらえ直し，その経営形態の特徴を再考する必要があるといえる。

2．企業博物館の類型における 2 つの視点

　今日の経営環境を鑑みて，企業博物館の定義をより広義にとらえ直す必要があることから，従来は除外されることの多かった美術館も含め，館種は問わず，設立・経営の主体が企業である博物館およびそれに類する施設という緩やかなくくりを最広義の企業博物館の定義とし，この定義を出発点として，企業博物館を類型化する。その類型化の視点として「事業の関係性」「機能の充実度」の 2 つの軸を設定する。

（1）事業の関係性

　狭義の「企業博物館」の定義における重要な視点は「企業のことが分

かる博物館」であり，企業の生業との関係性が強い博物館に限定していた。公立館との差異を強調する上で，「企業」の部分に焦点を当てることは，第一義として当然である。しかし，館種を問わず幅広く博物館をとらえると，企業博物館とはいえ，必ずしも生業との関係性が高い博物館のみではない。例えば，印象派と20世紀絵画を中心とするブリヂストン美術館，フランス印象派やエコール・ド・パリなどの西洋絵画を中心とするポーラ美術館などはメセナ活動としての色合いが強く，表面的には生業との関係性は弱いといえる。

　このように，広義の企業博物館と設置主体である企業の事業活動との関係性は，バラつきがあり，一様ではない。企業が博物館を社業のアーカイブもしくはPR施設ととらえている場合には事業の関係性は強く，社会貢献活動（メセナ活動）の一環として文化事業を営んでいる場合には事業の関係性は弱いといえる。

　この「事業の関係性」という軸は，事業の関係性が強いことが企業博物館としての正当性を有しているという視点ではなく，企業がどのような意図を持って企業博物館を経営しているのかを判断する尺度である。

（2）機能の充実度

　企業博物館は既存の博物館学における館種の分類が適用できるケースが多いが，まれにその分類が困難なケースも存在している。例えば，トヨタテクノミュージアム産業技術記念館の場合，社業を紹介する歴史館なのか，自動車産業を幅広く扱う産業館なのか，それとも科学技術を紹介する科学館なのか，明確に分類することが困難である。経営という観点から企業博物館を分類することにおいて重要なことは，既存の館種に当てはめることではなく，当該施設が「どの程度博物館として経営されているのか」どうかであると考えられる。

企業にとって博物館がPR施設の延長線上として経営されているのであれば，専門部署は広報関連となるであろう。さらに，収蔵資料の収集・保管や展示について専門技術を必要としないのであれば，学芸員や特殊な設備をそろえることなく，当該企業が有する資源で経営することができる。つまり，「機能の充実度」という軸は，当該施設が博物館としての専門性を必要としているかどうかを判断する尺度であり，その専門性とは博物館の「事業活動」をどの程度まで展開するのかである。この博物館の「事業活動」とは，①コレクション（収集・保管），②リサーチ（調査研究），③コミュニケーション（展示・教育）の3点を指す[10]。3つの事業活動は博物館特有のものとして高い専門性が求められ，その担い手として学芸員が必要となる。つまり，企業博物館が社業や製品・サービスを紹介するだけであるならば自社の資源を活用することで経営できるが，美術品や文化財などの資料を扱う場合は学芸員や専門的な設備が必要となり社外から資源を調達する必要が生じる。

　この「機能の充実度」という軸は，博物館の事業活動という観点から，「当該施設が博物館としての特質をどこまで有しているか」を判断する尺度となる。機能の充実度が低い場合は事業活動の延長線上として社内資源の範疇における経営を可能とし，機能の充実度が高い場合は博物館特有の資源が求められ，博物館としての色合いが強いものとなる。

3．企業博物館における4つのタイプ

　「事業の関係性」と「機能の充実度」の2つの軸を組み合わせたフレームワークが図7-2である。

10）平井宏典，「ミュージアム・マネージメントにおける価値連鎖の研究」『日本ミュージアム・マネージメント学会研究紀要』，第10号，pp.11-17，2006．

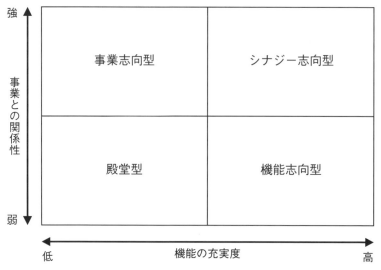

図7-2　事業―機能マトリックス
出典：筆者作成

　縦軸に事業の関係性をとり，横軸に機能の充実度をとるマトリックスを構築することで，企業博物館を4つの類型に分類することができる。この分類は，企業博物館を2つの軸から設置主体である企業がその経営に対してどのような意図を持っているのかを明らかにするものである。ここで示される意図とは，企業博物館の基本的性質を規定するものである。企業博物館はこの分類における基本的性質に立脚した経営計画を立案する必要があると考えられる。

(1) 殿堂型
　殿堂型の多くは，創業者のコレクションや自社製品の1号機など，記念碑的な位置付けとして設けられることが多い。そこには企業としてコレクションを積極的に外部へ公開していくという意思や，自社製品の1

号機を現在の製品ラインナップと関連づけて体系的なコレクションを形成するという意思は希薄である。社内外を通じて新たに資源が投入されることは少なく，初期投資を抑えた形で整備するのが最も原始的なタイプといえる。

星合は企業博物館に多く見られるケースとして「企業博物館の多くは会社の宝物を展示することが多く，国立民族歴史博物館の中牧弘充先生は「神殿」といわれています（抜粋）」としている[11]。このように創業者や企業の偉業を讃えるような形で整備された企業博物館は，現代的な博物館機能を有しておらず，飾り物のように公開されていることも少なくないことから，「殿堂型」と分類する。

（2）事業志向型

事業志向型は狭義の「企業博物館」と同様の基本的性質を有している。つまり，事業との関係性が強く，換言すれば「企業のことが分かる博物館」だといえる。基本的にコレクションは，社業や製品・サービスに関係するものが中心となり，その活動は設置主体である企業に対して直接的に影響を与えることを目的とするケースも多い。

基本的なコレクションが社業や自社の製品・サービスを中心に形成される場合，博物館機能は必ずしも必要ではない。コレクションの収集は自社内で完結することができ，その取り扱いは自社における専門職などの対応の範疇で収まる場合もある。規模によっては専門職を配置する必要もなく，本業との兼業体制による経営も可能である。

つまり，事業志向型の場合，自社資源を有効に活用することが可能となるため，博物館特有の機能に裏付けられた専門性を必ずしも必要とはしない。このことから，事業志向型は事業の関係性は強い反面，相対的

11）星合重男（2004）前掲書，pp.61.

に博物館機能の充実度は低いという基本的性質を有している。

(3) 機能志向型

　機能志向型は一般的な公立博物館と比較しても遜色のない博物館活動を展開している企業博物館のタイプである。事業の関係性が弱いことから，基本的に生業と関係のないコレクションが中心であり，主として企業社会責任・社会貢献活動を意図している。

　これらの企業博物館はその経営のために，組織の設立，施設の建設または整備，学芸員の登用など新たに資源を投入しており，生業の延長線上に社内資源を活用する形とは一線を画している。一方で，事業の関係性が弱いことから設置主体である企業のビジネスに直接的な影響を与える可能性は低いことが想定される。

(4) シナジー志向型

　シナジー志向型は事業の関係性も機能の充実度も高いタイプである。企業博物館を一つの博物館の形態ととらえれば，設置主体である企業に対して直接的に影響を与えながら博物館機能も充実しているというのは理想型の一つであると考えられる。企業の善意として企業博物館を設立した場合であっても，その社会貢献活動の性質が曲解されない範囲であれば企業が本業に対してプラスの影響を望むのは当然である。事実，企業が自社の社会貢献活動をCSR報告書という形で積極的に発信することは投資家への情報公開以上の意味があるといえる。

　事業志向型の場合も博物館が企業に対して直接的に影響を与えるという点でシナジー効果があるととらえることもできる。しかし，この場合はあくまでも企業活動の延長線上に博物館があり，その関係性は企業を「主」，博物館を「従」とする主従関係にあるといえる。シナジー志向型

の場合，機能の充実度が高いことから博物館活動が積極的に展開され主体として博物館が成り立っていると考えられる。つまり，企業と博物館という2つの主体が互いに好影響を与える「シナジー（相乗効果）」関係にあるといえる。

しかし，現実的には2つの軸が両方とも高い水準を実現することはかなり困難であると考えられる。博物館機能の充実度が高いことはその企業博物館が一般的な博物館の業種特性により近づくことになる。前述のとおり，ミュージアムは単館収支で利益をあげることが極めて困難であり，博物館機能の積極的な展開はこのような業種特性の影響を強く受けることを意味する。シナジー志向型は，現実的には，①当該企業の産業や事業の性質，②企業規模と博物館規模のバランス，などの条件と適合した場合に実現可能となるタイプであると考えられる。

4．各タイプに共通する企業の意思の重要性

前節において，事業—機能マトリックスにより企業博物館を4つの類型に分類したが，その特徴をまとめたのが表7-1である。企業博物館は，既存の博物館学における「博物館」とは異なり，その経営に設置主体である企業の影響を受けるという特徴から，企業の意図によっては機能の充実度の低さが施設としての正当性を欠くことにつながるとは一概に言い難い。その逆に，事業の関係性の弱さが企業における博物館の重要性の低さにつながるわけではなく，CSRの文脈において企業と社会をつなぐ重要な役割を担うということもある。

つまり，4つの類型において企業博物館としてあるべき姿が存在するわけではなく，各類型の基本的性質の差異が存在するのみであるといえる。シナジー志向型は一つの理想型といえるかもしれないが，その成立

表7-1　4つの類型における基本的性質

	事業の関係性	機能の充実度	基本的性質
殿堂型	弱	低	創業者のコレクションなどを基盤としたミュージアム
事業志向型	強	低	当該企業の事業と関連したコレクション・活動を基盤としたミュージアム
機能志向型	弱	高	本業との関係性よりも社会貢献活動としての意識が高く博物館活動を積極的に展開するミュージアム
シナジー志向型	強	高	本業との関係性が高く，博物館活動を通して新たな価値創造を目的とするミュージアム

出典：筆者作成

には諸条件が必要となることが想定されるため，すべての企業博物館がシナジー志向型へ収れんすべきということではない。ただし，殿堂型は企業博物館の草創期もしくは発展段階への過渡期としての位置付けであれば問題はないが，設立後ある一定の期間を経ても基本的性質に変化が見られないのであれば，その意義を再考する必要はあるだろう。基本的には事業志向型，機能志向型，シナジー志向型の3つのタイプに類型される企業博物館が望ましい姿であると考えられる。

そして，企業博物館の経営において最も重要なことは「企業の意思」を適切に反映する施設となっているかであると考えられる。事業―機能マトリックスの2軸は，企業博物館の基本的性質を分析する上で，「企業」と「博物館」という2つの特質を有する施設を当該企業がどのような意思を持って経営するのかを明らかにすることに焦点を置いている。

「企業」の特質では，事業の関係性が強い場合は当該施設の存在や活動が企業に対して直接的に正の影響を与えることを期待している。内部的には社業を記録するアーカイブスとしての機能，外部的には顧客の創造やロイヤルティーの醸成などが挙げられる。「博物館」の特質では，機能の充実度が高い場合は社会教育施設として公益的な事業を行う博物館としての性質を多分に有することから，その目的は社会貢献活動となり，企業と地域をつなげる役割を担う。シナジー志向型は両者の特質を有しているといえる。

　このように，類型の異なる企業博物館において，その経営の根本には設置主体である企業の意思が存在している。博物館経営において最も重要な位置付けにあるのが「使命」であるのと同様に，企業博物館の場合，使命に相当する核となる要素が「企業の意思」であるといえる。

参考文献

高柳直弥「「企業博物館」の成立と普及に関する考察―欧米からの"Corporate Museum"論の移入を中心に」『大阪市大論集』第128号，pp. 47-68，2011.
平井宏典「企業ミュージアムにおける基本的性質の分析：事業関係性と機能の充実度による分類手法」『共栄大学研究論集』第10号，pp. 141-155，2012.
堀江浩司「企業博物館と競争優位」『広島経済大学経済研究論集』第38号第3号，pp. 35-49，2015.

8 | 博物館の経営手法①：
マーケティングと利用者調査の手法

佐々木　亨

《目標＆ポイント》「マーケティング」とはどのような活動なのかを説明した上で，博物館におけるマーケティングを具体的な事例に基づいて見ていく。併せて，博物館来館者のニーズや利用実態を知るための調査方法を紹介する。
《キーワード》　コトラー，ニーズ，阿修羅展，鑑賞者開発，東京国立博物館

1. マーケティングの定義と活動

　ここでは，マーケティングに関する一般的な定義を紹介した上で，具体的なマーケティング活動について説明する。

（1）マーケティングと何か

　マーケティング（Marketing）は，「市場に出す」「市場に売り込む」を意味するmarketという動詞を動名詞化した言葉であり（三好2009：23)，20世紀初めに登場したと言われている。しかし，その概念はこの100年間で変化し続けている。
　例えば，米国の経営学者で「近代マーケティングの父」と呼ばれているフィリップ・コトラーは，この間の変化をマーケティング1.0から2.0，3.0そして4.0へと進化したと表現している。工業化時代には，マーケティングとは，工場で生産された製品をすべての潜在的購買者に売り込むことだった。製品は，マス市場のために設計された基本的なもので

あった。規格化と生産規模の拡大によって生産コストを低くし，価格を引き下げてより多くの購買者に買ってもらおうとした。

　米国の自動車メーカーのフォード社が1908年に発売した「T型フォード」がその典型であり，黒一色の１車種に絞り込み，それまで車を手に入れることができなかった一般大衆に向けて販売した。1921年には全米で販売された150万台の車のうち，約２台に１台がT型フォードであった（三好2009：21）。コトラーほか（2010：16）は，このような「製品中心の段階」がマーケティング1.0であると定義している。

　次のマーケティング2.0は「消費者志向の段階」である。筆者はこの段階のマーケティングが，この科目を受講している多くの方が抱いているマーケティング像ではないかと考える。

　つまり，情報化時代になり，消費者は十分な情報を持っており，類似の製品を簡単に比較することができるようになった。製品の価値は消費者によって決められ，その消費者の好みはバラバラである。企業は，市場を細分化し（セグメンテーション），特定の標的市場に向けて（ターゲティング），他者より優れた製品を開発し，販売する。「顧客は王様」という考え方が多くの企業に浸透し，企業は消費者のニーズや欲求に十分に対応しているので，消費者の暮らしは豊かになっていった。このような「消費者志向の段階」がマーケティング2.0である（コトラーほか2010：17）。

　この段階のマーケティングは，アメリカ・マーケティング協会（AMA）による1985年の「マーケティングとは，個人や組織の目的を満たす交換を創造するために，アイディア，製品の概念化，価格づけ，プロモーション，流通を計画し実行するプロセスである」という定義の内容と一致していると言える。「個人や組織の目的を満たす交換の創造」とは消費者のニーズや欲求に対応することを含み，マーケティングの出

発点であると述べている。

マーケティング1.0と2.0の違いを一言で表すならば，「作られた製品を売る」活動が前者であり，「売れる製品を作る」活動が後者のマーケティングである。

コトラーほか（2010：17-18）はさらに，マーケティング2.0のように，消費者をマーケティング活動の受動的な対象と見るのではなく，マインドとハートと精神を持つ全人的な存在としてとらえている。その消費者はグローバル化した時代における不安に対する解決策を求めており，混乱に満ちた世界において，自分たちの持つ社会的・経済的・環境的公正さに対する欲求に，ミッションやビジョン，価値で対応している企業を探している。つまり，機能的，感情的な充足だけでなく，精神の充足を求めていると説明し，「価値主導の段階」であるマーケティング3.0が登場しているとした。

加えて，コトラーほか（2010：20-45）はマーケティング3.0において，3つの重要な力が登場するとしている。1つめは，参加の時代において消費者は単にモノやコトを消費するだけでなく，創造もするようになる。つまりコンシューマー（消費者）からプロシューマー（生産消費者）に変わる「協働」という力である。2つめは，「文化」の力である。グローバル化は普遍的なグローバル文化を生み出す一方で，同時にそれに対抗する力である伝統的文化を強化する傾向がある。そのため，企業は自社の事業に関係のあるコミュニティの文化的課題を理解する必要があるとしている。3つめは，消費者は自分たちのニーズを満たす製品やサービスだけでなく，自分たちの精神を感動させる経験やビジネスモデルも求めている。つまり「精神」の力である。

現在では，コトラーほか（2017）はマーケティング4.0として，ソーシャル・メディアの普及に伴うマーケティング・コミュニケーションの

枠組みの大幅な変更を前提とした，新たな段階を提示している。

（2）マーケティングにおける具体的な活動

今日多くの組織で適用され，かつ多くの受講者が抱いているマーケティング像と思われる「消費者志向の段階」のマーケティング2.0について，どのような仕組みの活動であるかを具体的に見ていく。

1つめのポイントは，消費者のニーズや欲求とは何かということであり，これがマーケティングの出発点となる。マーケティングの教科書でニーズと欲求を説明する例として，欲求とはニーズが形をとったものであり，ニーズを持つ人の文化的背景や個人的な特徴によって，欲求の形は大きく違ってくるとの説明がある。ニーズとは，例えば「壁に穴をあけること」であり，欲求とはそのための道具となる「ドリル」である。そして，1つのニーズに対して，欲求を満たす多様なものを作ることができると説明している。

ここで重要なことは，事業の目標を製品や手段で考えるのではなく，目的や機能で考えるということである。つまり，消費者はドリルがほしいのではなく，壁に穴がほしいのである。これと同じ関係はほかにも多くある。例えば，鉄道事業では電車がほしいのではなく，人や物の移動や輸送をしてほしいのである。コンピュータ事業であれば，コンピュータそのものがほしいのではなく，それを使って会計処理をしたい，レポートをきれいに仕上げたいという課題解決の方法を求めていることが理解できるであろう。

2つめは，セグメンテーション（segmentation：市場細分化）・ターゲティング（targeting）・ポジショニング（positioning）である。セグメンテーションとは，顧客を均一的なものとみなすのではなく，目標（ターゲット）とする顧客の区分を前提とし，すべての顧客を満足させ

る商品やサービスを提供することを想定しないという考え方である。その際，重要になってくることは，セグメンテーションの基準をどこに求めるかである。年齢・世帯規模・所得・職業といった人口統計的な変数，地域・都市などの地理的変数，ライフスタイル・パーソナリティといった心理的変数，利用頻度・利用状況・ロイヤルティ（消費者が持つ忠誠心）などの行動上の変数がその基準になる。ポジショニングとは，ターゲットとなる顧客の中で，その商品やサービスが競合するほかのものと比較して，相対的にどのような位置にあるかを明らかにすることである。この3つ（STP）が，マーケティング活動を展開する際の第一歩となる。

　3つめのポイントは，上で紹介したポジショニングを実現するため統合されたマーケティング活動（マーケティング・ミックス）の実行である。マーケティングでは次の4つの領域における意思決定を必要とする。①商品計画（Product）：市場に提供する商品・サービス特性の決定。②価格づけ（Pricing）：商品・サービスを市場で交換する価格と支払い方法の決定。③流通チャネル（Place）：顧客と商品・サービスの接点を，いつ，どこで，どのように作るかの決定。④広報宣伝（Promotion）：商品・サービスや組織について顧客に伝えるメッセージ内容やその伝達方法の決定である。この4つのPを統合して展開することがマーケティング・ミックスである。

2．博物館におけるマーケティング

　ここでは，博物館における事業事例をマーケティングの視点から紹介し，来館者のニーズや欲求を博物館経験から考える。さらにマーケティングの限界に関しても検討する。

(1)「阿修羅展」におけるマーケティングの事例

　博物館における事業，特に展覧会においてマーケティング的な発想から企画し実施され，終了後にその過程が報告されることは少ない。そのような状況下で，2009年3月31日～6月7日の間，東京国立博物館で開催された興福寺創建1300年記念「国宝　阿修羅展」におけるマーケティングの活動をレポートした報告（外川・恩藏2011）が『マーケティングジャーナル』誌に掲載された。以下では，その内容を紹介する。

①展覧会の概要と主催者の狙い

　奈良の興福寺創建1300年を記念して，上野の東京国立博物館で開催された展覧会である。有名な阿修羅像をはじめ，興福寺が所蔵する八部衆像，十大弟子像といった天平彫刻などが一堂に展示された。約2カ月間の会期で94万人が観覧し，1日当たりの観覧者数が15,960人となった。2009年に開催された世界中の展覧会において，1日当たりの観覧者数が最多であった。さらに，巡回した九州国立博物館でも71万人が観覧し，両会場での総観覧者数は165万人に達した。

　主催者（東京国立博物館・興福寺・朝日新聞社・テレビ朝日）は，1）阿修羅像と観覧者との関係性を明確にするため，展示コンセプトを「心の対話」とし，2）観覧者が同展の開催にコミットしているという「参加感」を醸成するための仕組み作りに取り組んだ。

　なお，この報告では，主催者の一つである朝日新聞社がこの仕組みに関してどのようなことを実行し，どのような成果を得ることができたのかについて，マーケティングの視点から記述している。

②展示空間などにおける工夫

　マーケティングの商品計画（Product）は，ここでは展示空間を主に指している。まず，展覧会のネーミングにおいて，従来のやり方を見直した。通常，特定のお寺の所蔵品から成る展覧会では，「薬師寺展」「唐

招提寺展」のように寺の名称が付けられる。しかし今回は，仏教美術に馴染みのない層にも，観覧できる展示資料のことを分かりやすく伝えるため，興福寺が所蔵する仏像のうち，代表格である阿修羅像に焦点を絞り，「興福寺展」ではなく「国宝　阿修羅展」とした。さらに，広告のコピーでも，よく見られる「〇〇名品展」や「至宝の〇〇」といった表現は用いなかった。この種のコピーは，主催者側が展示資料の価値を定め，その価値を観覧者側が受け入れるという「押し付け」的な関係が前提とされている。これは，観覧者が主体的に価値を見出すという前提ではないことを意味している。この展覧会では，先に紹介した仕組みを実現するために，観覧者自らが展示資料の価値を語り合い，同展の開催にコミットしている参加感の醸成に主眼を置き，主催者側からは価値の提示をしないという立場をとった。

　展示場では，観覧者がそれぞれの悩みや不安を持って阿修羅像と向かい合い，そこで百人百様の「心の対話」が成立するように，空間と時間の工夫が必要となった。そのため，直に対面できるように阿修羅像を覆っているガラスケースを取り払った。加えて，360度さまざまな角度や高さから阿修羅像の顔と対面できるように，像の周りに緩やかなスロープを設けた。照明も大きな役割を果たすが，長い腕を6本も持つ阿修羅像は通常に照明を当てると，多くの影が出来てしまう。そのため同博物館のデザイン室との打ち合わせの末，LED照明による最も美しく見える角度を追求した。

　直接的な展示空間の工夫ではないが，小学館をはじめ数多くの出版社が，この展覧会の時期に合わせて阿修羅像に関する本を出版し，大手書店は阿修羅関連本のブックフェアを開催した（図8-1）。また，仏像を興福寺から展覧会場まで輸送した日本通運による仕事の様子が，展覧会開催前にNHKの「プロフェッショナル　仕事の流儀」という番組に取

第8章　博物館の経営手法①：マーケティングと利用者調査の手法 | 149

図8-1　展覧会の時期に合わせて開催されたブックフェアで販売された本

り上げられた。
③広報宣伝と価格づけの考え方
　朝日新聞社は，「阿修羅ファンクラブ」を設け，「アシュラー」と呼ばれる女性を中心とするファンたちに，阿修羅像の魅力を語る伝道師になってもらい，この像の魅力をさまざまな層に広めることを考えた。それは，主催者側だけによる広報宣伝（Promotion）では，多面的な魅力を持つ阿修羅像の良さが伝わらないと考えたからである。ファンクラブの会長には，仏像エッセイの著者として知られるイラストレーターのみうらじゅん氏が就任した。さらに，ファンクラブは単なるプロモーションだけでなく，観覧者と主催者を同じ土俵に据えて語り合う場の役割も担っていた。

このような仕組みのほかに，従来型の広告メディアの活用でも工夫をした。例えば，テレビ CM では，オーソドックスな CM を全時間帯にわたって放映する従来の展覧会 CM とは異なり，主婦が中心的な視聴者層である日中と，若者が中心的な視聴者層である夜とで趣向がまったく異なった CM を流し，全世代型のプロモーションを展開した。また，鉄道駅における交通広告では，ダイナミックなビジュアルが印象的な大型ボード広告を，開幕 3 カ月前（2008年12月末）という早い時期に打ち出した。世代を超えたクチコミが広がりやすいという狙いから，家族が集まる年末年始をめがけて広告を開始した。

このように従来メディアの活用だけでなく，それを着火点として，ファン同士がインターネット上のさまざまなコミュニティ・サイトでそれらの広告を話題にする「熱い情報のリレー」までも射程に含め，コミュニケーション計画が策定されたことが特徴である。

なお，入館料の価格づけ（Pricing）では，ファンクラブにおいては会員特典付きの先行前売り券を購入し，入会する仕組みが採られた。通常，前売り券は当日券に比べて低めの価格が設定されるが，この展覧会のファンクラブ会員特典付き券は，当日券と同額に設定された。ファンクラブに入会することと，その時に配布される阿修羅像のピンバッチを受け取ることで，阿修羅展に対する応援団気分や参加感が得られれば，たとえ価格が当日券と同額でも妥当と考えたからであった。

マーケティング2.0の立場から見ると，展示空間の工夫が 4 P の一つである商品計画（Product）として位置づけられ，ファンクラブをはじめとする活動では，広報宣伝（Promotion）や価格づけ（Pricing）が現れている。また，阿修羅像を観ることができる展示空間は博物館の会場のみであるが，先に紹介した出版物や番組放映は，擬似的に阿修羅像の

魅力を経験する機会になったはずである。これらは，広報宣伝（Promotion）の要素を含んだ取り組みであるとともに，流通チャネル（Place）としても位置づけることができる。

　この報告（外川・恩藏2011）の最後で，同展はマーケティング3.0の要素のうち「協働」と「精神」が特にかかわりが深いと指摘している。つまり，阿修羅ファンクラブのアシュラーと呼ばれる女性を中心とするファンたちが，その魅力をさまざまな方面に語ったこと。また，ファンクラブという場を通して，観覧者と主催者を同じ土俵に据えて語り合うことができたことは，まさに「協働」が発揮された場面である。一方，展覧会では観覧者が日常におけるそれぞれの悩みや不安を持って阿修羅像と向かい合い，そこで「心の対話」が成立した。つまり，阿修羅像や興福寺にまつわる歴史，仏像制作の過程などを知り，学んで満足するだけでなく，精神的な何かを得ることも目指した。現に，会場では手を合わせたり，立ちすくんで涙を流したりする人が後を絶たなかったと記されている。

（2）博物館で対応できる来館者ニーズとはなにか

　筆者は毎年多くの博物館を訪れる。調査目的で訪れる場合もあるが，まったくのプライベートで訪れることも多い。いずれの場合でも，博物館では展示を観たり，ミュージアム・ショップでグッズを選んだり，カフェで息抜きしたりする。博物館にいる数時間ほどの間に，いったい自分は何を博物館に求めているのかと自問自答することがある。もっと具体的に言うと，展示室や博物館にいる時間にどんな経験をしたいと思っているかということである。これは博物館側から見ると博物館は来館者にどんな経験を，どんな価値を提供することができるのかを意味している。

井関（2004：42-47），コトラー・コトラー（2006：44-45）は，博物館での経験を「ミュージアム・オーディエンスの6つの経験タイプ」として，以下のように分類している。
①**学習経験**：知識・情報の習得，知的好奇心の満足，発見・驚きの感覚，過去・現在・未来についての新しい解釈と知識，新しい意味の発見，先端傾向の学習
②**審美的経験**：感覚的覚醒，美的感動，視覚的・触覚的な新しい体験，タイプ・形式の比較，マルチメディア表現の体験，複数感覚の交叉
③**気晴らし・楽しみ**：気楽な楽しみ，自由時間の活用，遊び心，気分転換，レストラン・カフェ利用，ショッピング，ゲーム感覚，観察と見物
④**グループ参加と社交**：他人・友人との交流，他人との経験共有，仲間とのグループ行動，参加と協働，パートナー行動
⑤**儀礼的・儀式的経験，記念・祝賀の経験**：組織・団体の周年記念や祝典，歴史的記念物の鑑賞，祝祭への参加，栄誉感の共有，礼拝・崇拝の感情，尊敬と賞賛，敬虔と憧憬
⑥**非日常的陶酔と神秘体験**：精神の高揚，想像力・空想力，魔法の気分，変身体験，オカルト的体験，魅惑のめまい，彼岸体験，宇宙体験

博物館の姿を規定した博物館法は，社会教育法の精神に基づき博物館の設置や機能について述べている。ここで分類した経験のタイプのうち，①，②，③は，従来から博物館法に記されている博物館が提供すべき経験である。先に紹介した「阿修羅展」でも，当然この3つの経験は提供されていたと思われるが，その他にマーケティング3.0の要素であ

る「協働」にかかわる経験は④に,「精神」にかかわる経験は⑥に該当するのではないと考えられる。

　⑤に関する経験は,例えば,2011年に東京国立博物館で開催された「法然と親鸞ゆかりの名宝」展が該当するのではないかと思われる。この展覧会は,法然没後800回忌,親鸞没後750回忌を機に,両宗派からの全面的な協力を得て,法然と親鸞にゆかりの名宝を一堂にあつめ,その全体像を紹介する史上初の展覧会であった。通常の来館者とともに,両宗派の関係者が多く観覧していた。その関係者にとって,所属する宗派の周年祝典的な場の意味合いや崇拝の感情を表す場という要素が含まれていたと,筆者は想像する。

　では,これ以外に博物館が来館者に提供できる経験や価値として,どのようなものがあるだろうか。例えば,日本ではまだこのような事例があまりないが,民族的少数者の子供たちや貧困層の子供たちに,他者とのコミュニケーションをとりながらたくましく生きる力を付けさせるために,ヨーロッパ諸国では,多様な層の人々が集まるミュージアムや劇場などの文化施設で支援プログラムを展開する事例がある。一言でいうならば,社会的に弱い立場にある人々を含め,市民一人一人を排除や孤立から援護し,社会の一員として取り込もうとする考え方である「社会的包摂」機能を提供していると言える。

(3) マーケティングの限界と博物館における新たな展開

　マーケティング2.0では,その出発点は消費者のニーズや欲求だと述べてきた。しかしながら,消費者のニーズや欲求は,本当にマーケティングの出発点になりうるのだろうかという疑問が提示されている(石井2004:24-44)。そのうち,博物館でもよく起こる2つの疑問について紹介する。

1つめは，そもそも消費者は自分の経験を表現できないのではないかという点である。例えば，今日では洗濯機が出す騒音は極めて小さく押さえられているが，静音型洗濯機が発売される前は，洗濯機では騒音が出るのが当たり前と消費者は考えていた。いまでは，静音型洗濯機が主流となり，それが当たり前と考えられているが，開発時（1980年代）は，生産者側から騒音に対することに焦点を当てたことで，消費者にとって初めて洗濯機の重要な機能として意味を持ち始めたと言われている。逆に言うと，消費者が潜在的不満ないし実際に経験していることを表現するのは難しいということである（石井2004：25-26）。

博物館においても同様の現象が認められる。例えば，2017年に兵庫県立美術館と上野の森美術館で開催された「怖い絵」展では，観覧者がこれまで気がつかなかった西洋絵画の楽しみ方を主催者側が提示し，それによって爆発的な人気を博した展覧会となった。伝統的な西洋絵画のこれまでの楽しみ方は，①ある作家の生涯または印象派などのジャンルにおいて，この作品はどう位置づけられるのかという美術史的な楽しみ方，②作品の色彩や技法，クオリティをその時代の文脈で評価する楽しみ方，③作品を素直に感じれば良いという楽しみ方，であった。しかし，この展覧会では，絵画を楽しむためのアプローチとして，絵に描かれている場面や背景を読み解いていく面白さを特に強調した。そして，そのためのヒントを音声ガイドや解説パネルなどを使って観覧者に伝えた（品田2017；朝日新聞2017）。会期中，ある新聞に「レディ・ジェーン・グレイの処刑」を観た観覧者が，16歳で運命を受け入れた女王の哀れすぎる結末を悲しむ投書があった。作家や作品の美術史的な楽しみ方ではない，絵が描いている場面や背景がいかに注目されていたのかが分かる。

もう一つは，製品（手段）が欲求・ニーズ（目的）を決めるという点

である（石井2004：36）。例えばスマートフォン（スマホ）の出現は，それを生活や仕事の中の手段として手に入れたのちに，初めて特定の目的が表面に出てくるケースに気づかせてくれる。筆者の経験でいうと，携帯電話からスマホに買い換えた当初は，電話機能とwebでの閲覧機能のみを期待していた。しかし，スマホを使い始めてから数カ月して，自分の好きな音楽をたくさんダウンロードしてストックし，いつでも好きなときに音楽を楽しむ環境を作りたい，電車の乗り換え情報を調べて，駅で無駄な電車待ちをできるだけ避けて時間を節約したい，スカイプを使って相手の顔を見ながら会話をして，仕事やプライベートでの距離的なハンディを克服したいなど，次々と新しい欲求が生まれてきた。そして最初は生活を便利にするための道具としてのスマホが，いつの間にか自分の外付けハードディスクのようになり，記憶や頭脳の分身となってしまい，当初は考えもしなかった目的が生まれた。

　博物館では鑑賞者開発（来館者開発）という活動がある。英国や米国で1990年代から，芸術への幅広い参加者の増加を目指す取り組みとしてこの活動が行われるようになった。既存の鑑賞者および潜在的鑑賞者の顕在化していないニーズや欲求を満たすべく実施される，芸術団体と鑑賞者の関係の発展に貢献する活動と定義される。21世紀初頭からは，芸術団体におけるマーケティングを一歩進めた新しい考え方として，英国を中心に広がっている（関谷2015：62）。日本では，東京国立博物館で2014年に開催された，映画「時をかける少女」を上映したイベント「博物館で野外シネマ」が鑑賞者開発に該当するが，まだまだ国内では浸透していない。

　この活動は，博物館という製品（手段）に多くの市民が足を踏み入れることで，これまで考えていなかった博物館に対する欲求やニーズ（目的）への気づきを期待した活動と言える。

以上のように，消費者の欲求やニーズは，消費者によってはじめから自覚されているわけではないという根本的な疑問が示されている。これらはマーケティングの限界を意味していると同時に，マーケティングに関する新たな取り組みが展開できる可能性も示唆していると考える。

3．博物館利用者を理解するための調査方法

ここでは，マーケティングのプロセスで博物館利用者のニーズや欲求を探る，または博物館利用者の実態を理解するための調査方法を説明する。最後に質問紙法によって来館者ニーズを探った調査事例を紹介する。

（1）各種の調査方法
①文献調査法

ここで言う文献調査とは，博物館職員やそこへの来館者に直接接触することはせず，博物館利用者のニーズや欲求またはその実態に関係する内容が記されている論文やレポート・報告書により，知見を深めていく調査方法である。そのため，この調査は「非干渉的技法」（佐藤2006：140-143）とも言われている。以下に説明する「質問紙法」「面接法」「観察法」では，調査する側の調査設計能力や調査実施時の技術が，収集できる情報の量と質に大きく影響する。しかし，文献調査では文献を検索する技術だけを身につければ，得られる情報はどの調査者にとっても同じである点が特徴である。ただし，調査者が求めている条件下でのデータや情報が必ずしも集まるわけではない。

②質問紙法

設問が印刷された質問紙（アンケート用紙）を配布し回答してもらう

手法で，博物館来館者を調査する際，最もよく用いられる手法である。事前に設問という形で調査者の問題意識が系統的にリスト化されており，すべての被調査者に同じ項目を尋ねることができるのが利点である。一方，設問以外のことに関する情報を期待できないこと，調査者と被調査者間のコミュニケーションが一往復のため，次に説明する面接法のように何往復かのやりとりによる不明確な部分の確認ができないという欠点がある。

③面接法

　個人およびグループを対象とし，感じたことを自由に発言してもらったり，事前にリストアップした項目に沿ってインタビューしたりしてデータを収集する手法であり，調査対象を固定し，一定期間繰り返し面接を行う場合もある。先に述べた質問紙法と比べ，一般に質を重視したテキストを収集するのに有効な手法とされているが，収集する情報が調査者の態度やインタビュー・テクニックに左右されやすいという欠点がある。また，質問紙法のように多くの被調査者を対象とすることが難しい。

④観察法

　博物館来館者の動線や，展示を観覧した際の反応，博物館内で発せられる会話などが調査の対象となる。調査者が被調査者の行動そのものを直接とらえるので，実際に行われている事実を把握できることが，大きな特徴である。しかし，調査者の存在が被調査者の言動に影響を与えることや，実施に際して多くの時間を要する方法である。また，「質問紙法」「面接法」では，被調査者に接する際に調査許可を得ることになるが，「観察法」では被調査者から調査許可を得なくても観察することが時に可能となる。そのため，プライバシー保護の観点から，被調査者への事前説明と了解を怠らないようにすることが特に重要である。

⑤博物館が所有する既存データの収集

　博物館には，日常業務の中で継続して蓄積しているデータが存在する。例えば，展示における日々の観覧者数（一般・大学生・子ども・観覧料免除者などの区分別）と売上額，年間の歳入・歳出額とその詳細な内訳といった定量的なものから，博物館が実施した特別展における観覧者へのインタビュー調査とその報告書など定性的情報が中心のものまでさまざまである。しかし，これらは通常は公開されていないので，調査対象博物館の担当者に自身の調査目的を説明し，さらに調査完了後どのようにレポート・論文を公開するか否かを伝えた上で，これら資料の閲覧・使用許可を得る必要がある。あくまで博物館外部への公開を前提としないで，日々蓄積されている内部資料であるため，調査者が誠意を持って説明し，担当者から信頼されたのちに閲覧が許可されるものである。

（2）質問紙法による来館者ニーズ調査の事例

　静岡県立美術館では，2001年度より，事業に関する自己点検および評価のための調査が，質問紙を用いて実施されている。展覧会観覧者に会場出口で声掛けし，了解を得られた回答者が自ら質問紙に記入する。質問紙では，①当日の観覧者の行動，②展覧会や美術館に対して感じたことを尋ね，最後に③性別・年代・居住地といった属性を尋ねている。②の中に，「あなたの生活において「美術館」はどのような存在または位置づけですか。ご自由にお書きください」という自由記入の欄がある。ここでは，そこに記入された自由回答をテキストマイニング手法を用いて分析した結果を紹介する。

　テキストマイニング手法とは，「大量の文書情報の中から，質問の趣旨に合致する文章を素早く発見するとともに，文章間の関連性を分析し

てさまざまにグルーピングし，それらの内容と数量，および推移を把握することで，新たな知見を得る手法」である。

2002，2003，2005年度に開催された14回の企画展観覧者から得たアンケート6,198件のうち，この設問に記入があったのは3,384件（そのうち有効回答は3,079件）であり，それに対してテキストマイニング手法で分析を行った（伊藤2007）。

美術館の存在意義や位置づけに関するキーワードが，どの年代，性別に多く出現するかを調べることで，その年代，性別の人が美術館の価値をどこにおいているかが分かる。分析結果を示すマップ（**図8-2**）では「知識」がほぼ中心に位置していることから，どの年代，性別の人も

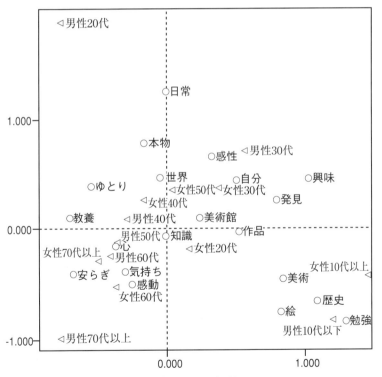

図8-2　テキストマイニングによる分析結果
出典（伊藤　2007：106）

美術館の価値の中心に知識の獲得を置いていることが分かる。また，10代から60代までを順に線で結ぶと，右下を起点に左回りで円を描くような軌跡をたどることから，年齢によって美術館の持つ価値が変化していることが判明した。10代の若い年代は「絵」「歴史」「勉強」に関心があり，そこから年代が上がり30代になると「自分」「感性」「発見」といった要素が現れ，高齢になると「安らぎ」「感動」「気持ち」というところに落ち着く。さらに細かく見ると，男性は40代から「安らぎ」のエリアへ移行するが，女性は40代，50代でも「自分」「感性」に近いエリアに留まっていることが分かる。

このような分析結果を活用すれば，ターゲットとなる層にとって，展示資料や展示空間でどのようなストーリーを展開し，どのようなことを訴求するのが共鳴されやすいのかが予想でき，展示制作の際に大きなヒントを与えてくれると考える。

参考文献

朝日新聞「3時間待ちの大行列,「怖い絵展」なぜ人気」『朝日新聞』(朝刊) 2017.12.16
石井淳蔵『マーケティングの神話』岩波書店，2004.
井関利明「マーケティング発想によるミュージアムの活性化」『Cultivate』23（文化環境研究所），pp.42-47，2004.
伊藤大介「美術館来館者の生活における美術館の存在意義—テキストマイニング手法を用いた自由回答文処理—」『文化経済学』5(3)，pp.101-110，2007.
コトラー, P. ほか『コトラーのマーケティング3.0 ソーシャル・メディア時代の新法則』（恩藏直人監訳）朝日新聞出版，2010.
コトラー, R. ほか『コトラーのマーケティング4.0 スマートフォン時代の究極法則』（恩藏直人監訳）朝日新聞出版，2017.
コトラー, P.・コトラー, N.『ミュージアム・マーケティング』（井関利明・石田和晴訳）第一法規，2006.

佐藤郁哉『フィールドワーク　書を持って街へ出よう（増訂版）』新曜社，2006.
品田英雄「上野の森美術館の「怖い絵展」―「読み解く」楽しさヒント」『日経流通新聞』2017.11.3
関谷泰弘「東京国立博物館における若者向けミュージアム・イベント「博物館で野外シネマ」を事例とした鑑賞者開発の研究」『文化経済学』12(2), 62-75, 2015.
外川拓・恩藏直人「「国宝　阿修羅展」にみるマーケティングの新潮流」『マーケティングジャーナル』30(3), pp107-119, 2011.
三好宏「マーケティング論のなりたち」石井淳蔵・廣田章光編著『1からのマーケティング（第3版）』碩学舎, pp.19-33, 2009.

9 | 博物館の経営手法②：使命と評価

佐々木　亨

《**目標&ポイント**》　公立博物館であれば条例に設置目的が記されているが，博物館の社会的役割は開館前後に検討される使命に明文化されることが多い。ここでは，博物館の使命を概観するとともに，使命と評価の関係を説明した上で，多様な評価のあり方を紹介する。
《**キーワード**》　プログラム，館主体の評価，設置者評価，使命，業績測定型評価，静岡県立美術館，三重県総合博物館

1．評価導入の背景と評価の定義

（1）評価導入の背景

　我々の身近で行われている公共事業や公立文化施設が実施するプログラムを見ていると，何のために行われているものなのか，よく分からないものが少なくないことに気がつく。つまり，国や地方自治体が税金を使って実施している事業であるにもかかわらず，お金を支払っている側が，その目的を理解できないということである。
　これは，行政によるアカウンタビリティ（対社会的な説明責任）がうまくなされていないためであろう。または，説明がされていても，社会のニーズに合致した適切な政策や事業が実施されていない場合もあると考える。評価は，このような背景のもと，政策や事業の成果や効率を明らかにするための手段として重視され，実施されるようになってきた。
　我が国においては，1999年に「行政機関情報公開法」が制定され，事

業の透明性を高めるとともに，事業の評価を重視する流れが促進された。2001年には中央省庁再編の際に政策評価が導入され，2002年には「行政機関が行う政策の評価に関する法律（行政評価法）」が施行された。これにより，国が行うすべての行政活動は評価の対象となった。この流れを受けて，地方自治体でも評価が導入されるようになってきた。それとは別に，三重県で1996年度より始まった「事務事業評価システム」は，行政活動によって生み出される業績を，組織的，全体的に測定した，我が国初めてのシステムである。また，静岡県も1997年度より「業務棚卸表」を用いた行政評価を進めた。これらの事例は，その他の地方自治体における評価に大きな影響を与えた（三好2008：4－22；古川2008：134－150）。

　このように見ていくと，国，地方自治体ともに，政策や事業に関する評価導入の萌芽は1990年代の後半にあり，2000年になってから普及もしくは定着しだしたと言える。

　一方，この動きは，行政などのパブリックな分野におけるニュー・パブリック・マネージメント（New Public Management：新公共経営）の浸透とも関係している。ニュー・パブリック・マネージメントとは，1980年代の半ば以降，英国やニュージーランドなどを中心に行政実務の現場を通じて形成された革新的な行政運営理論である。企業経営の手法の長所をできるだけ行政に取り入れて，効率化を図ろうとするものであり，経営資源の使用に関する裁量を広げるかわりに，業績・成果で評価し，統制しようとする考え方を含んでいる（大住2001：10－11；片山2007：16－18）。

　我が国の博物館（5,690館：登録，相当，類似のすべての施設を含む。2015年度「社会教育調査」より）の約75％が，設置者が国（または独立行政法人），地方自治体であるので，当然のことながら先に説明した評

価導入の影響を受けていると言える。

（2）評価学におけるプログラムのとらえ方

評価の定義を説明する前に，プログラムを評価学ではどのようにとらえているかを説明する。なお，ここで言うプログラムとは，「何らかの問題解決や目標達成を目的に，人が中心となって行う実践的介入であり，政策，施策，事業，プロジェクトのように活動や支援を展開するもの」である。図9-1は，ある地域住民における喫煙者数を減らして，その地域の人々が，より健康的に暮らせるようにする目的で講習会を開催する場合の例である。通常のプログラムは，以下の5つの段階でとらえることができる。

「投入」（input）：禁煙のための講習会を開催する予算
「活動」（activity）：禁煙のための講習会を3回開催
「結果」（output）：3回の講習会に300人の喫煙者が受講
「直接的成果」（outcome）：講習の全受講者の半数が禁煙者になる。
「長期的・波及的に社会に及ぼす効果」（impact）：人びとが健康的に暮らす社会が実現する。その地域の医療費が減少する。

なお，このうち「投入」－「活動」－「結果」は，講習会の主催者がコントロールできる項目である。一方で，「直接的成果」－「長期的・

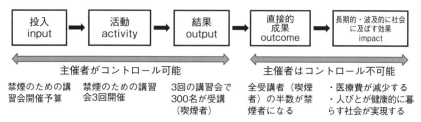

図9-1　プログラムの5つの段階

波及的に社会に及ぼす効果」は，受講者の考え方や行動に拠って現れるものであるため，主催者にはコントロールできない項目である。さらに，講習会だけで「成果」や「効果」が引き起こされるものではなく，例えば，タバコの値上げや禁煙場所の減少なども，同様の「成果」や「効果」を引き起こすことが考えられる。そのため，この講習会で生じた純粋な「成果」や「効果」を測定するのは難しいとされている。

（3）評価学における「評価」の定義

評価学の専門家である C. H. ワイスは「評価とは，プログラムや政策の改善に寄与するための手段として，明示的または黙示的な基準と比較しながらプログラムや政策の実施あるいはアウトカムを体系的に査定することである」と定義している（ワイス2014：5-8）。

ワイスは，この定義の中に5つの重要な要素があるとしている。①「体系的な査定」とは，評価手続きの研究的特性を示しており，量的，質的にかかわらず，社会科学研究の規範に従い行われることを指している。査定する対象として②「実施」と③「アウトカム」があると述べている。つまり，プログラムの実施プロセスと，実施によって生じた成果や効果の両方（ここでは「アウトカム」を広義にとらえている）に関するエビデンス（証拠・根拠）が査定対象であると言っている。④比較のための「基準」とは，実施プロセスとアウトカムに関するエビデンスを収集した後，そのエビデンスからのデータを期待値と照らし合わせて，プログラムの良さを査定するためのものである。なお，明示的な基準とは，数値による明確な到達基準を指し，黙示的な基準とは将来の方向性や望ましい状態を示した文言を意味する。最後の⑤「プログラムや政策の改善への寄与」とは評価実施の目的を記している。

この定義を博物館評価に読み替えてみると，

「博物館評価とは，評価対象である個別の事業や経営全体について改善に寄与するための手段として，数値による明確な到達基準や将来の方向性・望まし状態と比較しながら，博物館における個別の事業や中長期計画の実施あるいはアウトカム（成果・効果）を把握（事実特定）して，体系的に査定（価値判断）することである」と言える。

2. 博物館評価導入の現状と使命の重要性

(1) 博物館評価導入の現状

日本博物館協会が発行した『博物館評価制度等の構築に関する調査研究報告書』（2009）によると，表9-1のような結果が報告されている。

この報告書の中でいう「館主体の評価」の中には，評価者が当該博物館の職員が主である「自己評価」，評価者が当該博物館の外部の者が主である「外部評価」，さらに評価者が当該博物館の外部の者が主であり，さらに評価内容の決定についても外部者の関与の度合いがきわめて強い「第三者評価」が含まれる。一方，「設置者評価」とは，博物館の設置者である，例えば，独立行政法人の主務大臣，公立博物館の教育委員会や首長部局，公益法人立の博物館の理事会・評議員会などが主体となって実施する評価である。なお，この「設置者評価」は「行政評価」とも呼

表9-1　博物館評価の導入状況

N＝1,044

	国立	公立	私立	合計
館主体の評価	63.3	27.8	23.1	27.3
設置者評価	50.0	48.5	27.5	41.9
2つのいずれかを実施	70.0	60.0	38.3	53.4

出典：日本博物館協会（2009：4-5）のデータをもとに筆者が作成

ばれている。

　この表から，設置者が国である国立博物館では，「館主体の評価」は半分以上の館で実施されているが，公立・私立博物館では4分の1程度の館にとどまっていることが分かる。また，「設置者評価」は，国立・公立博物館で約半分，私立では4分の1程度となっている。この傾向は，「館主体の評価」または「設置者評価」のいずれかを実施している場合も同様であり，私立博物館の実施率が国立・公立に比べ低くなっていることが分かる。これは，先に紹介した評価導入の背景と深く関係していると考えられる。

　さらに，この報告書では，評価活動に関する意見や要望が整理されている。それによると，「評価の具体的な実例の紹介」，「評価導入に向けた研修やマニュアル，ガイドラインの提供」を求める声が圧倒的に多かった。つまり評価をまだ導入していない博物館が，導入に際してノウハウなどがなく困っている状況がうかがえる。一方，すでに導入している博物館からの意見と思われるものには，「指標の多くが数値目標に対する取り組みの評価になっているが，目に見えない（数値で表せない）効果が評価の対象になりにくい」，「博物館活動が及ぼす経済効果や，費用対効果などを測定する方法が分かれば，評価活動がより充実したものとなる」，「もっと活動内容等の中身を評価する方向にシフトすべきである」，「評価の解析や活用といった面では十分とは言いがたく，総論的な面，技術的な面など深めてほしい」といった，多くの博物館が用いている評価スタイルへの懐疑的な意見やデータ解析や活用の仕方など改善の指摘があった。

（2）条例に書かれている設置目的と博物館の使命

　公立博物館を設置する際，博物館法第18条に記されているように「公

立博物館の設置に関する事項は，当該博物館を設置する地方公共団体の条例で定めなければならない」とされている。例えば，静岡県立美術館の設置などに関する条例では，第1条（趣旨）「この条例は，静岡県立美術館の設置，管理及び使用料に関し必要な事項を定めるものとする。」とあり，第2条（設置）では，その設置目的を「美術の振興を図り，もって県民の文化の発展に寄与するため，静岡県立美術館（以下「美術館」という。）を静岡市に設置する。」と記している（静岡県立美術館2017：102-103）。これ以外の条例の内容は表9-2のとおりである。博物館設置に関する条例は，都道府県や市町村によって多少内容や項目が異なるものの，ここに示した例とおおむね同じである。条例は，いわば博物館経営に必要な決め事である，設置の目的，観覧・使用料金・減免，使用の承認基準，組織などについて明示した文書である。

この美術館は，「美術の振興を図り，もって県民の文化の発展に寄与する」ことを目的としてつくられたことが分かる。しかし，この設置目的を読む限りでは，「手段」（美術の振興）

表9-2　静岡県立美術館設置のための条例の項目

第1条	条例の趣旨
第2条	美術館の設置目的
第3条	観覧料（別表で定める）
第4条	特別観覧（学術研究目的など）
第5条	特別観覧料（別表で定める）
第6条	使用の承認（県民ギャラリー・講堂）
第7条	使用の不承認の基準
第8条	使用の承認の取消し等の基準
第9条	使用料（別表で定める）
第10条	観覧料・特別観覧料・使用料の減免
第11条	観覧料等の不還付
第12条	美術館の職員
第13条	博物館法に基づく協議会の設置 協議会の委員の任命の基準
第14条	協議会の委員（人数・任期）
第15条	委任（施行に必要な事項の定め方）

と目指すべき「状態」（県民の文化の発展に寄与）は，具体的にどのような手段を指し，どのような状態をもって文化の発展というのかまでは説明されていない。さらに，「手段」から目指すべき「状態」へつなげるための考え方や過程に関しても言及されていない。

しかし一方で，先に述べたように，評価とは「明示的または黙示的な基準と比較しながらプログラムや政策の実施あるいはアウトカムを体系的に査定すること」である。つまり，数値による明確な到達基準（明示的な基準）や将来の方向性や望ましい状態を示した文言（黙示的な基準）が存在することが評価を実施する際の前提となるが，条例の設置目的の内容だけでは，これらの基準になり得ないことが分かる。

では，博物館界では，この差をどのように解消してきたのであろうか。その大きな役割を果たした一つが，日本博物館協会が2003年に刊行した『博物館の望ましい姿—市民とともに創る新時代博物館—』とそれに続く活動であったと考える。『博物館の望ましい姿』では，新しい時代の博物館活動には，「社会的な使命を明確に示し，人々に開かれた運営を行う」（マネージメント），「社会から託された資料を探求し，次世代に伝える」（コレクション），「知的な刺激や楽しみを人々と分かちあい，新しい価値を創造する」（コミュニケーション）の３つの基本的活動が必要であるとした上で，①使命と計画，②資料の収集と保管・活用，③調査・研究，④展示・教育普及，⑤施設の整備・管理，⑥情報の発信と公開，⑦市民参画，⑧組織・人員，⑨財務・社会的支援の９つの取り組みを掲げ，３つの基本的活動の実現に向け，これらの取り組みを構成することが必要であるとした。

さらに同協会では，この取り組みを支援するために2004年に『使命・計画作成の手引き』を刊行した。この手引きでは，①使命書と中長期計画の必要性と作成の意義，②作成の前提となる自己点検，自館を取り巻

く現状分析，社会が博物館に求めるものを知ることの必要性，③実際の作成手順や自己点検アンケート，自己点検ワークショップの活用法，④中長期計画の点検と使命書の更新，が説明されている。先の9つの取り組みが，ここでの作業の前提となる自己点検項目として用いられている。

つまり，評価に必要な数値による明確な到達基準（明示的な基準）や将来の方向性や望まし状態を示した文言（黙示的な基準）は，条例に書かれている設置目的だけでは不十分であり，日本博物館協会が推奨しているように使命（書）や中長期計画を作成することが，評価を進める際の大前提ということができる。なお，先に事例をして紹介した静岡県立美術館では，2003年7月に外部メンバーからなる静岡県立美術館評価委員会を立ち上げ，美術館スタッフをその中のワーキングチームメンバーとして，同館の使命の構築・目標策定，業務の改善を約1年半掛けて検討した。その結果は，2005年3月に発表された静岡県立美術館評価委員会「提言書」（静岡県立美術館評価委員会2005）に記されている。

高井（2012：9）は，日本博物館協会『博物館評価制度等の構築に関する調査研究報告書』（2009）から，使命の策定が75％強であるにもかかわらず，「館主体の評価」の実施となると27.3％と減少することを指摘し，その原因として，使命と評価の間に位置すべき中長期計画の欠如があると指摘している。

3．使命に基づく博物館評価―「業績測定型」評価の事例―

ここでは，使命，中長期計画，評価の関係を見るために，日本の公立博物館で最もよく使われている「業績測定型」評価を2015年度から採用した，三重県総合博物館（通称 MieMu（みえむ））における評価事例を

紹介する。なお，「業績測定型」評価とは，博物館の使命から重点的な活動目標を抽出し，その目標への達成度を測定するために，代表となる複数の指標を設定し，その指標に関する数値をリサーチし，各指標の目標値にどの程度到達したかで査定するタイプの評価手法である。

（1） MieMu の使命

三重県総合博物館は，その前身が三重県立博物館である。博物館の老朽化から，1986年に新しい博物館構想の検討が始まったが，2011年4月に新知事が当選すると「あらゆる事業が見直し対象である」と表明し，同館の計画も再検討の対象となった。知事側と博物館側との折衝の末，同年6月に，より魅力的で県民に親しまれる博物館づくりのために必要な方向性と項目（印刷教材の第2章3．（1）参照）が知事から示された（三重県総合博物館2016：11-12）。新博物館はそれらを今後の取り組みに反映させていくことを条件に，建設計画を継続することが認められ，2014年4月に三重県総合博物館が開館した。

MieMu が掲げている使命は，「1．三重の自然と歴史・文化に関する資産を保全・継承し，次代へ活かす」，「2．学びと交流を通じて人づくりに貢献する」，「3．地域への愛着と誇りを育み，地域づくりに貢献する」である。3つの使命が向かうところは，「地域文化の発展と新たな地域創造」，「子どもたちや県民・利用者の皆さん一人ひとりの成長につなげる」，「各々の関心や生活課題の解決や，新たな地域づくりに取り組むきっかけを提供する」とされており，「人づくり」と「まちづくり」重視の姿勢が見て取れる。

（2） MieMu の評価制度

この館では開館の2年前（2012年）から，評価制度設計のためのワー

キンググループ（WG）を作り，議論した。WGは，学芸員3名と事務職員1名の館職員4名，筆者を含め他館の学芸員など外部者4名の計8名で構成された。このWGでは，評価システムの設計を始める前に，前身であった三重県立博物館の活動，および新しい博物館建設に関するこれまでの経緯を基に，新しい博物館が持つ「強み」・「弱み」はなにか，また博物館が置かれている社会的環境の中で成長・発展の「機会」となる要素，反対に「脅威」となる要素はなにかを議論し，現状分析を行った。さらに，前述したように新しい博物館は使命が非常に明確であるが，その使命を達成していく際に博物館として目指すべき社会の姿（ビジョン）はどんなものかをWGメンバーで検討し，以下のように設定した（後半部分のみ記載）。ここまでの作業に約1年を要した。

「三重県総合博物館は，このような三重の多様で豊かな自然と歴史・文化について，県民・利用者の皆さんとともに総合力を発揮して探究し，保全・継承し，広くその意義を伝えます。このことにより，三重の特徴と素晴らしさに気づき，多様な価値観のもとで，誇りをもって地域をより良くしようとする人々が集う活気ある社会の形成を目指します。」

後半の1年間では，評価制度を策定するにあたり，先に述べた業績測定型評価を採用することとし，ビジョン実現に向けて戦略を6つ設定した。ただし，ビジョン実現のための重要な戦略はほかにもたくさん挙がったが，新しい博物館として開館する初めの3年間にこそ，採用し進めるべき以下の6つの戦略に絞り込んだ（三重県総合博物館2016：120-122）。これが中長期計画に該当する。

　戦略目標1：新たな利用者のすそ野が広がり，何度も利用してもらえるために，事業内容を充実させます。

　戦略目標2：博物館の存在が広く伝わるために，開館の利点を活かし

て積極的な広報を展開します。

戦略目標3:「ともに考え,活動し,成長する博物館」にするために,博物館の活動と経営への県民・利用者の参画を促進します。

戦略目標4:博物館活動の基盤となる資料の劣化を防ぎ,将来活用できるようにするために,収蔵資料及び地域の文化財等の保存・保全に注力します。

戦略目標5:地域にある資料の学術的価値づけとその意義を伝えるために,地域づくりに貢献できるような(館が決めた特定の地域の)総合的な研究に対象を絞って集中的に取り組みます。

戦略目標6:経営資源を効果的に配分するために,評価制度を活用して事業を選択します。

　そして,各戦略を達成するための戦術をその下に設定し,各戦略と各戦術を評価するための指標を決めた。完成した業績測定型の評価制度は同館ホームページ上で公表されている『年報』に掲載されている。なお,MieMu では評価を進める体制として,毎年4月に事業担当者が指標のデータから事実確認をして前年度事業に関する自己点検評価を行う。次に,5月に内部評価として,各課長からなる内部評価委員会を開催し,自己点検評価結果が妥当かどうかを審査して内部評価を決定する。さらに6月に外部評価として,博物館協議会評価部会が内部評価結果の妥当性を審査して外部評価を決定する。その後,同協議会に報告して,最終的な評価が確定する。

4. 多様な評価手法と今後の課題

(1) 多様な評価手法

　この章の1.(2)で,評価学におけるプログラムのとらえ方を図

9-1で示した。では，MieMuで採用している評価手法（業績測定型評価）は，図9-1の中のどの部分を測定して評価しているのだろうか。図9-2は，評価学で通常用いられている，業績測定型評価を含めた7つの手法が，プログラムの進行の中でどの部分を評価しているのかを示している。

①業績測定型評価：先述したように，博物館の使命から重点的な活動目標を抽出し，その目標への達成度を測定するために代表となる複数の指標を設定し，その指標に関する数値をリサーチし，各指標の目標値にどの程度到達したかで査定する手法である。「結果」および「成果」を評価対象としている。ただし，多くの博物館では，「結果」（output）が評価対象の中心となっている。

これ以外の評価手法として，以下の6つがある。

②ニーズ評価：実施しようとしているプログラムで期待する「成果」

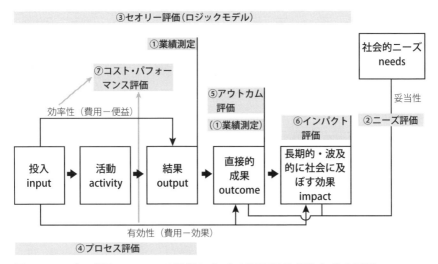

図9-2　プログラムの5つの段階における評価対象部分とその手法

「効果」を受益者やその社会が必要としているかどうかを評価する。そもそもニーズのないプログラムを実施することほど，無駄なことはないという考えがその根底にある。したがって，無駄なプログラムに対して評価をすることも無駄な行為ということになるので，この評価は最初に行われるべき重要なものである。

③セオリー評価：この評価の成果品は「ロジックモデル」であり，「投入」－「活動」－「結果」－「成果」－「効果」がどのような因果関係で結ばれているかの道筋を示したものである。実施している活動で，目的としている「成果」－「効果」を本当に期待できるのか。その「成果」－「効果」を得るために，もっと効果的な「活動」はないのかなどを，プログラム立案時や見直し時に検討する際に有効な評価である。

④プロセス評価：プログラムの実施過程が，当初の計画・デザインどおりに実施されているか，また想定された質や量のサービスを提供できているかを確認する評価である。当初の計画・デザインと実際の実施との差を明示し，その差を解消するための改善ポイントを提言する。

⑤アウトカム評価：プログラムによって影響を受けた受益者に起こる変化を評価する。例えば，プログラム後の行動の変化，意識・意欲の変化，興味・関心の変化，スキルの変化などが評価の対象となる。

⑥インパクト評価：プログラムを利用した人々の変化によって，その社会がどのように改善されたのか，社会状況がどのように変化したのかを評価する。ただし，そのインパクトが，当該プログラムによるものなのか，それとも外部要因によるものなのか切り分けるのが難しい。

⑦コスト・パフォーマンス評価：「投入」と「結果」との比率である効率性を見る「費用－便益分析」，「投入」と「成果」「効果」との比率である有効性を見る「費用－効果分析」から成り立っている評価である。

　（以上の評価手法に関しては，安田2011；龍・佐々木2010を参照）
　つまり，数多くある評価手法のうち，業績測定型評価はその中の一つであり，しかも評価対象としている部分が，プログラムの5つの段階のうち，主に「結果」にかかわる評価手法であることが分かる。
　なお，ここでは評価学で用いられている手法だけを紹介したが，例えば，経済学では，その便益が失われる状況を仮想的なシナリオとして提示し，便益の維持あるいは回復のための支払意志額をアンケートで調査し，自然環境や街の景観などにおける価値のように，市場で取り引きされない財（効果）の価値を計測する仮想評価法（CVM：Contingent Valuation method）がある。また，社会的活動を行うNPOなどの成果に対して，アウトカムレベルで金銭価値換算を行って，業績を数量化して測定する社会的投資収益（SROI：Social Return on Investment）分析も近年普及しつつある。評価学以外の分野における評価手法にも注目する必要がある。

（2）評価目的の明確化と評価手法の選択
　博物館で用いられている評価手法は業績測定型評価が主流であるが，評価手法は実はもっと多様であることが分かった。では，どの評価手法をどのように選択（または組み合わせ）したらよいのであろうか。
　どの評価手法を選択するかは，何のために評価をするかという「評価目的」によって異なる。この章の1．（3）で，評価は「プログラムや政策の改善に寄与するための手段」であると述べたが，ここで言う改善

をもっと深く考察してみると，大きく次の3つになる。

　1つめは，プログラム自体を改善したり，提供するサービスの質的向上をしたりするための評価である。この評価目的は，直接的な「プログラムや政策の改善」である。

　2つめは，アカウンタビリティ（説明責任）のための評価である。プログラムの経済的支援を行った資金提供者や団体，または政策による変化を受ける納税者などに対して，その資金が計画どおりに有効に使用されたかどうかを説明するものである。

　3つめは，社会変革や社会正義の実現のための評価である。どの程度このプログラムは社会的価値があるのかを成果，効果を中心に見ていく評価である。

　では，この3つの評価目的を達成するために，4．（1）で紹介したどの評価手法が有効なのであろうか。

　「プログラム自体の改善」のための評価では，当然のことながら，プログラムの実施過程が，当初の計画どおりに実施されているか，また想定された質や量のサービスを提供できているかを確認する必要がある。それらがうまく行われていないならば，課題を解消するための改善活動が必要になるので，プロセス評価が有効である。また，「投入」-「活動」-「結果」-「成果」-「効果」がどのような因果関係で結ばれているかの道筋をあらためて確認し，想定された目的である「成果」-「効果」を期待できる効果的な活動をしているかどうか評価する必要もあるので，セオリー評価が適する。

　「アカウンタビリティ（説明責任）」のための評価では，公立博物館では資金提供者である市民・地域住民に対して，税金を使ったことでどれだけの「結果」や「成果」，「効果」が現れたかを示す必要がある。現在多く用いられている手法である業績測定型評価をはじめとして，アウ

トカム評価やインパクト評価，投入した経費の効率性・有効性を見るコスト・パフォーマンス評価が有効である。さらに，個別の博物館事業がそもそも地域のニーズに合致していることを説明するためには，ニーズ評価も必要となる。

「社会変革や社会正義の実現」のための評価であれば，セオリー評価とインパクト評価を用いて，長期的に社会にどのような影響や変化をもたらしたかを示す必要がある。

つまり，博物館の個別の事業や経営に対して評価を実施するときには，まずは何のために評価をするのかという「評価目的」を明確にして，それにふさわしい評価手法を1つまたは複数選択することが重要である。我が国の博物館では現在，業績測定型評価が主流である。しかしながら，この評価手法が向いている評価目的はアカウンタビリティ（説明責任）である。すべての博物館がアカウンタビリティだけのために評価を実施しているとは考えにくいので，現状は必ずしも好ましい状況とは言えないと考える。このことが，この章の2.（1）で紹介した評価活動に関する意見や要望の中で，「多くの博物館が用いている評価スタイルへの懐疑的な意見」として現れていると考える。

参考文献

大住荘四郎「ニュー・パブリック・マネジメント理論とは？」『行政経営の基礎知識50』東京法令出版，pp. 2 - 3，2001.
静岡県立美術館『平成28年度　静岡県立美術館年報』2017.
静岡県立美術館評価委員会「提言書」2005　http：//www.spmoa.shizuoka.shizuoka.jp/pdf/evaluation_committee/teigen_1.pdf
高井健司「評価をめぐる取組みの経過と現状の課題」『博物館研究』47(12)，pp. 6 - 923，2010.

日本博物館協会『博物館の望ましい基準―市民とともに創る新時代博物館―』2003.
日本博物館協会『使命・計画作成の手引き』2004.
日本博物館協会『博物館評価制度等の構築に関する調査研究報告書』2009.
古川俊一「自治体評価」『評価論を学ぶ人のために』世界思想社，pp.134-150，2008.
三重県総合博物館『三重県総合博物館年報（平成26年度）』(1)，2016．http://www.bunka.pref.mie.lg.jp/MieMu/
源由理子『参加型評価――改善と変革のための評価の実践』晃洋書房，2016.
三好皓一「評価とは何か」『評価論を学ぶ人のために』世界思想社，pp.4-22，2008.
安田節之『プログラム評価』新曜社，2011.
龍慶昭・佐々木亮『「政策評価」の理論と技法』（増補改訂版）多賀出版，2010.
ワイス，C.H.『入門評価学　政策・プログラム研究の方法』（佐々木亮監修）日本評論社，2014.

10 | 博物館における連携①：他館・他機関・学協会

亀井 修

《目標＆ポイント》 博物館と他館・他機関・学協会といった組織間の連携について説明する。連携は同じ目的を持つ者が物事を一緒に行うことである。各者のメリットを最大化する行動が一致しないことや「連携疲れ」や「連携の目的は連携」といった言葉を耳にすることもある。使える資源が限られるときは，効果が明確でない連携は行ってはならない。
《キーワード》 連携，連携組織，戦略的―方法（戦術）的，分野的―総合的

1. 博物館の連携

（1）連携の種類

　組織は，1つで完結して機能することが原則である。その組織のミッションに基づき個別の目的を実現するための効果的・効率的な運営を行い，所定の成果を積重ねていくことが基本となる。現代の博物館が使うことができる資源は限られている。その一方で社会の期待は質量ともに高度化し増大している。これに対応できない場合，組織の評価が低下するだけでなく，存在意義すら問われかねない。資源不足を外部から補い，あわよくばシナジー効果を求めるのが連携の発想の背景にある。それぞれの関心事への適切な対応の交換，あるいはその可能性によって連携は成立する。

　博物館組織を通じた連携を説明するにあたり，図10-1に筆者が関係する主な博物館関係組織の特徴を位置づけた。図は3つの軸で8つの象

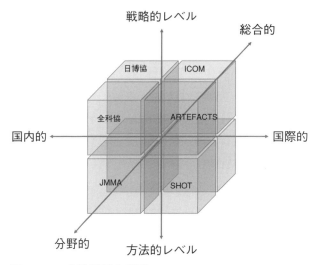

図10-1　連携組織の特徴

限に分けられている。縦軸は戦略的レベル⇔方法的レベル，横軸は国内的⇔国際的，奥行き方向軸は分野的⇔総合的の度合いを表している。

　図中に書かれている具体的な組織は，ICOM＝International Council of Museums 国際博物館会議，日博協＝公益財団法人日本博物館協会，全科協＝全国科学博物館協議会，ARTEFACTS＝Artefacts meeting 国立科学史技術史系博物館職員の会合，SHOT＝Society for the History of Technology 技術史学会，JMMA＝Japan Museum Management Academy 日本ミュージアム・マネージメント学会である。

　博物館ごとの個別の組織間による連携も同様であるが，連携することが目的ではなく，それぞれの組織が持つ使命や目的をどのように効率的に実現していくかの観点から，連携は計画・実施・評価される必要がある。応分の資源が確保できない場合は，効果が明確でない連携は行ってはならない。

(2) 博物館の機能と連携

　博物館の機能について，1980年代以降広く用いられている考え方は，資料の収集／保管，調査／研究，展示／教育である。博物館機能の移り変わりを示したのが，図10-2左側の部分である。図の右側の根拠に基づく「視点の拡大」とそれぞれの「正当性の拡大」は，近代博物館の始まり当初から現在まで続く世界の有力館に共通する機能である。

　博物館の連携はこれらの機能を効果的・効率的に実現するための手段の一つとして行われる。「視点の拡大」からは，展示や教育そのための調査研究，資料収集，あるいはこれらの博物館活動にかかわる人々の理解増進などが考えられる。「正当性の共有」からは，「正当」とするものが同じであることの確認だけでなく，「正当」とするものが異なっていたり複数存在したりすることについての理解の共有，それぞれの見解のすり合わせ，あるいは違いの継続的な相互提示などが考えられる。国際連携ではそれぞれに異なる「正当性」が存在していることを相互に理解

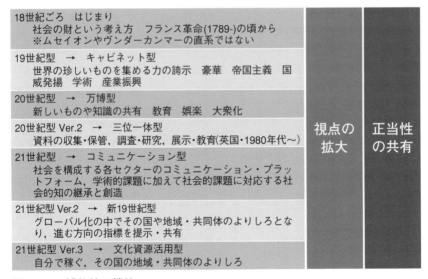

図10-2　博物館の機能
　亀井（2013）をもとに作成

しておくことが必要不可欠である。また，国際化が進む状況では，日本のような性善説に立つ考え方だけでなく性悪説に立つ発想がより広く用いられていることを理解することは業務の円滑な進行の助けとなる。連携時に交わす覚書やMOUは，法令や各館の規定と同じようにそれらの活動の根拠となる。

2．戦略レベルを主とする連携

（1） 国際博物館会議（ICOM（アイコム））

　このレベルの連携の筆頭は博物館の国際会議ICOM[1]（International Council of Museums，国際博物館会議）である。ICOMは1946年に設立された博物館および博物館の専門家による世界の自然・文化遺産の保全・維持活動，社会とのコミュニケーション活動などの支援を目的とする国際的な博物館の非政府公益団体（NGO）である。

　国際会議は各国や各学術分野の関心や方針を受けた条約やルール，振興策の制定に向けた活発なロビー活動が行われる政治の場となる。国際会議の特徴として次のような項目が挙げられる。
- 学術やissue（題目）を通じたその背景となる事象の調整の場
- それぞれの国や地域の立場や視点は異なることが前提
- 学術・博物館・博物館組織・国としてアクセントをおくところが違う
- 西欧の価値観に添ったものは受け入れられやすい
- 各国や地域の関心事，国益（National interest）の理解が必要

1）国内では「イコム」読みと，「アイコム」読みが混在していたが，読みを国際会議での「アイコム」としていく流れにある。このことは2017年の日本委員会でも確認された。

・相手を助けないとこちらを助けてもらえない，相手を助けても自分を助けてもらえない場合もある
・国力関係の裏付けのない主張は通らない
・条約や政策に影響力を持つ……うまく使えば

　図10-3にICOMの組織を示した。事務局（Secretariat）と執行委員会（Executive Council）は組織の意思決定の中心的な役割を果たす。総会（General Assembly）は組織内最高議決機関である。諮問委員会（Advisory Committee）には115ある各国国内員会や30ある国際委員会等の長から構成される。

　30あるそれぞれの国際委員会は博物館や遺跡，より一般的課題の世界的シンクタンクである。専門性をもった博物館の専門家の集まりである国際委員会の議長は国際委員会の代表として諮問委員会にも参画する。国際委員会は博物館の専門家の基準の定義，科学的情報の共有，他の組織とのパートナーシップの確立，ICOM会員のための勧告の作成などをする。30の国際委員会と115の国家委員会[2]とで全世界の多様な博物館の

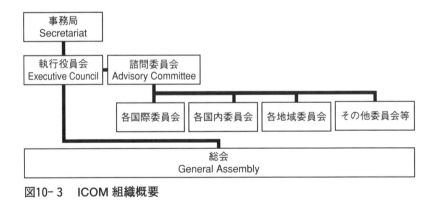

図10-3　ICOM組織概要

2）「（各国の）国内委員会」とも訳される。2017年時点で約300人の会員をもつICOM日本委員会の事務局は公益財団法人日本博物館協会（日博協）が行っている。

専門的課題に対応している。表10−1に国際委員会の一覧を示す。

表10-1　ICOMの国際委員会（ICOM's international committees）

1	AVICOM	オーディオビジュアル及び映像・音響新技術国際委員会	ICOM International Committee for Audiovisual, New Technologies and Social Media
2	CAMOC	都市博物館のコレクション・活動国際委員会	International Committee for the Collections and Activities of Museums of Cities
3	CECA	教育・文化活動国際委員会	International Committee for Education and Cultural Action
4	CIDOC	ドキュメンテーション国際委員会	International Committee for Documentation
5	CIMCIMI	楽器の博物館・コレクション国際委員会	International Committee for Museums and Collections of Instruments and Music
6	CIMUSET	科学技術の博物館・コレクション国際委員会	International Committee for Museums and Collections of Science and Technology
7	CIPEG	エジプト学国際委員会	International Committee for Egyptology
8	COMCOL	コレクティング国際委員会	International Committee for Collecting
9	COSTUME	衣装の博物館・コレクション国際委員会	International Committee for Museums and Collections of Costume
10	DEMHIST	歴史的建築物の博物館国際委員会	International Committee for Historic House Museums
11	GLASS	ガラスの博物館・コレクション国際委員会	International Committee for Museums and Collections of Glass
12	ICAMT	建築・博物館技術国際委員会	International Committee for Architecture and Museum Techniques
13	ICDAD	装飾美術・デザインの博物館・コレクション国際委員会	International Committee for Museums and Collections of Decorative Arts and Design
14	ICEE	展示・交流国際委員会	International Committee for Exhibition Exchange

15	ICFA	美術の博物館・コレクション国際委員会	International Committee for Museums and Collections of Fine Arts
16	ICLCM	文学の博物館国際委員会	International Committee for Literary and Composers' Museums
17	ICMAH	考古学・歴史の博物館・コレクションの国際委員会	International Committee for Museums and Collections of Archaeology and History
18	ICME	民族学の博物館・コレクション国際委員会	International Committee for Museums and Collections of Ethnography
19	ICMEMO	公共に対する犯罪犠牲者追悼のための記念博物館国際委員会	International Committee of Memorial Museums in Remembrance of the Victims of Public Crimes
20	ICMS	博物館セキュリティ国際委員会	International Committee for Museum Security
21	ICOFOM	博物館学国際委員会	International Committee for Museology
22	ICOM-CC	保存国際委員会	Committee for Conservation
23	ICOMAM	武器・軍事史博物館国際委員会	International Committee for Museums and Collections of Arms and Military History
24	ICOMON	貨幣博物館国際委員会	International Committee for Money and Banking Museums
25	ICR	地方博物館国際委員会	International Committee for Regional Museums
26	ICTOP	人材育成国際委員会	International Committee for the Training of Personnel
27	INTERCOM	マネージメント国際委員会	International Committee for Museum Management
28	MPR	マーケティング・交流国際委員会	International Committee for Marketing and Public Relations
29	NATHIST	自然史の博物館・コレクション国際委員会	International Committee for Museums and Collections of Natural History
30	UMAC	大学博物館・コレクション国際委員会	International Committee for University Museums and Collections

ICOMの本部はパリにあり，法的にはフランスの一般法人の扱いとなる。世界140の国や地域に37,000を超える会員，英語・フランス語・スペイン語の3つの公用語をもつ。博物館の専門家の間の協力・交流の促進，知識の分配，人材教育，専門水準の向上，専門倫理の精緻化と促進，文化財の密売への対応など，博物館の専門的必要に応える活動を行っている。UNESCOとの協力，国連経済社会理事会・UN-ECOSOCの諮問機関としての役割もある。武力紛争・自然災害を対象とする文化財保護の非政府組織ブルーシールド国際委員会（ICBS）の創設メンバー，博物館倫理問題対応の推進，政策提言やロビー活動などで国際的な影響力を発揮している。

3年に1度の大会（General Conference）は，2013年リオデジャネイロ，2016年ミラノで開催された。2019年は京都で9月1日～7日に"Museums as Cultural Hubs; The Future of Tradition（文化をつなぐミュージアム―伝統を未来へ）"をテーマに開催される[3]。図10-4は2013

図10-4　ICOM大会の総会の様子

3) ICOM日本委員会ホームページ：https://www.j-muse.or.jp/icom/ja/index.php

年大会の総会の様子である（約4,000人が出席）。
　◆ホームページ：http://icom.museum/

（2）日本博物館協会（日博協）

　公益財団法人日本博物館協会（略称：「日博協」）は，青少年及び成人に対する社会教育の進展を図るため，博物館の振興のための調査及び研究開発並びに指導及び援助を行い，もって我が国の文化の発展に寄与することを目的としている。
そのために，
- 博物館における生涯教育の振興に関する調査研究，情報の提供，指導，助成及び援助
- 青少年及び成人の，博物館における学習効果の向上を図るための調査及び研究開発
- 博物館資料の収集，製作，貸与及び斡旋
- 博物館に関する知識の普及及び啓発のための援助及び出版物の刊行
- 博物館に関する国際交流の促進
- その他この法人の目的達成に必要な事業

を行うとしている。なお，ここでの博物館という言葉には，博物館の事業に類似する事業も含まれている。毎年，博物館大会，研修会，全国博物館長会議，調査研究，博物館整備事業，博物館総合保険，国際博物館の日，「博物館研究」発行等を実施している。2011年東日本大震災への対応，経営再建企業の博物館に対する支援，学芸員養成や博物館に関係する政策提言などを行う，我が国の中核的な博物館団体である。
　◆ホームページ：https://www.j-muse.or.jp/

(3) ＡＡＭ

米国博物館協会（AAM, American Alliance of Museums，旧名・American Association of Museums）[4]は米国の博物館の「日博協」ともいえる非営利組織である。館長・役員・キュレーター・レジストラ・教育者・展示デザイナー・広報担当者・開発責任者・セキュリティ管理者・管理委員・ボランティアなどの博物館での職業の全域をカバーする25,000人を超える個人，芸術・歴史・科学・軍事・海洋・若者・私立・公共・水族館・動物園・植物園・植物園・史跡・科学技術センターなどすべての館種を含む4,000以上の機関[5]，150の法人の会員を持つ。米国の博物館の標準やベストプラクティスを示すとともに，人間の経験や成果・過去・現在・未来を結び，課題や知識の共有，博物館としての意見を表明し，博物館が米国の景観の重要な部分であり続けることを保証するための活動を1906年創設以来行ってきた。2017年の「Museum at 2040」では，未来から見た現在の博物館への提言を示している。

◆ホームページ：http://www.aam-us.org/

(4) ARTEFACTS

国際学会でも分野によっては国際会議と同様に，各国や各学術分野の関心や方針を受けた条約やルール制定に向けた活発なロビー活動が行われる政治の場となる場合も多い。

ARTEFACTSは技術史と科学史分野の国立の博物館の集まりである。インビテーションにより参加することができる。同じ技術史の国際

---

[4] American Association of Museums Is Now the American Alliance of Museums,（Sept. 5, 2012）
[5] 2014年現在，米国には35,000以上の博物館や図書館等のサービスを提供する機関が存在する。

学会であるSHOT（Society for the History of Technology）と補完関係にあり，SHOTが分野ごとに各技術分野の技術史の研究を共有する活動を主にするのに対して，ARTEFACTSは各国の技術史観や科学史観あるいは展示や研究方針などのすりあわせをじっくりと行う場となっている。

　◆ホームページ：http://www.artefactsconsortium.org/Index.htm

3．方法（戦術）レベルを主とする連携

（1）館種別の連携組織

　「戦略の失敗は戦術（方法）で補えない」という言葉がある。現実の博物館界においては，同じ事象でも状況によって戦略的レベルの意味を持つ場合もあるし，戦術的レベルの問題となる場合もある。生産性の向上や働き方改革が求められる今日では，目標達成につながらない努力は「努力のための努力」に過ぎず評価の対象とならない。方法の研究や実装，改善は重要である。方法は戦略に基づいて実施され，実現すべき目標によって価値を発揮する。連携はそのための方法の一つである。博物館では美術館や動物園など方向を同じくする館種別での組織を持つ場合がある。それぞれの館は複数の連携組織に所属している場合がある。

（2）全国科学博物館協議会（全科協）

　全科協は，日本の博物館界全体の方向性を決めるような戦略レベルの問題から個別の学芸員が抱える方法レベルの問題まで幅広く対応している。総合博物館を含む自然史および理工系の科学博物館，科学館，動物園，水族館，植物園，プラネタリウム等約230組織会員の事業の振興と相互連絡と協調に寄与することを目的とした組織である。企業等約20社

が維持会員として参画している。1967年結成。各年の主な事業は，6月と2月の総会・理事会，2月の研究発表大会，研修事業，11月頃の国立科学博物館と共催の学芸員専門研修アドバンストコース，海外先進施設調査，1月頃の海外科学系博物館視察研修，奇数月発行の「全科協ニュース」，随時のwebでの掲出がある。このほか，加盟館園の事業について積極的に共催・後援等を行うとともに，特別展や企画展等に際する資料の貸借，科学系博物館ネットワークシステム開発事業等の加盟館相互の連携協力，行政説明等の機会をとらえた情報交換等を推進している。

　◆ホームページ：http://jcsm.jp/

（3）SHOT（ショット）

　SHOT（Society for the History of Technology）は技術史と科学史分野の各専門分野の研究者の国際学会である。

　ARTEFACTSと補完関係にある。ARTEFACTSが各国の技術史観や科学史観あるいは展示や研究方針などのすりあわせを少人数で時間をかけてじっくりと行う場であるのに対して，SHOTは分野ごとに分科会を立てて各技術分野の技術史の研究を共有する活動を主としている。

　◆ホームページ：https://www.historyoftechnology.org/

（4）博物館の学会

　学術研究の向上を図ることを主たる目的とし，研究者によって自主的に運営されており，なおかつ規定人数以上の構成員規模を有するなどの一定の要件を満たして，日本学術会議から指定を受けた学術研究団体である日本学術会議協力学術研究団体とされている国内の博物館の学会には，全日本博物館学会，日本展示学会，日本ミュージアム・マネージメ

ント学会などがある。

　ここでは日本ミュージアム・マネージメント学会（JMMA, Japan Museum Management Academy）を取り上げる。JMMAでの「ミュージアム」は，博物館，美術館，水族館，動物園，プラネタリウムなどを含む広い範囲の言葉として用いられている。JMMAはミュージアムの「マネージメント」に関する研究及び情報交流等を行っている。マネージメントも，単なる経営だけではなく，制度・政策論や国際比較，マーケティング，教育などを含む広い意味を表わしている。研究や情報の共有を通じて，国内外のミュージアムの発展，学術振興，これらによる国民生活の向上に寄与することを目的としている。

　主な事業として，
・年1回の大会の開催
・会報，その他の刊行物の発行および資料の紹介
・研究会，講演会，見学会等の開催
・内外の関連学会等との情報交換，連携
・優秀な調査研究に対する学会賞の授与
・その他，本学会の目的達成に必要な事業

等を行っている。博物館における研究に加えて，大学や関係企業，場合によっては行政との連携や調整自体も重要な研究課題としている。

　JMMAなどのように博物館そのものを科学的な研究対象にする学会以外に，各学術領域の学会も博物館の活動と連携している。学会との連携は学会の大会の開催場所を提供する程度の連携から，日常の博物館職員の研究活動がその学問領域と密接に関連し相方にとって欠かせない関係にある連携まで，幅広い形がある。

　自然科学領域では多くの場合，連携相手は国内だけでなく，複数の国や地域にわたることが普通である。各国の職員同士が日常から「顔が見

える関係」にあることは，博物館においてだけでなく無用な国際間の摩擦や衝突を防ぐためにも重要である．

◆ホームページ：http://www.jmma-net.org/

　連携は各組織の目標に対してより高い成果を得るために行われなければならない．連携では，マトリックス組織の問題点，複数組織を連携させるオーバーヘッド等により経営資源が通常より多く消費されることなどが，より強く表面化してくる．目標の達成のためには，各組織の目標を認識するともに，その連携の特性（強み／弱み）を把握する必要がある．繰り返しになるが，資源が確保できないときや効果が明確でない連携は行ってはならない．

参考文献

Eric Dorfman, et al., *The Future of Natural History Museums (ICOM Advances in Museum Research)*, Routledge, 2017.

AAM, *Museum 2040：A Museum magazine special edition*, American Alliance of Museums, 2017

池田信夫「希望を捨てる勇気」，ダイヤモンド社，2009．

日本ミュージアム・マネジメント学会事典編集委員会編「ミュージアム・マネージメント学事典」，学文社，2015．

11 | 博物館における連携②：市民・地域社会

平井　宏典

《目標＆ポイント》　博物館における連携は，博物館の提供する多様な価値をより広げ，効果的にするものとして重要な位置付けにある。本章は，博物館における連携の基本となる地域社会，特に市民を中心として，ステークホルダー，ネットワーク，共創戦略などの経営学の所論から，連携の意義・相手・方法論について解説する。
《キーワード》　ステークホルダー，戦略的提携，ネットワーク，共創戦略

1. 博物館経営における地域連携の必要性

博物館において地域連携は古くて新しい経営課題の一つであるといえる。まず，連携は，どのように議論されてきたのか，博物館界としてどのように連携をとらえているのかを概観した上で，経営学の観点から，なぜ博物館連携が現代的な経営課題として取り上げられるのかを解説していく。

（1）地域連携はどのように議論されてきたか

今日の博物館研究では，博物館の活動を博物館単体の活動としてとらえるのではなく，広く地域の中で博物館はどのような役割を果たすのかという課題が論じられている。1990年代，伊藤は，「市民の参加・体験を運営の軸」とすることを提言しており，博物館が市民を巻き込んだ形で運営を実施することが示唆されている[1]。南は，博物館の多様な「価

1）伊藤寿朗「市民のなかの博物館」吉川弘文館，1993

値」，特に文化政策の新しい流れに博物館の価値を位置づけることは博物館セクターの生き残り戦略になりうると説いている[2]。実際に，滋賀県立琵琶湖博物館では，博物館経済効果や文化的効果を地域への波及効果として位置づけることで評価をしており[3]，博物館の価値が地域においての価値と切り離せないものになっている。

　2003年，日本博物館協会の「博物館運営の活性化・効率化に資する評価のあり方に関する調査研究委員会」によって提案された『博物館の望ましい姿』において，「市民の視点に立ち，市民と共に創る博物館」の実現を目指し，以下の３つが重要な視点として示された。

　①社会的使命を明確に示し，人びとに開かれた運営を行なう博物館
　②社会から託された資料を探求し，次世代に伝える博物館
　③知的な刺激や楽しみを人びとと分かちあい，新しい価値を創造する博物館

　この３つの視点にはそれぞれを表すキーワードとして①マネージメント，②コレクション，③コミュニケーションが付記されている[4]。この記述の中で，「共に創る博物館」，「人びとと分かちあい」，「コミュニケーション」等を連携に共通する言葉として抽出することができる。

　さらに，2010年に出された「これからの博物館の在り方に関する検討

2）南夏樹「博物館の提供する価値とは何か―博物館セクター活性化のための視点」『博物館学雑誌』第36巻，第2号，pp.109-121，2011.
3）村山皓（編）『施策としての博物館の実践的評価―琵琶湖博物館の経済的・文化的・社会的効果の研究』雄山閣，2001
4）報告書の中には，この３つの視点に立って新しい時代における「博物館の望ましい姿」を次の９つの項目にまとめている。①使命と計画，②資料の収集と保管，活用，③調査・研究，④展示，教育普及活動，⑤施設の整備・管理，⑥情報の発信と公開，⑦市民参画，⑧組織・人員，⑨財務・社会的支援
　財団法人日本博物館協会『博物館の望ましい姿―市民とともに創る新時代博物館』，2003

協力者会議報告書」では，「直接の博物館利用者のみならず，広く地域住民に現在の博物館の姿を伝えることなどを通じて博物館への関心を高め，理解を得ることが重要である」とある[5]。

（2）地域連携重視の社会的背景

　公立館が大多数を占める日本において，地域連携は博物館の存在意義として重要な位置づけにあり，公益施設として博物館が成立した創成期より常に模索されている経営課題であるといえる。しかし，前述の報告書にも見られるように，近年になってことさら「地域連携」が強調され，その重要性はますます高まっている。

　2009年，これからの博物館のあり方に関する検討協力者会議の『新しい時代の博物館制度のあり方』においても博物館の望ましい姿が提示する3つの視点を基本として「交流（コミュニケーション）」が新たな登録基準における重要な要素として挙げられている。その記述の中に「（前略）施設と利用者という関係を超えた幅広いコミュニケーションを図り，人びとに支えられる博物館かどうかという観点が必要である。そのような取り組みによって，学校，家庭及び地域の連携の中核になる等，地域の活性化の役割も一層促進できる」とある[6]。なぜ，地域連携が現代的な経営課題として取り上げられるのか，その背景として博物館

---

5) これからの博物館の在り方に関する検討協力者会議「博物館の設置及び運営上の望ましい基準の見直しについて—「これからの博物館の在り方に関する検討協力者会議」報告書—」文部科学省，2010，URL：http://www.mext.go.jp/component/b_menu/shingi/toushin/__icsFiles/afieldfile/2011/11/15/1313173_01.pdf（2013年12月8日現在）

6) これからの博物館のあり方に関する検討協力者会議「新しい時代の博物館制度のあり方」『博物館に関する基礎資料』，文部科学省国立教育政策研究所社会教育実践研究センター，pp. 462-463，2010．

経営の観点から以下の2つの要因を挙げることができる。

　第1は，バブル経済崩壊による博物館の経営危機に起因する「補完的役割としての地域連携」である。1990年代，博物館は設置主体である地方公共団体の財政危機から運営費が大幅に削減され，コレクション機能の停止や展覧会の規模縮小または回数の削減等，事業活動を縮減しなければならない状況に直面した。日本においてミュージアム・マネジメント研究が急激に進んだのも，この現場の危機的状況と結びついたものといえる[7]。この場合の地域連携は「欠如した経営資源をどのように補完するのか」に主眼が置かれている。博物館経営の観点から，アウトソーシングによる経営合理化や企業等の賛助会員による資金調達といった経営努力がなされるようになった。また，PFIや指定管理者制度のように民間の資金や経営ノウハウを活用する制度設計も行われたように，博物館に欠如している経営資源を地域連携によって補完することを目的としている。この要因は経営危機を起因としており，その状況への対応策という視点に立てば，ネガティブな要因であり，その志向性は博物館の内部にあるといえる。

　第2は，博物館の社会的役割の多様化による「地域活性化の担い手としての地域連携」である。従来，博物館は社会教育機関としての役割を主として事業活動を営んできた。この役割は博物館の存在意義として今日も変わることなく主たるものではあるが，新たな役割として観光，まちづくり等の地域活性化に注目が集まりつつある。その代表的な事例が，斜陽の産業都市が博物館の誕生によって一大観光都市として再生したビルバオである。このビルバオ効果は，創造都市の文脈で研究され，その後は日本でも横浜，金沢，直島等において同様の取り組みが試みら

7）牛島薫・川嶋-ベルトラン敦子「日本における博物館経営の経緯と現状」『展示学』第34巻，日本展示学会，2002，pp.52-63.

れている。この創造都市論における博物館は，当該地域の創造性を喚起する主要な役割を担っており，欠くことのできない存在であるといえる[8]。このことから，前述の第1の要因と比較して，ポジティブな要因であり，その志向性は博物館内部よりも地域へと向けられているので外部とすることができる。

このように，博物館経営の観点から地域連携が重要視されることになった背景を見ると，内的な「補完的役割としての地域連携」と，外的な「地域活性化の担い手としての地域連携」という2つの要因が存在する。この2つの異なる志向性を同時に追求しなければならないことが，地域連携の問題を複雑化し，注目を集めることになっているといえる。

2．博物館の主たるステークホルダーとしての市民

地域連携の重要性やその背景が分かってきたところで，次はより具体的な問題にアプローチしていく必要がある。それは，博物館は「誰と」，「どのように連携するか」ということである。ここで主として「誰と」に焦点を絞って話を進める。

(1) 企業経営におけるステークホルダー

経営学の世界では「ステークホルダー」という言葉があり，日本語で

---

8) 上山信一・稲葉郁子『ミュージアムが都市を再生する』日本経済新聞社, 2003. また，吉本は，ビルバオのグッゲンハイム美術館誘致は都市再生プロジェクトの一部であり，そのハード優先の開発手法に対して「都市の新しい価値創造に成功した」という点において疑問を呈している。
吉本光宏「Ⅰ．スペイン/ビルバオ市における都市再生のチャレンジ：グッゲンハイム美術館の陰に隠された都市基盤整備事業」「文化による都市の再生～欧州の事例から報告書」国際交流基金, pp.1-29, 2004.

「利害関係者」と訳される。もっと平易に「企業にかかわるすべての人々」と言い換えることもできるだろう。経営学におけるステークホルダーを巡る議論は，Corporate Governance（コーポレート・ガバナンス），すなわち企業統治の観点から，①企業は誰のものか，②企業の意思決定に影響を与えるステークホルダーとは，という2点を中心に展開されていった。

　まず「企業は誰のものか」という問いは，株式会社という形態においては明快であり，その答えは「株主」ということになる。しかし，企業の所有者が株主であったとしても，実際に株主が日々の企業経営に直接関与しているわけではない。所有者は株主であるが，企業経営に関しては専門経営者が担っているという構図になっている。この構図を明らかにしたのが，Barle & Means（1932）の「所有と経営の分離」であり[9]，ここを起点として企業統治の議論が盛んになり，株主権利保護の観点から企業行動を規制する法制度が確立していく。

　この議論が引き継がれながら1960年代になると，第7章でも触れた企業社会責任（CSR）の議論が高まってくる。企業も社会の構成員である「企業市民」という観点から，企業は社会との相互作用で経済活動を行うのであって，利潤を享受するだけであってはならない。企業が社会に与える影響を解消する，もしくは社会的課題を事業化して解決にあたるといった活動をしていかなければならないという考えも広まってきた。

　これらのことから，米国における企業観として支配的だった企業の所有者である株主を重視するステークホルダーの一元論から，より多様な利害関係者に主眼を置いたステークホルダー多元論へ推移していった。

---

9) Barle Jr., Adolf A. and Means, Gardiner C. "The Modern Corporation and Private Property" New York: Macmillan, 1932.（北島忠男訳『近代株式会社と私有財産』，分雅堂銀行社，1958.）

では，ステークホルダーとはどのような人々を指すのか。企業の場合，「株主」をはじめとして，顧客，従業員，債権者など金銭的関係を有する者は当然として，政府，NPO/NGO，地域社会などの非金銭的・間接的な者も含まれる。ステークホルダーを広義にとらえると「企業にかかわるすべての人たち」としたように，非常に多種多様な者を包含することになる。このことから，ステークホルダーにおける議論の2点目である「企業の意思決定に影響を与えるステークホルダーとは」という話が重要になってくる。

(2) 博物館経営におけるステークホルダーとは

それでは博物館におけるステークホルダー概念をどのようにとらえるべきかを考えてみよう。まず，ステークホルダーの中心的な議論の1点目である「企業は誰のものか」を，「博物館は誰のものか」という問いとする。企業の場合は，株式会社では第一義的に「株主」であった。博物館の場合はどうなるか。日本の場合，7割以上の博物館が公立館になるので，当然「市民」となる。公立館には税金が投入されている以上，税金を支払っている人々が博物館の所有者であるといえる。

今度は，博物館の財務面から，主要なステークホルダーを「市民」と位置づけるのが妥当かどうかを検討してみよう。通常，企業の場合，顧客が製品やサービスを購入する対価としてお金を支払い，その売り上げによって企業は経営されている。博物館の場合は，基本的には来館して，博物館の提供する便益を享受する者が顧客に相当すると言えるが，博物館経営は必ずしも受益者負担のみで成り立っている訳ではない。『平成25年　日本の博物館総合調査報告書』の「12. 博物館の財政」を見ると，支出総額の平均に占める事業収入の割合は37.6%となっている。つまり，日本の博物館の多くは，自館が使うお金の総額に対して，

自らが稼いでいるお金は半分にも満たないといえる[10]。この平均値は，設置者の別（国，都道府県，市町村，財団，私立等）や館種の差異を考慮していない数値であることから，より詳細な財務分析を行えば，一部の大規模博物館や事業収入を得やすい館種の例外を除くと，ほとんどの博物館がこの数値よりもかなり低くなることが想定できる。

　このように，博物館は受益者負担で経営していくことが非常に困難であり，設置主体である行政が館に対して負担する歳出予算が重要な役割を果たす。そして，この予算は市民の税金を原資としている。つまり，博物館経営では，長らく入館者を重視してきたが，「博物館は誰のものか」という議論に立ち返れば，来館の有無を問わず，博物館の経営を支えているすべての「市民」のものと言える。このことから，入館者一元主義的なステークホルダー観から，さまざまなプロフィールを有する市民（その他も含む）へと目を向ける多元主義的なステークホルダー観へとシフトする必要がある。今日，博物館の世界では，社会包摂などをはじめ，多元的主義的なステークホルダー観についてさまざまな議論がなされている。この多元主義的なステークホルダーの議論こそ，市民を起点として，より広く地域社会と連携していく上で重要な意味を有しているが，博物館経営の領域では研究の蓄積が浅いテーマの一つである。

---

10) この調査において用いられている「事業収入」とは，括弧書きで「自己収入」と付され，その細目として入館料，物品販売収入，施設使用料収入，個人会員等からの会費収入，外部資金，企業等からの寄付金・協賛金収入等となっている。また，事業収入は「国立」「会社個人等」「水族館」「動物園」の値が際立って高くなっているとの指摘がある。なお，調査対象館数は，支出総額の平均（N＝1,794）と事業収入の平均（N＝1,849）とでは若干の差異がある。
公益財団法人日本博物館協会（編）『平成25年度　日本の博物館総合調査報告書』，pp. 99－101, 2017.

（3）非来館者もステークホルダー

　次は，ステークホルダーに関する議論の2点目である「博物館の意思決定に影響を与えるステークホルダーとは」について考察してみよう。今までは入館者が重視され，博物館経営の評価では入館者数の増減がその重要な指標として用いられてきた。数字は明快であり，客観的な事実であることから，今後とも入館者数の指標としての重要性が変わることはないと考えられる。しかし，ステークホルダーを多元主義的にとらえれば，博物館の経営を支えているが博物館に来ない人（非来館者）へどのようにアプローチするかが重要になってくる。

　なぜ非来館者へのアプローチが重要なのかについては，次の3つのポイントがある。1つ目は「非来館者が非常に多いこと」，2つ目は「非来館者は潜在的な顧客であること」，3つ目は「実は非来館者も博物館の提供する便益を享受していること」の3点である。

　まず，1つ目の「非来館者が非常に多いこと」について，平成27年度社会教育調査を見ると，博物館および博物館類似施設における入館者数は，279,996,000人で，この数字は2000年代では微増・微減を繰り返し，ほぼ横ばいという状況である。総務省の人口統計では2018年1月現在で，日本の総人口は126,590,000人なので，単純計算すると国民1人につき年間2回強程度，博物館を訪れていることになる。しかし，周知のとおり，博物館は大都市圏や観光地に偏在している上に，頻繁に博物館に行くという人もいる一方で，まったく行かないという人も多い。この点を踏まえて考えると，全体的な傾向としては，博物館に親しみを感じて頻繁に訪れるという人よりも，その理由や背景は一様ではないがまったく行かない人（非来館者）の方がはるかに多いことが想定される。

　2つ目の「非来館者は潜在的な顧客であること」は，1つ目と関連して重要な視点であるといえる。多くの博物館で，入館者数やアンケート

調査等，来館した人の数や意向を汲み取ろうとしている。企業でいえば顧客ニーズの把握である。顕在的な顧客である来館者の意向を汲み取ることは比較的容易である。その一方で，潜在的な顧客である非来館者は，博物館に来ていないことからコミュニケーションが取りづらく，その声は博物館まで届いてこない。ニーズばかりではなく，地域社会に眠るシーズ（種）にも目を向けなければ，いつまでも小さなパイの中で来る人が来るだけの施設になってしまう危険性がある。

　このことは Christensen（2001）のイノベーションのジレンマに似た状況を想起させる[11]。技術を持続的に成長させていくか，既存市場に対して破壊的な存在となる技術革新を展開するか。この二者択一は，後者の方が成功すれば大きな利益が見込めるが，失敗する危険性も高い。既存の優良企業は，成功体験が足かせとなって大胆な戦略を取りづらい。また，すでに一定の評価を受けている製品・サービスを向上させるために丁寧に顧客の声を聞き続けていった結果，必要以上に質の高いものになってしまい価格競争で劣勢に陥ってしまう。得てして，市場を席巻するような革新的な製品・サービスとは，顧客が想像もつかないようなものであり，現在この世界に存在していないものでもある。顧客の声を聞くことは大切だが，時には無視をしてしまうような大胆さを持ち合わせる必要もある。

　このように，博物館でも来館者の声だけではなく，現時点では博物館に来ない人の声なき声に耳を傾け（または想像し），潜在的な来館者にアプローチすることを忘れてはならない。そのために，博物館の外の世界とコミュニケーションをとる活動の一つが地域連携であるといえる。

---

11) Christensen, Clayton M. "The Innovator's Dilemma" Harvard Business School, 1997.（玉田俊平太（監）・伊豆原弓（訳）『イノベーションのジレンマ増補改訂版』翔泳社，2012（初版2001）.）

3つ目の「実は非来館者も博物館の提供する便益を享受していること」は，根本的な認識の差に起因する問題であるが，この差をそのままにすることは博物館の存在意義にかかわる重要なことであると考えられる。博物館に来館しなくても享受できる便益とは，例えば，美術館のWEBサイトで収蔵作品アーカイブの中から好きな画家の作品を検索したり，歴史系の博物館が発行する研究紀要で調べものをしてみたり，アウトリーチ活動として小学校等で行われる出張授業などが考えられる。このようなケースにおいて，その利用者は，博物館に来館こそしていないが，博物館の便益を享受していることに自覚的であるだろう。しかし，非来館者の市民の中には，博物館にまったく興味関心を示さない人も存在する。そのような人たちは，自分たちが博物館に来館していないという点から，自分にとって博物館はあってもなくても関係ないと考える人もいることが想像できる。このような考え方は真であると言えるだろうか。端的なケースを挙げれば，小学校等で行われる郷土学習や美術の教科書の内容等は，博物館の調査研究がその基盤になっていることもある。

　展示や教育といった活動は，実際に来館したり，学芸員等の専門職とかかわることが多いため，明示的に博物館を意識することができる。しかし，収集・保存や調査研究は，市民や地域社会にとって重要な活動である一方で，その様子は見えづらいために非来館者にとっては意識することが難しい。結果的に，「実は非来館者も博物館の提供する便益を享受している」にもかかわらず，そのことが実感できないため，自分にとって博物館は関係のない存在という結論に至ってしまう。この認識の差を埋めるためにも，博物館はもっと積極的に自らの活動を地域社会に広く伝えていく必要があると考えられる。

　近年，企業経営の世界では株主を中心とした一元的なステークホル

ダー観から多元的なステークホルダー観への転換が見られた。博物館では，一つの経営指標として，入館者（来館者）が重視されてきたが，経営学的に「博物館は誰のものか」という議論に立ち帰れば，主たるステークホルダーは来館・非来館を問わず「市民」であるといえる。そして，その一括りにした「市民」という存在も，実際にはさまざまなプロフィールから成るものであり，市民が形成する地域社会には多様な組織体が存在している。博物館経営における地域連携の基本は，まず多元的なステークホルダー観に立ち，広く地域社会に目を向けるところからはじまるといえる。

3．博物館連携の理論的背景―戦略的提携，ネットワーク論，共創戦略

　経営学におけるステークホルダーの議論から，博物館は「誰と」地域連携をするのかという問題に対して，「市民」を中心として，より幅広く「地域社会」であるという答えを導き出した。次は，より具体的に「どのように連携するか」の考え方として，経営学における戦略的提携，ネットワーク，共創の理論を解説する。

（1）戦略的提携から博物館の地域連携をとらえる

　経営学において企業間の連携にはさまざまな形態が存在している。伊藤・鈴木は，戦略的提携を M&A（合併買収）の対極として「緩やかな企業連結」と定義している。M&A は，外部資源を迅速に，かつ包括的に内部に取り込むことができる戦略的行動として展開されてきた一方で，巨額の買収費用の必要性や異なる企業文化の統合困難性といった大きなリスクを負う。さらに，自社開発という従来のスタイルは，製品ラ

イフサイクルやニーズの変化が早く不確実性の高い現代の経営環境において，中核技術の開発に要する時間や固定費用の大きさから，すべてを自社開発することは困難であるといえる。このような背景から「緩やかな企業連結」としての戦略的提携が注目されるようになってきた[12]。

この戦略的提携が求められる背景は，社会的役割の多様性が高まりつつある博物館においても同様である。今日，博物館は，観光や地域振興などの幅広い分野において，その役割が期待されている。しかし，博物館は集客施設としての側面は有しているが，厳密にいえば観光施設ではなく，地域には専門性に立脚したさまざまな機関が存在している。各主体の専門性や性質を重視しつつも，現代の複雑化した社会ニーズに対応するためには個々が独立的に活動を展開するだけではなく，戦略的提携のような「緩い結合」の中で各主体が目的を果たしつつ，地域全体の活性化につながるような取り組みをしていくことが求められている。

このような戦略的提携の観点から，博物館の地域連携を整理すると，従来の地域連携の結合度は高い（堅い）と考えられる。例えば，博物館の展示解説等のボランティアは組織化され，一定の範囲に限定されるが，館の運営に深くかかわっているケースもある。このようなボランティアは，館に対する帰属意識や業務に対するモチベーションも高く，博物館経営において大きな役割を担う。一方で，博物館側はボランティアという形で市民に自己実現の場を提供し，一定の労務に関するコストを代替してもらうが，コントロールが困難という側面を有している。

この両者の関係は強固で相互補完的であることから，博物館経営において大きな意味を有している。しかし，博物館が多様な役割を担おうとする場合，このような結合が組織内に複数併存することは管理コストが

---

[12] 伊藤邦雄・鈴木智弘「戦略的提携によるグローバル・リンケージの創造」「ビジネスレビュー」38(4)，1991，p.16.

膨大となるため困難である。このことから，戦略的提携の特徴である緩い結合が重要な意味を有してくるといえる。

（2）「緩い結合」と「共創」の重要性

　ネットワーク理論における代表的な論文であるGranovetterの「弱い紐帯（ちゅうたい）の強さ」は，ボストン郊外における若者の転職に関する調査から，弱いネットワーク（紐帯）は「密度は低いが，多様性が高く，情報伝達が効率的である」ことを導き出した[13]。また，Perry-Smithは，研究所を対象とした実証研究で，研究員の創造性と人間関係ネットワークを分析した結果，弱いネットワークを多く有している研究員ほどクリエイティブな成果をあげていることを明らかにした[14]。この2つのネットワークに関する研究が示すとおり，戦略的提携による効果をより広く地域社会へ拡散するためには，異質なつながりによる密度の低いネットワークが効果的であるといえる。従来の地域連携，例えばボランティアや友の会のような強い信頼関係で結ばれた硬い結合と同様に，今後は接触の頻度も関係性も低いような「緩い結合」も探索していく必要があるといえる。

　戦略的提携における「緩い結合」，ネットワーク理論における「弱いネットワーク」に続き，もう一つ地域連携における具体的な方法論の一つとしてキーワードとなりうるのが「共創」という概念である。

　「共創」とは，字義どおり「共に創る」という意味をはじめとしてさ

---

13) Granovetter, Mark. "The Strength of Weak Ties." *American Journal of Sociology*, 78 (6), 1973, pp. 1360-1380.
14) Perry-Smith, Jill E. "Social Yet Creative: The Role of Social Relationship in Facilitating Individual Creativity." Academy of Management Journal, 49 (1), 2006, pp. 85-101

まざまな文脈で用いられてきた。経営学における共創の理論的精緻化が図られる上で，重要な視点となっているのは，価値を創造する「企業」と，価値を享受する「顧客」という関係性の変質である。この二者の関係は，顧客は価値を享受するだけではなく，企業と協働して価値を生産する，もしくは価値の創造主体は顧客にあり企業はその価値に対して提案しているに過ぎないとみなす。従来は受動的であった顧客の立場が共創という概念によって能動的に変化したことが，共創という概念の最も重要な点である。

このような関係の変質は，博物館でも展示解説ボランティア等で見ることができる。ボランティアは無償で展示解説という業務を担い，博物館の価値創造に貢献している。しかし，博物館はボランティアの自己犠牲にその価値創造を依存しているわけではない。ボランティア活動に従事したいという市民の自己実現欲求を充足するために博物館という場を提供し，場合によっては研修なども実施した上でボランティア活動を行っている。この関係性は，まさに共創であり，企業経営の文脈における共創がすでにある部分では展開されている。

（3）博物館経営における共創戦略を考える

共創理論は Prahalad and Ramaswamy (2003) を嚆矢として[15]，Ramaswamy and Gouillart (2005)[16]が理論を精緻化している。その研

---

15) Prahalad, C. K and Venkat Ramaswamy, "the Future of Competititon : Co-Creating Unique Values with Customers", Harvard Business Press（有賀裕子訳『価値共創の未来へ―顧客と企業のCo-Creation』ランダムハウス講談社，2004）
16) Ramaswamy, Venkat and Francis Gouillart, "The Power of Co-Creation : Build It with Them to Boost Growth, Productivity, and Profits", Free Press a division of Simon & Schuster, INC, 2010（尾崎正弘・田畑萬監，山田美明訳『生き残る企業のコ・クリエーション戦略―ビジネスを成長させる「共同創造」とは何か』，徳間書店，2011

究において，共創戦略における3つのポイントを以下のように提示している。

- 参加型プラットフォーム：顧客が主体的に価値創造に参加する仕組みが存在していること
- 関係者の体験：製品志向ではなく「体験（＝経験）」に焦点が置かれていること
- 関係者との協業プロセス：企業のみではなく，多様なステークホルダーとともに作り上げていくプロセス

この3つのポイントの中でも「参加型プラットフォーム」が重要な位置づけにあるとし，その形態は，直営店，WEBサイト，ハードウェアやソフトウェア，モバイル機器，コールセンター，非公開・公開コミュニティ空間など，形態が例示されている。

博物館において共創戦略を考える場合，先ほどのボランティアの例に見られるように，博物館が事業主体として多様なステークホルダーとの協業関係を構築するために参加型プラットフォームを作っていくことが基本であるといえる。その一方で，前述の緩い結合や弱いネットワークに立脚した地域連携の形を考えるのであれば，地域で形成された参加型プラットフォームに博物館が関係者として参加するケースも考えられる。つまり，前者は博物館が事業主体となる①博物館主導型とするのであれば，後者は②ステークホルダー主導型とすることができる。

①博物館主導型

博物館主導型は，前述のボランティアのように，博物館が自館の経営資源を基盤として参加型プラットフォームを構築し，市民を中心とした多様なステークホルダーを参加させ，価値創造を試みる型である。

この型では，自館の経営資源を基盤とすることから，基本的に従来の博物館活動の延長線上にあり，その体験の場も館内が中心であると想定

できる。さらに，その活動は関係者による業務の補完もしくは代替といった性質を有している。しかし，業務の補完や代替が，博物館の非金銭面を含む管理コストの低下につながっているわけではない[17]。むしろ，協業的に事業を実施するからこそ，業務が煩雑になってしまうデメリットもある。展示解説ボランティアと同様，市民と協働による企画展の開催（絵画サークルの展覧会等も同様）や友の会組織における情報発信など，博物館と市民がお互いに満足できる参加型プラットフォームをどのように構築するかについては，まだまだ考察の余地がある。

②ステークホルダー（SH）主導型

　「地域活性化の担い手としての地域連携」という視点に立てば，博物館は積極的に地域社会（外）へ出ていくことが重要であり，博物館主導型のように内部に参加型プラットフォームを構築するだけではなく，地域社会に存在する参加型プラットフォームに参加するという形をとることも考えていかなければならない。

　この地域社会に存在する参加型プラットフォームに参加するという形は，地域全体がどのような共創を目指すのかによって博物館の役割は大きく異なってくる。例えば，文化的都市というブランドを形成するために複数の社会教育施設で参加型プラットフォームを形成するケースを想定すると，館種・規模・立地等によっては博物館が構築主体となることもあるだろう。一方で，観光振興のケースでは，主要な観光施設として参加型プラットフォームの構成要素の一つとなることはあっても，主体

---

[17] 博物館のボランティアの受け入れに関するアンケート調査において，デメリットに関する回答で最も多かったのは「特にデメリットは感じていない（35.9％）」であったが，次点は「職員の仕事が増えて面倒・負担になる（31.0％）」であった。これは，他の社会教育施設として比較して高い数値である。大木真徳「博物館におけるボランティア受け入れの意義と課題」『日本ミュージアム・マネージメント学会研究紀要』第13号, p.6, 2009.

となる可能性は低いかもしれない。このように，地域活性化を主眼とした地域連携の場合，その主体が博物館ではないことから意思決定における重要度には幅がある。

　SH主導型の場合，博物館が主導的役割を担うことがなくとも，ステークホルダーの数や性質の多様性が増せば，それに比例して取り組みの規模や範囲も増大する可能性を有している。つまり，博物館の活動の延長線上にある博物館主導型に比べ，SH主導型は地域の課題やパートナーによって新たな役割を期待されることがある。

参考文献

財団法人かながわ国際交流財団，『ミュージアムと地域社会　考察のためのヒアリング調査─第5回21世紀ミュージアム・サミット実施に向けて』，財団法人かながわ国際交流財団湘南国際村学術研究センター，2011．

平井宏典「共創概念に基づく博物館経営の考察─参加型プラットフォームの構築における主体の差異を中心として─」『日本ミュージアム・マネージメント学会研究紀要』第17号，2013，pp.17-22．

平井宏典・奥本素子「芸術祭モデルを援用した博物館における競争戦略」『日本ミュージアム・マネージメント学会研究紀要』第18号，pp.46-49，2014．

12 | 公立博物館の経営形態：
直営・指定管理者・地方独立行政法人

佐々木　亨

《目標&ポイント》　博物館の経営形態は，博物館が行う事業に影響し，ときには制約になることもある。公立博物館が選択可能な経営形態は現在，「直営」，「指定管理者」，「地方独立行政法人」の3つである。ここでは，これらの歴史と現状，課題について解説する。
《キーワード》　指定管理者制度，地方独立行政法人，人材確保，投資，機動力，柔軟性，自主性，大阪市

1．なぜ，公立博物館において経営形態が重要か

　「日本において公立博物館とはどのような組織か」。その特徴を博物館経営論の立場から説明する際，皆さんはどのように考えるだろうか。筆者は，「博物館は，活動を展開する上で特定の価値観が必要であるが，それとその博物館が存在する地域の公共性との折り合いをつけるのがきわめて難しい組織」であると説明したい。具体的にいうと，博物館のコレクションを形づくる際，ある種のこだわりが必要であり，モノに対する執着や欲望が必要である（佐々木秀彦2010：1）。例えば，民族学の博物館であれば，ある先住民が持っている，自然と調和した伝統的な文化を後世に伝えたいというのが「特定の価値観」である。このような価値観の下で収集されたのが博物館資料であり，それが調査研究を経て，展示されている。しかし，日本の場合，印刷教材の第9章で説明したよう

に5,690館ある博物館のうち約4分の3が国公立であり，税金が投入されている博物館である。つまり，博物館経営を税金で賄っているからには，その分野に興味がある国民・住民だけでなく，つまり博物館が持つ特定の価値観を共有できる市民だけでなく，それ以外の多くの納税者（国民・住民）にも博物館が存在することの便益を知ってもらい，それを実感してもらわなければならない。このことが，博物館の特定の価値観と地域の公共性との折り合いをつける難しさである。

　この折り合いをつける方法にはいくつかあるが，それを検討する上で最も基本となる前提が「経営形態」である。この経営形態によって，どこまで折り合いをつけることができるのかが決まってくる。どのぐらい事業の継続性や専門人材の確保が保証されているのか，投資がどれくらい見込めるのか，予算執行や契約においてどれくらい柔軟性が確保されているのかなどである。これらは経営形態よって異なってくる。この章では，公立博物館が選択できる経営形態の変遷とそれぞれの特徴を紹介する。

2．選択できる経営形態の変遷

　2003年に地方自治法が改正され，博物館を含む公の施設において，その施設を管理運営できる組織の範囲が広がった。そして，2013年には，博物館においても地方独立行政法人による経営が可能となり，その範囲がさらに広がった。ここでは，公立博物館が選択できる経営形態の変遷について説明する。

（1）指定管理者制度ができる以前の経営形態

　地方自治法第244条には，地方公共団体は図書館，公民館，博物館，

文化ホール，スポーツ施設，公園など「住民の福祉を増進する目的をもってその利用に供するために施設」（「公の施設」という）を設けるものとするとある。2003年の同法改正前は，この公の施設を管理運営できる組織は，それを設置した地方公共団体のほか，管理運営を委託された以下の3つの組織とされていた。

①地方公共団体が2分の1以上出資する法人
②公共団体（普通地方公共団体，土地改良区，水害予防組合など）
③公共的団体（農業協同組合，生活協同組合，赤十字社，青年団など）

公立博物館の管理運営が委託されるようになった背景として，国の行財政改革の柱の一つである公共事業の分割民営化の動きが，国の働きかけもあり，地方公共団体に波及したことがあげられる。そのため，原則的に地方公共団体が直営としてきた文化・芸術事業を，地方公共団体の出資金を主な財源とした別組織である財団法人などに委託し，運営する方法が定着した。また，行財政改革により，地方公共団体の事務の効率化が謳われたことにより，職員数（定数）是正・削減の動き，さらに財政負担軽減の動きが活発になったため，その受け皿の一つとして財団法人が考えられたことも背景にあげられる。

当時，公立博物館を地方公共団体が直営するのではなく，管理運営を財団法人などに委託する際のメリットとして，運営の柔軟性，運営に応じた人材の登用，民間資本の活用，運営組織の安定性と信頼性が挙げられた。しかし一方で，1990年代後半において，地方公共団体の職員数削減の方策として，財団法人に職員を出向させることにより定数が減っているように見せかける「定数隠し」や，地方公共団体の幹部職員の「天下り先」としての利用など，公立博物館の管理運営委託は，その制度の利点を生かしているというより，むしろ利点を悪用しているのが現状であると厳しく批判された（佐々木亨1998）。

(2) 指定管理者制度以降の経営形態

　2003年に地方自治法が改正された際，公の施設を管理運営できる組織の幅が広がった。法律には「普通地方公共団体は，公の施設の設置の目的を効果的に達成するため必要があると認めるときは，条例の定めるところにより，法人その他の団体であって当該普通地方公共団体が指定するもの（「指定管理者」）に当該公の施設の管理を行わせることができる」とあり，法人格を備えているか否かにかかわらず，広く民間事業者・団体が公の施設を管理運営できるようになった。

　これまでの管理委託制度と指定管理者制度との違いを比較すると，表12-1のようになる。受託主体に制限がなくなったほか，最も大きな違いは，施設の管理権限が設置者である地方公共団体ではなく，経営者である指定管理者へ委任された点，使用許可権も指定管理者にある点である。

表12-1　管理委託制度と指定管理者制度の比較

	管理委託（制度）	指定管理者制度
受託主体	公共団体，公共的団体，政令で定める出資法人（1/2以上出資等）に限定	法人その他の団体 ※法人格は必ずしも必要ではない
法的性格	「公法上の契約関係」 法的性格条例を根拠として締結される契約に基づく具体的な管理の事務または業務の執行の委託	「管理代行」 指定（行政処分の一種）により公の施設の管理権限を指定を受けた者に委任するもの
公の施設の管理権限	設置者たる地方公共団体が有する	指定管理者が有する ※「管理の基準」，「業務の範囲」は条例で定める
①施設の使用許可	受託者はできない	指定管理者が行うことができる
②基本的な利用条件の設定	受託者はできない	条例で定めることを要し，指定管理者はできない
③不服申し立てに対する決定，行政財産の目的外使用の許可	受託者はできない	指定管理者はできない

出典：『指定管理者制度ハンドブック』2004を参考に筆者が作成

この法改正の背景には，NPM（New Public Management：新公共経営）の考え方に基づいて進められている行政改革の流れがある。つまり，第1に民間企業の顧客対応にならった「顧客主義への転換」，第2にピラミット組織ではなく，「ヒエラルヒーの簡素化・分権化」した組織，第3に最終目的が果たされたかどうかを評価する「成果志向，業績による統制」，そして第4に組織外への仕事の「アウトソーシング」である。指定管理者制度はこの中のアウトソーシングに位置づけられる（片山2007）。

3．指定管理者制度の現状と課題

ここでは，指定管理者制度の実態を数字から把握した上で，指定管理者の実際を事例から説明する。併せて，この制度の課題を考察する。

（1）統計から見る指定管理者制度

総務省は，地方自治法が2003年に改正された翌年から，定期的に「公の施設の指定管理者制度の導入状況等に関する調査結果」を報告している。2016年3月の調査結果によると，都道府県の施設で6,909件，指定都市で7,912件，市区町村で61,967件，全国合計で76,788件の施設に指定管理者制度が導入されていることが分かる。

この報告では，指定管理者制度の導入率を施設内容別に算出している。対象施設となる「公の施設」は次の5つに分類されている。
① 「レクリエーション・スポーツ施設」：体育館，競技場（野球場，テニスコートなど），プール，海水浴場，宿泊休養施設（ホテル，国民宿舎など），キャンプ場など
② 「産業振興施設」：産業情報提供施設，展示場施設，見本市施設，

開放型研究施設など
③「基盤施設」：公園，公営住宅，駐車場・駐輪場，水道施設，下水道終末処理場，港湾施設，霊園，斎場など
④「文教施設」：博物館，図書館，公民館・市民会館，研修所（青少年の家）など
⑤「社会福祉施設」：病院，診療所，特別養護老人ホーム，介護支援センター，福祉・保健センター，児童クラブ，保育園など

都道府県，指定都市，市区町村の3つの区分における，これら5つの分類ごとの割合をグラフにすると図12-1のようになる。これを見ると，すべての区分において「基盤施設」で指定管理者制度が導入されている件数が最も多いことが分かる。博物館が含まれる「文教施設」の分類は都道府県，指定都市では第3位，市区町村では第2位となっており，全体では20.6%で第2位である。

次に，博物館に関する統計を見ていく。指定管理者制度を導入している博物館の内訳を詳細に調査した『日本の博物館総合調査研究』（2015

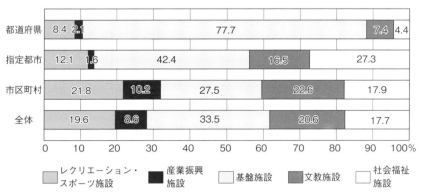

図12-1 施設内容別の指定管理者制度の導入率
出典：総務省「公の施設の指定管理者制度の導入状況等に関する調査結果」2016

年）では，全国4,045館を調査対象とし，回答のあった2,258館のうち指定管理者制度がかかわる公立博物館からは1,727館の回答があった。このうち，直営館が1,252館（72.5％）であり，指定管理館が475館（27.5％）であった。

設置者別の指定管理者制度導入率を見ると，**図12-2**のようになっていて，導入率が高いのは，都道府県，指定都市，人口50万人以上の市が設置する博物館である。一方，人口10万人未満の市，および町，村が設置する博物館では導入率が低いことが分かる。また，指定管理の契約期間を見ると**図12-3**のように，この調査では4〜5年が最も多く71.6％である。2008年度の調査データと比べると4〜5年は45.7％で，最も多いのが3年以下の51.9％であったので，契約期間は長くなる傾向が読みとれる。

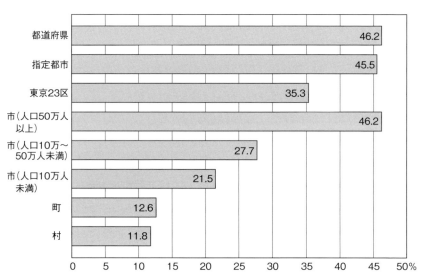

図12-2　設置者別の指定管理者制度導入館数および導入率
出典：『日本の博物館総合調査研究』2015より作成

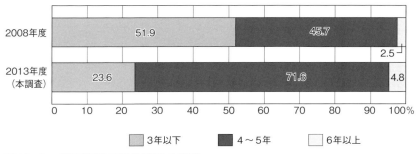

図12-3　指定管理の契約期間の推移
　　　　出典：『日本の博物館総合調査研究』2015より作成

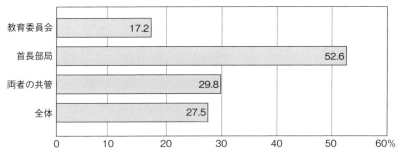

図12-4　博物館の所管部局別指定管理者導入率
　　　　出典：『日本の博物館総合調査研究』2015より作成

　次に，博物館の所管部局を見ると，全体では指定管理者制度導入率が27.5％であるが，図12-4のように，首長部局では52.6％と導入率が高く，反対に教育委員会では17.2％と低いことが分かる。これは，首長（知事，市町村長）が，博物館を観光の拠点とする，または住民参加型の事業の拠点とするなど，博物館が持っている社会教育施設としての本来の役割だけでなく，社会的により幅の広い役割を期待することと関連が深いと考える。
　一方，指定管理者の組織類型を見ると，475館中で最も多いのが「公

益法人・非営利法人等」の311館（65%）で，その次が「企業・第3セクター」の102館（21%）であり，この2つで全体の86.9%を占めている。さらに，この「公益法人・非営利法人等」に関して，設置者の出資の有無を見ると85.6%が設置者からの出資がある。つまり，この制度で最も多く指定管理者として契約されている公益法人・非営利法人等の約9割が，博物館の設置者である自治体からの出資がある組織，すなわち自治体と関係の深い組織であることが分かる。

（2）指定管理者制度によるさまざまな博物館経営

　公立博物館が指定管理者制度を導入していると聞くと，博物館経営の全体を指定管理者が行っているように考えるが，そうではないタイプも存在する。例えば，学芸部門は自治体が直営で行い，それ以外の部門を指定管理者が行うタイプである。その例として，以下に島根県立古代出雲歴史博物館を紹介する。

　島根県立古代出雲歴史博物館は，2007年に開館した。浅沼（2010）によると同館への指定管理者制度導入の経緯，経営の実態が以下のように説明されている。

　開館と同時に指定管理者制度を導入したが，学芸部門は県の直営で，展示や教育普及以外の来館者対応，広報，施設管理などの管理部門は指定管理者が担当する形をとった（**図12-5・表12-2**）。この経営形態が選択された理由は，

①専門性を持つ人材（学芸員）の確保と業務の継続性の確保

②県の方針による展示開催や資料収集・保管など，県の意志を直接反映させることができる業務の確保

③効果的な広報・イベントのノウハウを蓄積した民間の活用

の3点であり，行政と民間の双方の利点，特色を組み合わせることで，

第12章 公立博物館の経営形態：直営・指定管理者・地方独立行政法人 | **221**

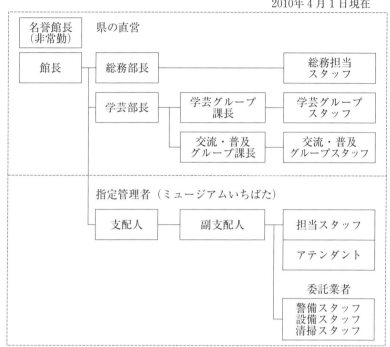

図12-5 島根県立古代出雲歴史博物館　組織図
　　　　出典：浅沼政誌「指定管理者制度『島根方式』による博物館運営」
　　　　『博物館研究』45(10)，2010

効果的な博物館経営を目指している。

　ここでは公募による指定管理者の募集を行い，その結果，「ミュージアムいちばた」が5年間の指定管理者となった。この組織は，地元で運輸・百貨店・ホテル・観光事業を展開する一畑電気鉄道を中心に，博物館展示業者の丹青社，旅行業者の近畿日本ツーリストの3者で構成する共同事業体である。つまり，この博物館は，自治体（直営）と「企業・第3セクター」による共同運営タイプと言える。

表12-2　県と指定管理者の主な業務分担

業務区分			業務の概要	運営主体
博物館経営			博物館の事業運営計画の策定，進行管理	県（館長）
運営	学芸	資料管理 展示企画	展示資料の収集・保管，調査・研究等 企画展・特別展の計画・実施	県
	交流普及	普及等企画 学校連携	専門性の高い交流普及活動の計画・実施 学校の授業等と連携した交流普及活動	
	交流普及	イベント等 協力組織支援 情報システム	博物館活動への理解・関心を深めるためのイベント等の計画・実施 友の会活動の支援，ファンクラブ会員管理システムの保守管理，ホームページの運営	指定管理者
	総合案内	料金収入事務 総合案内	観覧料の徴収・管理 来館客の受付・総合案内，展示監視	
	利用促進	広報 誘客	各種広報媒体を活用した企画展・特別展の広報 誘客計画の策定・実施	
施設管理	警備		建物内，敷地内の警備（巡回，緊急時対応）	指定管理者
	清掃		建物内，敷地内の美観，衛生維持	
	設備等保守		建物設備の保守点検，小規模施設・設備修繕	

出典：浅沼政誌「指定管理者制度『島根方式』による博物館運営」『博物館研究』45(10)，2010

　この経営形態で，最も懸念される点は，複数の組織による博物館経営で，意志決定がうまくできるのかどうかであった。それを克服するために，図12-5から分かるように，博物館の経営トップは県職員の館長であり，最終的な意志決定はそこで行っている。一方で，指定管理者と県とのコミュニケーションを円滑に保つため，毎週「博物館運営会議」を開催し，県庁や本社からの意向を伝え，日常の運営にかかわる双方の立場の違いを克服している。また，来館者対応や施設管理上の課題の解決，調整を行い，恒常的に実施している来館者アンケートの結果も報告されている。

もう一つのタイプとして，NPOによる指定管理者の事例であるNPO法人野田文化広場が経営する野田市郷土博物館を紹介する。なお，先に見た指定管理者の組織類型では，NPO法人が指定管理者となっている割合は6％と決して多くはない。

　NPO法人野田文化広場は，1959年に開館した野田市郷土博物館と併設する1957年開館の市民会館の2施設を2007年から指定管理者として経営している。それ以前は，博物館は同市教育委員会が，市民会館は同市民生経済部が直営していた。この2施設が指定管理者制度下に置かれた経緯として，野田市が両施設を「市民のキャリアデザインをはかる」ことを実践する場として，政策転換したことが挙げられる。そのため，新しい使命のもとでの施設運営を始めるにあたり，指定管理者制度を導入した。NPO法人野田文化広場が指定管理者に選定された理由として，同NPOの以下の3点が評価された。1つは，施設の管理運営だけでなく，キャリアデザインの拠点として，市民の自主的な学習および調査研究を支援していること，2つめに生涯学習のための市民相互の交流の場の創出を目的として，野田市の文化に精通し，さまざまなソフト事業が展開できること，3つめが市民をメンバーとしてすでにキャリアデザインを実践し，その活動内容も充実していることであった。現在，博物館のスタッフは館長1人，事務員1人，学芸員3名である（金山2015：151−153）。

　具体的なキャリアデザインに関する事業（図12−6）では，市民として生きがいを持ち，責任と自覚を持った自立的な生き方を目指すことを目的としている。そのため，博物館では，資源を活用して効果的な学びを市民に提供し，市民はそれを使って，自主的な学習活動，講座講師，展示，ボランティア活動などを行う。その際，学芸員は市民のサポートをする。このような活動により，指定管理者制度導入以前の直営期（2006

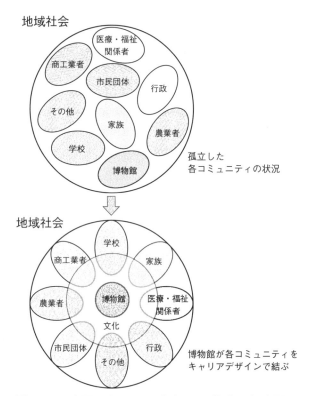

図12-6 市民のキャリアデザインの拠点の概念図
出典：金山2007

年度）の来館者は，導入1年後には約2倍に，7年後の2013年度には3倍弱となった。博物館への来館者数だけでなく，2施設を一体経営し市民会館を拠点とするガイドボランティア団体と連携することで，両施設とも来館者数が増加した。来館者数だけでなく，来館者へのスタッフ対応も満足度が高くなってきた（金山2015：151-153）。

　島根県立古代出雲歴史博物館は県立の大規模館であり，野田市郷土博物館は市立の小規模館であり，規模も目指すところも異なる。しかし，

この両館に見られるように，指定管理者は，博物館の使命や設立の目的，設置者として考え方，地域の事情などを総合的に判断して選定されるのが望ましいと言える。

(3) 指定管理者制度の課題

2003年の地方自治法改正により，公立博物館は，直営による経営か，指定管理者による経営（またはその併用）かの選択を迫られた。そして，この制度の導入から15年が経過した。指定期間が通常4〜5年であると考えると，これまで複数回の指定期間が満了した博物館が存在し，同時にこの制度を博物館に導入するにあたってのさまざまな課題が分かってきた。

ここでは，指定管理者制度の課題を，1）事業の継続性確保の難しさ，2）専門人材確保の難しさ，3）経営上の柔軟性確保の難しさの3点に整理し，その実態を検証する。

1）事業の継続性確保の難しさ

図12-3で説明したとおり，指定期間が長くなっている傾向があるとはいえ，90％以上の館が5年間以下である。一方で，博物館活動の基本である，資料収集−保存管理−調査研究−展示・教育への活用といった活動のサイクルを考えると，長期的展望に立った活動が成り立ちにくくなるという課題がある。この課題の解決方法として，指定期間を長くするということが考えられる。この考え方は，例えば，東京都が所管する博物館を含む文化施設で適用されている。東京都の文化施設には，2006年4月から指定管理者制度が導入され，最初は3年の指定期間であった。しかし，2回目の指定管理者選定の際，期間が長くなり，2009年4月から2017年3月までの8年間となった。

一方で，指定管理者制度で運営していた博物館を，自治体の直営に戻

した例もある。足利市立美術館は2006（平成18）年度から指定管理者によ　る3年間の運営が始まった。指定を受けたのは，開館当時から運営の一部を委託されていた財団法人であった。しかし，足利市教育委員会は，長期的な研究や準備に年月を要する企画展を開催する美術館には，短期間で運営主体を見直す指定管理者制度はそぐわないと判断し，指定期間の更改期に，直営による運営に変更した。同館の館長は，指定管理者制度導入後は，作品購入の手続きが煩雑になり，必要な作品の収集が難しくなったと述べており，市の見直しを高く評価した（日本経済新聞2008）。

2）専門人材確保の難しさ

　学芸員を含むすべての職員の雇用が指定期間ごとに区切られるので，人材の確保や育成に大きな支障をきたし，専門水準の低下と活動範囲の縮小を招くことになる。例えば，学芸員は資料の寄贈・寄託の窓口となるが，これは資料の所有者がどの学芸員が窓口であってもかまわないというわけではない。学芸員自身が、所有者が寄贈・寄託する資料の価値や貴重さを学術的に理解し，しかも所有者の資料に対する愛情に心情的に寄り添うことができる必要がある。公的には，所有者と博物館との間で寄贈や寄託に関する文書が取り交わされるが，所有者の気持ちとしては，特定の学芸員のために自分の資料を差し上げた，またはお貸ししたととらえている。そのため，勤務年数が浅い学芸員には，寄贈・寄託の案件を扱うことは通常困難である。

　この課題に関しては，先に紹介した島根県立古代出雲歴史博物館が，指定管理者制度においても，学芸部門は長期にわたる方針の下で業務に従事すべきという考えにより，その部門を県の直営とした理由と深くかかわっている。

　この課題の解決方法として，1）で説明した指定期間を長くするとい

う方法，また各自治体で設けている「指定管理者制度運用ガイドライン」などにある「非公募」の要件に当てはめる解決方法も見られる。つまり，きわめて高度な専門性を必要とし，指定管理者には自治体との連携が必要とされることが，非公募の要件となっている場合，自治体が出資する財団法人などを単独指名（非公募）し，その組織を指定管理者としたり，さらには当該法人に自治体職員を派遣したりする方法である。ただしこの場合も，当該組織に対する審査や事業内容の審査，および議会での承認は，公募と同様に必要となる。

3）経営上の柔軟性確保の難しさ

指定管理者制度に期待されている点として，民間活力の導入や民間企業の運営ノウハウの導入がある。しかしながら，指定管理者が民間企業であれ，NPO法人であれ，この制度は公の施設の民営化ではなく，公の施設の管理代行である。そのため，施設の条例に定められている入館料や開館時間を変更するためには，議会の議決を経て条例を変更する必要があり，実際はかなり困難である。また，自治体との協定書に基づく公の施設の管理運営であるため，臨機応変な柔軟な対応には限界があり，自主的な経営努力が発揮されにくい。

地方自治法は2003年に改正された。その後，同制度に関するさまざまな取り組みがなされる中で，留意すべき点が明らかになったとして，制度の適切な運用に努めるよう2010年に総務省自治行政局長名で「指定管理者制度の運用について」という8項目の通知が，各都道府県知事・議会議長，各指定都市市長・議会議長あてに出された。この8項目の中には「指定管理者による管理が適切に行われているかどうかを定期的に見直す機会を設けるため，指定管理者の指定は，期間を定めて行うものとする」，「指定管理者の指定の申請にあたっては，住民サービスを効果

的，効率的に提供するため，サービスの提供者を民間事業者等から幅広く求めることに意義があり，複数の申請者に事業計画書を提出させることが望ましい」とある。

　上の1），2）で紹介した課題解決のための方法である，指定期間の長期化や自治体が出資する財団法人などへの非公募による指名は，通知された2つの事項とは方向性が反対である。また，自治体が出資する財団法人が非公募で指定管理者に決まることは，選定のプロセスが透明になった点を除くと，指定管理者制度導入以前の管理運営委託と大きな違いはないのではないかと考える。

　なお，ここではこの制度を博物館に導入した場合の課題を説明しているのであって，レクリエーション・スポーツ施設である体育館や基盤施設である公園や駐車場では，この制度がうまく機能している事例が多くあることも忘れてはならない。

4．地方独立行政法人への期待

　第3節で述べた3つの課題などから，大阪市では博物館と指定管理者制度の関係について，明確な姿勢を示した。ここでは，博物館にとって新しい経営形態である「地方独立行政法人」を大阪市がどのように検討してきたのか，その経緯と内容を見ていく。

(1) 地方独立行政法人化の誕生まで

　大阪市は2006年4月からの指定管理者制度の導入に先立ち，市立の4博物館の指定管理者を非公募で選定した。同市では当時，公募を行わない場合，指定期間は通常の半分の2年間とされたため，これらの博物館にもそれが適用された。しかし，指定管理者制度が多種多様な公の施設

を対象にしているため，指定管理者の選定基準は，博物館施設運営の可否を判断する基準としては十分ではなかった。そこで同市は，調査・研究における継続性の確保，資料に関する寄託者や関係者との信頼関係の構築，大型展覧会の企画・実施に必要な準備期間の確保，有用な人材の安定的確保を理由に，指定管理者制度は博物館に不向きな制度であると考えた。そのため，指定管理者制度以外の制度や運用方法がないか検討を進め，その結果，2001年から国で導入した独立行政法人制度の地方版の適用がふさわしいということになった。しかし，当時は博物館施設が同制度の対象外であったため，2006年10月，2008年6月の2回にわたり，構造改革特区提案による実現を総務省と文部科学省に求めたが，その要望は叶わなかった（高井2010a；2010b）。

　前述したように，2013年まで日本の公立博物館経営は，地方公共団体の直営による経営か，指定管理者による経営（直営の併用を含む）かの二者択一であった。しかし，2013年に政令が改正され，地方公共団体が設置者である「博物館，美術館，植物園，動物園又は水族館」にも独立行政法人が適用されるようになった。住民の生活，地域社会の公共上の見地からその地域において確実に実施されることが必要であって，直営で経営する必要がない事業のうち，指定管理者制度によって選ばれた民間組織（地方公共団体が出資する財団法人も含まれる）に経営を委ねた際，本来実施すべき事業がうまく行われない可能性がある場合には，効率的かつ効果的に事業を実施する目的で地方独立行政法人を設置できるようになった。なお，それ以前より，地方公共団体が設置する大学や病院，試験研究機関には，独立行政法人を適用することができた。

（2）地方独立行政法人の特徴

　大阪市は，既存の5館である大阪市立美術館，大阪市立東洋陶磁美術

館，大阪歴史博物館，大阪市立自然史博物館，大阪市立科学館に，現在計画中の新美術館（2021年度開館予定）を加え，6館を一体的に経営する地方独立行政法人を2019年度に設立した。それまで，この5館の経営は，指定管理者である（公財）大阪市博物館協会が大阪市立科学館以外の4館を，（公財）大阪科学振興協会が大阪市立科学館の経営を行っていた。

　この地方独立行政法人設置に際して，これらのミュージアム群が目指すべき姿として，大阪市は「大阪市ミュージアムビジョン」（大阪市経済戦略局2016）を策定した。これに付随する資料として，経営形態に関する比較検討（表12-3）を同市では行っている。この資料では，事業

表12-3　経営形態の比較

経営形態	事業の継続性や専門人材の確保	戦略的投資	機動力の確保	柔軟性の確保		自主性の確保
				契約・管理	予算執行	
直営	◎ 事業の期間に定めがない	△ 可能	× 困難	× 厳格で複雑な手続きが必要	× 単年度予算の制約，剰余金の活用は困難	× 困難
指定管理/外郭団体の場合	△ 自治体職員を派遣できる法人を繰返し指名すれば，確保は可能	△ 期間の制限があるため運営者による実現は困難。ただし，長期・非公募であれば可能	× 外郭団体として，直営同様の手続きが求められる	△ 公の施設としての制約や，設置主体の関与は残る	△ 利用料金制度を導入することで，ある程度自由な使途が可能	△ 自主事業は可能だが，基本は仕様書に基づく運営・管理の代行
地方独立行政法人	◎ 法人が存続する限り自らの判断に基づく確保が可能	○ ある程度可能だが，大規模投資には設置者の援助が必要	○ 法人が定める規定に依る	○ ある程度法人の裁量・判断で実施や変更が可能	○ 運営費交付金は使途の定めがなく，弾力的な運用が可能	◎ 法人が定める事業計画と，自らの判断に基づく経営が可能

出典：大阪市経済戦略局（2016）の資料を基に筆者が作成

の継続性や専門人材の確保，戦略的投資の可能性，機動力の確保，柔軟性の確保（契約・管理，予算執行），自主性の確保という５つの観点から３つの経営形態を評価している。それによると，直営では，事業の継続性や専門人材の確保の面では有利なものの，実際の運営では，博物館業務と自治体の契約・管理の考え方が合わない，単年度の予算執行などのための柔軟性の確保が難しいと判断された。指定管理では，この５つの観点においては，一部を除きどれもふさわしいという評価が付かず，特に指定期間の制限があるため戦略的投資の難しく，指定管理者でも外郭団体の場合には直営同様の手続きが求められるなど，機動力の確保が難しいとされた。一方，地方独立行政法人は，この５項目すべてにおいてふさわしい経営形態とされた。特に，法人自らの判断に基づく経営が可能であるため，事業の継続性や専門人材の確保，自主性の確保において優れていることが分かる。

　しかし，地方独立行政法人にもいくつかの課題がある。同法人への移行に伴うコストが必要であること，新たなランニングコストとして，評価委員会，監査報酬，顧問弁護士料，損害保険料などが必要となることである。そのため，ここで取り上げた大阪市のように，複数館で１つの地方独立行政法人を設立する場合は，発生するコストを見込んだ上でその後の効果を期待できるが，中・小規模館１館だけではあまりに上で示したコストが大きいため，効果が少なく，設立が不可能であると言われている。

　「大阪市ミュージアムビジョン」を受けて，大阪市は2019年度に地方独立行政法人を設立した。制度としては2013年に可能となった経営形態であるが，博物館では最初の実現例となった。今後どのように展開するのか注目していきたい。

参考文献

浅沼政誌「指定管理者制度「島根方式」による博物館運営」『博物館研究』45(10)，pp.17-19，2010.
大阪市経済戦略局『大阪市ミュージアムビジョン　都市のコアとしてのミュージアム』2016.
片山泰輔「指定管理者制度の今―制度の概要と論点」中川幾郎・松本茂章編著『指定管理者は今どうなっているのか』水曜社，pp.10-29，2007.
金山喜昭「指定管理者制度によるNPO運営館のヒアリング調査報告」『日本の博物館総合調査研究』（科研費基盤（B）研究成果報告書），pp.120-177，2015.
金山喜昭『公立博物館をNPOに任せたら―市民・自治体・地域の連携』同成社，2012.
佐々木亨「公設民営博物館運営の実態と課題に関する考察」『文化経済学』1-2，pp.81-86，1998.
佐々木秀彦「公立ミュージアムのガバナンス改革―「官製」から「地域立」へ」『ミュージアム・データ』76（丹青研究所），pp.1-5，2010.
篠原徹『日本の博物館総合調査研究』（科学研究費補助金研究成果報告書）2015
高井健司「公立博物館の地方独法化に向けた取組み―特区提案の結果について」『博物館研究』45(1)，pp.23，2010a.
高井健司「大阪市における指定管理者制度の導入と運用」『博物館研究』45(10)，pp.14-16，2010b.
地域協働型マネジメント研究会『指定管理者制度ハンドブック』ぎょうせい，2004.
中川幾郎・松本茂章『指定管理者は今どうなっているのか』水曜社，2007.
日本経済新聞「文化往来：足利市立美術館，3年で指定管理者制廃止」『日本経済新聞』(2008.6.24)
野田市郷土博物館『野田市郷土博物館・市民会館　年報・紀要』9，2015.

13 | 博物館における危機管理・倫理規程

| 平井　宏典

《目標&ポイント》　博物館は，人類共有の財産といえる貴重な資料を取り扱うという性質上，その経営には常に危機に向き合う姿勢と高い倫理観を求められる。本章では，経営学の観点から，危機管理の基本を踏まえた上で，危機管理へのアプローチを効果的にするプロセスを解説する。また，合わせて博物館経営において倫理が重要な位置付けにあることを確認した上で，倫理規定のあり方について解説する。
《キーワード》　危機管理，危機管理アプローチ，経営倫理，倫理規程，博物館の原則

1．危機管理

　大泉は，さまざまな「危機」の定義をレビューした上で，まず危機を「危険（Dangers）」と「機会（opportunities）」の双方であることを前提として，危機の定義を以下のようにまとめている[1]。

① 「危機」とは，個人の象徴，信念，感情にまで影響を及ぼす崩壊であり，また，社会システム全体が完全に破壊するまで物的影響を受けることである。

② 「危機」とは，重要な目標が危険にさらされ，その目標が達成される確率が少ないと個人が感じる状況である。

③ 「危機」とは，ある組織の保安・保障（Security），業務活動，ま

1）大泉光一『危機管理学総論｜理論から実践的対応へ』ミネルヴァ書房，pp.4-6，2006.

たは組織のイメージといったものに直接悪影響を及ぼす可能性のある出来事のことを指す。したがって「危機」とは，重大な危機的状況や災害だけを意味するのではなく，国際テロ組織による爆弾テロ予告といったものから，大規模な事故や自然災害に至るまで，広範囲にわたるさまざまな出来事を含むのである。ただし，現在進行中の「危機」と過去に起こった「危機」とには相違があることを認識する必要がある。

④企業の危機管理における「危機」とは，重大事件・事故，企業イメージを失墜させる不祥事，大震災，産業災害などにより企業経営に重大な損失を被る，もしくは企業が社会的責任を果たす上で重大な障害となる事態である。

⑤危機とはさまざまな緊急事態から発生し得るものであり，図13-1に示したように自然災害（disasters）と人災（induced catastrophes）の2つに大別することができる。前者の自然災害とは，外部援助を要する大規模環境破壊をいう。それは自然現象であり，結果的な事故という点で他の緊急事態とは異なる。それは人間によって引き起こされる故意的行為ではなく，不可抗力（force majeure）であるとされている。この緊急事態のカテゴリーには，大洪水，地震，ハリケーン，落雷，火山の爆発，地滑り，疫病（感染症），火災などがある。

博物館においても危機の種類は非常に多様性を帯びている。記憶に新しいところで言えば，我が国では2011年3月11日に未曾有の大災害である東日本大震災を経験している。1995年の阪神淡路大震災以降，ここ20年ぐらいの間で2004年の新潟中越地震，2011年の東日本大震災，2016年の熊本地震等といった大地震が発生している。地震大国である日本において，いつ来るか分からない地震に対する備えは危機管理という点で不

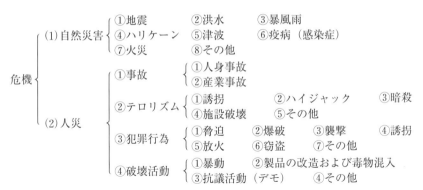

図13-1　危機の種類
出典：大泉（2006），p.5．一部筆者修正

可欠である。

　自然災害だけではなく，世界的に見ると，テロリストによる世界遺産の爆破や観光地における博物館襲撃，博物館資料の窃盗（盗難）といった人災も存在している。このような危機に対して博物館はどのようにアプローチしていくべきだろうか。

　危機管理へのアプローチを効果的なものにするためには危機管理活動を，危機の移行プロセスに沿って，①危機発生前（pre-crisis），②警告期（warning），③危機発生中（crisis），④移行中（transaction），⑤危機終了後（post-crisis）の5段階に区分して進めることが重要である[2]。

①危機発生前（pre-crisis）：事前対応活動段階

　危機管理のプロセスの中で最も重要であり，中心的な要素の一つは，危機が発生する前にその具体的な対応策が立案されるということである。危機の発生を事前に察知し，それを回避する，または予防策として環境を沈静化することに焦点を置く。

　もう一つ重要になってくるのは，この段階で「危機管理対応チーム

2）大泉光一（2006）前掲書，pp.38-42．

(crisis management team : CMT）のメンバーを決定し，各人の任務・責任を認識させる時期でもある。CMT の役割は，危機発生中だけではなく，計画作成，訓練等も含まれる。

②警告期（warning）

　安定した状況が変化しはじめた段階である。CMT は，直ちにリスクならびに弱点の再評価を行い，すでに完成されている不測事態対応計画（緊急事態対応計画）がその状況に具体的に適用できるかどうか確認しなければならない。

③危機発生中（crisis）：危機段階

　この段階において危機管理のアプローチは回避段階から対処段階へと移行し，危機はまさに意思決定の機会となる。その際，危機の不確実性，その猛烈な脅威，緊急意思決定の逼迫性の3つの特徴に留意する必要がある。

④移行中（transaction）

　この段階において，その時期を明確にすることは非常に困難であるが，CMT は事後処理を開始し，危機終了後の検討を実施する時期でもある。この際，CMT が考慮すべきことは，被った被害の評価および復旧のメカニズムが適正に設定されているかどうかの確認である。

⑤危機終了後（post-crisis）

　緊急活動の必要性が減少した段階であり，危機は管理下に置かれ，意思決定者は通常業務に復帰するが，危機の被害は顕在的および潜在的なものがあり，その両方に対して修復活動が行わなければならない。

　博物館でも想定しうる危機に対して，CMT を組織し，上記5つの段階に対してどのようにアプローチするか平常時から検討する必要がある。それには，まず危機管理計画の策定は必要不可欠だが，策定するに

あたって，①危機管理対応チーム（CMT），②方針決定，③計画設定およびテスト，④危機管理センター，⑤危機コミュニケーション，⑥影響を受ける関係者，の6項目に留意することで，より効果的なものとすることができる。

2．経営倫理

　水尾は，「経営倫理」について，英語表現のBusiness Ethics（ビジネス・エシックス）から，その語源がギリシャ語のEthicos（品性・人格）にあり，「企業の品格・人格」を表す言葉であるとしている。そして，人間に人徳という言葉があるように，会社にも社徳があり，経営倫理を基に品性や人格のある企業として社徳を重んじる企業でなければ，これからの時代における企業としてそのレゾンデートル（存在意義）が社会から認められないと指摘している[3]。

　博物館は，人類共有の財産である貴重な資料を分かち合い，文化を継承，創造していく機関として品性・人格のある博物館として活動していかなければならない。それでは，実際に，博物館とその関係者が高い倫理観を持って活動していくにはどのようにすればよいのか。そこで重要になってくるのが，「倫理規程」である。「倫理規程」を有する意義は，組織が有する全体的価値観を規定し，その目的を構成員に明示することで，組織やその構成員である個人の行動や意思決定に一定のガイドラインを提供することにある。その目的を詳述すると以下のとおりとなる[4]。

　①企業の不祥事の発生を予防し，持続可能な成長の基礎となる。
　②組織やその構成員が善悪の判断を行う際の恒常的かつ安定的なガイ

---

3) 水尾順一『セルフ・ガバナンスの経営倫理』千倉書房，p.4-5, 2003.
4) 水尾順一（2003）前掲書，p.55-58.

ドラインとなる。
③倫理的ジレンマや悩みを解決する上でのガイドラインとなる。
④従業員や組織に上記のガイドラインを提供するのみならず，経営層の専制的マネジメントや横暴を予防することができる。
⑤社内外に対して企業の倫理的価値観を示すことができ，企業評価向上に寄与する。
⑥企業の倫理的価値観の開示は優秀な人材確保にも結びつく。

それでは実際に博物館界では，どのような倫理規程を制定しているのか。博物館界のスタンダードを形成するICOMと我が国の倫理規程を概観する。

(1) ICOMの倫理規程

ICOMの倫理規程への取り組みの歴史は長く，1970年には，資料収集に焦点を絞った「収集活動の倫理（Ethics of Acquisition）をまとめている。1986年には，博物館活動全体を網羅する「ICOM職業倫理規程（ICOM Code of Professional Ethics）」，2001年改訂版からは「博物館倫理規程（ICOM Code of Ethics for Museums）」の名称で，2004年に再改定を経て，現在に至っている[5]。2004年再改定版を概観すると，以下の8つのセクションから構成されている[6]。

①博物館は人類の自然・文化遺産のさまざまな側面を保存し，解釈し，促進する

②コレクションの負託を受けて有する博物館は，社会の利益と発展の

---

5) 財団法人日本博物館協会『博物館倫理規定に関する調査研究報告書』平成22年度文部科学省委託事業 生涯学習施策に関する調査研究, p.1, 2001.
6) イコム日本委員会『イコム職業倫理規程（2004年10月改定)』, 2004. (International Council of Museums, "ICOM Code of Ethics for Museum 2004 Edition" Japanese National Committee)

ためにそれらを保管するものである
③博物館は知識を確立し深めるための主要な証拠を持つ
④博物館は自然および文化遺産を鑑賞し，理解し，それを促進する機会を提供する
⑤博物館の資源は，他の公的サービスや利益のための機会を提供する
⑥収蔵品が由来する，もしくは博物館が奉仕する地域社会との密接な協力のもとに行う博物館の業務
⑦博物館は法律に従って事業を行う
⑧博物館は専門的に事業を行う

　この規程は，あくまで世界共通の最低基準であり，すべての博物館職員が守れる内容であるとしている。また，各国の実情に合わせて，国と博物館およびそれに関連する組織が，追加の規定をつくる上で，本規定がその基本となることを意図していることも明記されている。つまり，「ICOM 職業倫理規程の地位」の中で，この「倫理規程」は，国際的な博物館共同体で一般に受け入れられている基本理念を反映しているものと言及しているように，本規程は世界の博物館関係者にとって最も基本となるものであるといえる。

（2）日本の倫理規定

　それでは，日本の倫理規程はどのようになっているのか。博物館を巡る状況の変化に対して，よりどころとして共有できる行動の指針が求められており，ICOM や欧米諸国ではその重要性が認識され，博物館に関する倫理規程が制定されていった。そこで日本でも，「博物館法」，「ICOM 倫理規程」，「博物館の設置及び運営上の望ましい基準」に定められた理念を反映する形で，「博物館の原則」が2012年に制定された[7]。

---

7) 日本博物館協会『博物館の原則—博物館関係者の行動規範』, p.2, 2012.

財団法人　日本博物館協会
平成24（2012）年7月1日制定

博物館は公益を目的とする機関として，次の原則に従い活動する。
1．博物館は，学術と文化の継承・発展・創造と教育普及を通し，人類と社会に貢献する。
2．博物館は，人類共通の財産である資料及び資料にかかる環境の多面的価値を尊重する。
3．博物館は，設置目的や使命を達成するため，人的，物的，財源的な基盤を確保する。
4．博物館は，使命にもとづく方針と目標を定めて活動し，成果を評価し改善を図る。
5．博物館は，体系的にコレクションを形成し，良好な状態で次世代に引き継ぐ。
6．博物館は，調査研究に裏付けられた活動によって，社会から信頼を得る。
7．博物館は，展示や教育普及を通じ，新たな価値を創造する。
8．博物館は，その活動の充実・発展のため，専門的力量の向上に努める。
9．博物館は，関連機関や地域と連携・協力して，総合的な力を高める。
10．博物館は，関連する法規や規範，倫理を理解し，遵守する。

図13-2　博物館の原則
出典：日本博物館協会『博物館の原則―博物館関係者の行動規範』，p.2，2012.

　この博物館の原則を受け，2017年には美術館の原則も制定している。その制定の経緯として，以下のように述べている。
　ICOMの「職業倫理規程」は，あらゆる国と地域，あらゆる分野の博物館に適用しうる最低限の国際基準として作られたものであり，それぞれの国・地域の特性に応じた独自版を作ることを奨励している。日本の博物館協会版の「博物館の原則」と「博物館関係者の行動規範」はそれを受け，日本の博物館の状況に適したものとして作成されたが，あらゆる分野の博物館を対象にしたという点ではICOMのそれと同じである。博物館と総括しても分野ごとの特殊性・専門性による差異はあり，「美

術館の原則と美術館関係者の行動指針」は，国公私立を問わず日本の美術館による日本の美術館のための指針として企図したものである。

　また，その制定においては，「博物館の原則」と「博物館関係者の行動規範」を参考にし，それらと齟齬，矛盾をきたさないよう留意しつつ，美術館の実情に即したものとなっていると言及している。実際，原則においては全体の構成や基本的な文言も同一であるが，博物館の原則が10であるのに対して，美術館の原則は11であり，「4．美術館は，倫理規範と専門的基準とによって自らを律しつつ，人々の表現の自由，知る自由を保障し支えるために，活動の自由を持つ」については独自のものとなっている[8]。

　経営倫理は，「組織風土，社員の行動を規定するものであり，経営理念を具現化するもの」であり，個々の実情に合わせて，制定する必要があると考えられる。今後は，館種にとどまらず個々の館でも倫理規程を制定し，運用していく流れになることが望まれる。

　しかし，倫理規程は制定するだけではなく，いかに啓発し，その規定に書かれていることを実現するかが重要となってくる。経営倫理への取り組みは，経営倫理規定や企業行動基準などの作成や推進体制，教育・訓練，そして具体的な浸透・定着活動が重要であり，経営倫理の啓発活動が成功する条件として以下の4点を挙げられている[9]。

①具体性

　経営倫理の実施計画は，精神論や理念的内容だけではなく，具体的細目まで記述されなければならない。例として挙げられているトヨタの『トヨタ社員の行動指針』における「2-4．安全性追求活動」では，自動車メーカーとして安全性の追求を最大の課題の一つとしてオールトヨ

8）全国美術館会議『美術館の原則と美術館関係者の行動指針』，2017.
9）水尾順一（2003）前掲書，p.12-14『セルフ・ガバナンスの経営倫理』千倉書房，2003.

タで取り組んでいく姿勢を見せると同時に，ドライバーへの啓発活動や交通環境整備にも言及しており，非常に具体的で分かりやすいものとなっている[10]。

②公平性

役員については商法上の規制や遵守事項は附則しなければならないが，中心となる行動基準や倫理規定は全社員公平でなければならない。

③明確性

コンプライアンス（法令遵守）活動は，従業員にとって理解しやすいことが重要である。企業によっては多様なケースを想定したQ&A方式で記述するなど理解しやすい内容を心がける必要がある。

④実現可能性

倫理規定も制定し，コンプライアンス・プログラムも導入している日本有数の大企業であっても問題が発生することもあり，実現可能性を高める活動や体制構築も重要である。

これからの博物館の経営倫理は，倫理規程の制定フェーズから，その規定がいかに実効性を伴って展開されていくのかという段階へ進みつつあるといえる。上記の4点に留意しながら，倫理への取り組みを強化していくことが望まれる。

---

10) トヨタ行動指針，2006
http://www.toyota.co.jp/pages/contents/jpn/company/vision/code_of_conduct/chapter2.pdf（2018年2月現在）

参考文献

亀井利明『リスクマネジメント総論』同文舘出版，2004.
水尾順一『セルフ・ガバナンスの経営倫理』千倉書房，2003.
十川廣國『CSRの本質｜企業と市場・社会』中央経済社，2005.
高　巖『ビジネスエシックス［企業倫理］』日本経済新聞社，2013.
大泉光一『危機管理学総論｜理論から実践的対応へ』ミネルヴァ書房，2006.
南方哲也『リスクマネジメントの基礎理論』晃洋書房，1993.
吉川吉衛『企業リスクマネジメント｜内部統制の手法として』中央経済社，2007.

14 | 我が国の文化政策と地方自治体の文化財団

佐々木 亨

《**目標＆ポイント**》 地方自治体には，博物館を含めたさまざまな文化施設がある。文化施設の運営に深くかかわる文化政策の歴史を紹介した上で，地方自治体が出資する文化財団と文化施設の関係，および文化財団と文化政策のあり方を考察する。
《**キーワード**》 文化財団，文化政策，文化芸術，文化芸術基本法，札幌市

1. 地方自治体と国の文化政策に関する歴史

　ここでは，この章に登場するいくつかの重要な用語について説明し，その上で，第2節以降を理解するために必要となる地方自治体における文化政策と国による文化政策の歴史を概観する。

（1）重要な用語について

　博物館学に関する図書や論文において，「政策」に関する議論は少ない。しかしながら，我が国の博物館総数5,690館のうち，その約79％にあたる4,489館は設置者が国または地方自治体である（平成27年度「社会教育調査」）。そのため，国または地方自治体の政策，とりわけ文化に関する政策は博物館活動に対して大きな影響を及ぼす。
　この章では「政策」を以下のように定義する。
　「政治機関によって指し示された，ある目的を達成するか，または問

題(課題)を解決するために，環境諸条件を変更することや対象集団の行動に変更を加えようとする意図のもとに，これに向けて働きかける政府活動(手段)の案」(中川2009：66)。

なお，「政府活動(手段)の案」に対して，文化を対象とする領域では「文化政策」という用語を使うが，地方自治体では「文化行政」という用語もよく目にする。これに関して，戦後しばらくの間，「文化政策」という用語は戦前・戦中の文化統制を想起させるため使用されなかったという経緯があるといわれている(野田2014：32；小林2009：75)。しかし，地方自治体においても上の定義に基づいた文化政策を行っているので，ここでは地方自治体の政策に該当する活動に関しては「文化政策」という用語に統一する。

また，「文化政策」における「文化」という用語は，以下で説明する法律や条例の中で「文化芸術」として扱われている。そのため，ここでは「文化芸術」を「文化芸術基本法」第8～14条に基づいて，表14-1のように定義する。

表14-1 「文化芸術基本法」による文化芸術のジャンル

基本法の条		ジャンル
第8条	芸術(メディア芸術を除く)	文学，音楽，美術，写真，演劇，舞踊その他
第9条	メディア芸術	映画，漫画，アニメーションおよびコンピュータその他の電子機器等を利用した芸術
第10条	伝統芸能	雅楽，能楽，文楽，歌舞伎，組踊その他の我が国古来の伝統的な芸能
第11条	芸能(伝統芸能を除く)	講談，落語，浪曲，漫談，漫才，歌唱その他の芸能
第12条	生活文化，国民娯楽および出版物等	茶道，華道，書道，食文化その他生活に係る文化
		囲碁，将棋その他国民的娯楽
		出版物およびレコード等
第13条	文化財等	有形および無形の文化財並びにその保存技術
第14条	地域における文化芸術	地域固有の伝統芸能および民俗芸能

（2）地方自治体による文化政策の歴史

　国による文化政策は1990年代になってから飛躍的に発展するが，一方で1960年代以降，地方自治体の文化政策（当時は「文化行政」という用語が使われた）は発展し，我が国の現在の文化政策に大きな影響を与えたのは，国よりもむしろ地方自治体の取り組みであった（野田2014：32；小林2009：75）。そのため，まず地方自治体による文化政策の歴史を概観する。

　地方自治体の文化政策を牽引したのは，1960年代に始まり1970年代にピークを迎えた革新系の知事や市長が誕生した地方自治体であった。これらの自治体では，中央官治型の伝統的な政治構造に対抗する地方自治体主導の政治を定着させた。市民との対話などの新しい政治手法を導入し，伝統的なムラ役場的構造の中に，計画や政策といった概念を持ち込んだ。これらのことが素地となり，1970年代以降，地方自治体における文化政策の全国的なブームでは，知事や市長といった首長が所管する部局に「文化課」や「文化室」が設置された。これらの自治体では，教育委員会の社会教育課が所管していた事業が首長部局に移管され，社会教育行政から市民文化を育てる文化行政に移行していった。このような文化政策と並んで，市民参加，情報公開，まちづくり，公害・環境，地域おこしなどの政策も取り組まれた。また当時，地方自治体の文化政策のとらえ方は，芸術振興，文化財，社会教育という枠にとらわれず，福祉，商工，労働，建設など自治体行政のあらゆる分野に文化的視点を取り入れようとするもので，「文化によるまちづくり」を目指していた（野田2014：21-38）。

　また，1970年代には文化政策に関する全国的な集まりも開催された。1976年には兵庫県と総合研究開発機構による日本で初の「文化行政シンポジウム」（神戸市）が開催され，自治体の文化政策促進の機運を促し

た。1977年には「文化行政連絡会議」（箱根町）が7府県と横浜市の参加で行われ，文化政策と総合計画との関係，庁内各課との横の連携，文化施設・文化団体の実態把握の方法，行政外からの提言を募る方法など将来的な文化政策の重要課題が議題となった。さらに1979年には第1回「全国文化行政シンポジウム」（横浜市）が43都道府県，33市町村からの参加とともに，市民や研究者も参加して開催された。テーマを「自治と文化—地方の時代をめざして」とし，自治と文化の関係，文化政策の基本的方向，市民の立場から見た文化政策のあり方，「行政の文化化」（文化を軸とした価値体系を再構築し，生活にかかわるすべてのものを文化ととらえ，庁内各部署が文化的視点から行政を進めること）などについて議論された。このシンポジウムにより，地方自治体において文化政策が時代の潮流であることを内外に印象づけた（森2009：177-182）。

　1980年代に入ると，「地方の時代」が叫ばれ，自分たちのまちを変えていくためには，住民に身近な自治体こそがイニシアチブを発揮すべきだという機運が高まった。一方で，経済大国でありながら市民が生活における質的豊かさを享受していない現実が指摘され，「文化の時代」という提唱のもと，市民が気軽に文化や芸術に触れる環境が整備された（森2009：203-204）。

（3）国による文化政策の歴史

　1968年に文化庁が文部省（現在の文部科学省）の外局として設置され，創設20周年を記念した1988年には文化白書である『我が国の文化と文化行政』が初めて発行された（小林2009：75）。その翌年，1989年には文化庁が「文化政策推進会議」を発足させ，国は戦後初めて「文化政策」という言葉を使った（野田2014：66）。

　それ以降，1990年に「芸術文化振興基金」の創設，1994年には地方の

公立文化施設を対象に情報交流や調査研究，スタッフの研修，施設活性化事業などを実施する財団法人地域創造を自治省（現在の総務省）が設立した。1996年には文化庁が芸術水準の頂点を高める創造活動を支援する「アーツプラン21」を開始し，1998年には『文化振興マスタープラン―文化立国の実現に向けて』を策定した（野田2014：66-68）。

このような1990年代を経て，2001年は我が国の文化政策にとって画期的な年となった。「文化芸術振興基本法」が成立し，国と地方自治体が文化政策に取り組むことを義務化した。さらに，2012年には「劇場，音楽堂等の事業の活性化に関する法律」が成立した。博物館には博物館法という設置の根拠になる法律が1951年から存在し，専門的職員としての学芸員の役割や博物館での事業内容が法律で規定されている。しかし，劇場やコンサートホールに関してはそのような法律がこれまでなかった。この法律では，これらの施設での事業内容，国・地方自治体・実演芸術団体等の役割，施設運営に関する人材育成の必要性を明記している。

なお，2017年に「文化芸術振興基本法」は一部改正され，先に文化芸術のジャンルを示した「文化芸術基本法」となった。

2．札幌市における文化政策

ここでは，第1節で説明した地方自治体の文化政策の一事例として，札幌市の文化政策についてその歴史と現状，および博物館などを運営管理する文化財団について紹介する。

（1）文化芸術基本計画策定までの経緯

先に書いたように，国は2001年に文化芸術振興基本法（以下，振興基

本法とする）を制定した。振興基本法第 4 条では「地方公共団体は基本理念にのっとり，文化芸術の振興に関し，国との連携を図りつつ，自主的かつ主体的に，その地域の特性に応じた施策を策定し，及び実施する責務を有する」と規定されており，これをさらに具体化するため，振興基本法第35条に「地方公共団体は地域の特性に応じた文化芸術の振興のために必要な施策の推進を図るよう努めるものとする」という規定を設けている。

　札幌市ではこの規定を受けて，「札幌市文化芸術振興条例」が2007年3 月に制定され，4 月から施行された。この条例の第 1 条では，条例の目的として「文化芸術の振興に関し，基本理念を定め，市の責務並びに市民及び事業者の役割を明らかにするとともに，文化芸術の振興に関する施策の基本となる事項を定めることにより，文化芸術の振興に関する施策を総合的かつ計画的に推進し，もって市民が心豊かに暮らせる文化の薫り高きまちづくりに寄与すること」と記されている。さらに，条例第 6 条第 1 項に「市長は文化芸術の振興に関する施策を総合的かつ計画的に実施するため，文化芸術の振興に関する基本的な計画（以下「基本計画」という）を定めなければならない」と記されている。

　条例による基本計画策定とは別に，すでに札幌市は「札幌市芸術文化基本構想：アンビシャス札幌・21」を1997年に策定し，札幌市の文化芸術振興の計画としていた。この構想では，芸術文化は広く市民のものであると同時に，まちづくり全般にわたって重要な役割を果たすという認識のもと，魅力ある国際文化都市を目指すことを掲げていた。つまり，2007年の条例制定時点では「札幌市文化芸術振興条例」と「札幌市芸術文化基本構想：アンビシャス札幌・21」の 2 つの方針が並存していたことになる。そのため条例施行に伴って基本計画を策定することは，この構想の見直しという意味合いがあり，次に述べる基本計画が策定された

2009年時点で同構想は廃止された。

（2）文化芸術基本計画（2014～2018年度）の内容

　今日（2018年2月現在），「札幌市文化芸術基本計画」は第2期目の計画となっている。「札幌市文化芸術振興条例」の第6条第6項に「基本計画は，情勢の変化に応ずるため，おおむね5年ごとに見直しを行うものとする」とあるように，第1期目の基本計画は，2009年4月に制定され，次の第2期目の基本計画は2015年1月に制定された。

　この基本計画の第1章「基本計画策定の趣旨」では，これまでの同市における文化に係る出来事を整理している。1963年の「札幌市民憲章」では「世界とむすぶ高い文化のまちにしましょう」との理念を掲げ，文化芸術施策の重要性に着目してきたこと，その後の文化施設のオープンや文化イベントの開催，基本構想や条例の制定，「創造都市さっぽろ」の宣言や「ユネスコ創造都市ネットワーク」への加盟などの変遷を紹介した。その上で，前基本計画策定後の5年間で起こった変化に対応するため，計画の見直しをする必要性を述べている。その変化とは①「劇場，音楽堂等の活性化に関する法律」の施行，②文化芸術に対する新たな役割への注目，③2013～2022年までの10年間の総合計画である「札幌市まちづくり戦略ビジョン」が策定されたこと，である。

　第2章「前基本計画期間における取り組みの検証と社会的背景」では前基本計画期間における全36事業に対する取り組みの検証，市民への意識調査，「札幌文化芸術円卓会議」からの意見を整理した。なお，この会議は条例第10条にある「市は，市民，芸術家等，文化芸術活動を行う団体等の自由な発想が文化芸術の振興に欠かせないものであることにかんがみ，市とこれらの者とが，文化芸術の振興に関し，互いに自由かつ率直に意見の交換を行うことができる仕組みの整備を図るものとする」

に基づいて設置された会議である。併せて，文化芸術を取り巻く社会的背景として，国の文化芸術振興の動向，社会情勢の変化，札幌市の動向を踏まえ，計画見直しの方向性を次のように定めた。1）文化芸術に関する社会基盤の整備，2）文化芸術の社会的展開，3）札幌の文化芸術の継承，である。

　第3章「基本計画のテーマと計画推進のための考え方」では，基本計画のテーマと計画推進のための考え方を明示した。これまで以上に市民の創造性を喚起することや，創造性を活かした産業振興や地域の活性化，にぎわい創出，まちの魅力向上などに重点を置き，文化芸術の側面から創造都市さっぽろを推進していくために，新しい基本計画のテーマを「創造性あふれる文化芸術の街さっぽろ」としてさまざまな文化芸術施策を進めることとした。そのために，今後5年間で必要となる取り組みを

　①「創造性の土を耕す」（文化芸術の基盤整備）
　②「創造性の種を蒔く」（文化芸術の未来への布石，育成）
　③「創造性を実らせる」（文化芸術の支援，保存・活用）
　④「創造性を蓄え，伝える」（文化芸術に関する情報蓄積と発信）

という4つのステージに分類し，続く章で具体的な文化芸術振興施策を計画した。

　第4章「今後の札幌の文化芸術振興施策」に関しては，上の4つのステージごとに，博物館やアートなどに関する施策や事業を中心に紹介する。なお，**図14-1**は基本計画の概要版にある第4章の部分である。

①「創造性の土を耕す」（文化芸術の基盤整備）

　ここで〈多彩な文化芸術に親しむ機会の提供〉の項目として，2014年から始まった「札幌国際芸術祭」が重点取組事業として挙がっている。この芸術祭は，世界で活躍する現代アーティストたちが参加し，最先端

ステージ	施策	重点取組事業	その他の事業例（新規のみ）
創造性の土を耕す【基盤整備】	①多彩な文化芸術に親しむ機会の提供 ②文化芸術のための施設整備・活用等	◎国際芸術祭の開催 ⇒「創造都市さっぽろ」の象徴的事業 ◎（仮称）市民交流複合施設の整備・運営 ⇒高機能ホールにおいて、オペラやバレエなど本格的な舞台芸術を鑑賞するなど	・さっぽろ天神山アートスタジオの運営【新規】 ・定期的な調査等の実施による市民ニーズの把握と活用【新規】
創造性の種を蒔く【未来への布石、育成】	①将来の文化芸術を活性化させるための調査・研究 ①子どもたちの文化芸術活動の充実 ②文化芸術を活かした様々な事業との連携強化	⇒基本計画の推進、評価に向けた検討 ◎幼児や小学校低学年の子どもたちに向けた文化体験事業の推進 ◎文化芸術が持つ創造性を活かした取組に向けた推進	・複合施設を活用した子どもを対象の事業推進【新規】 ・市役所各部局で創造性を高める取組【新規】 ・都市文化交流事業の推進 ・文化芸術を活かした地域活性化【新規】 ・空き家・空き店舗等の活用【新規】 ・教育機関等との連携【新規】
創造性を実らせる【支援、保存・活用】	①アーティスト等のスキルアップ促進 ②文化芸術をつなぐ新たな役割の育成・支援	◎アーティスト等に対する活動支援及び環境整備 ⇒補助制度や企画等の相談窓口、広報ＰＲなどの活動支援、アーティストと市民の交流の場の提供 ◎札幌の優れたアートマネジメント人材を活用した発展的取組 ⇒アートマネジメントによる新たな文化芸術創出、アーティストと企業との交流・連携、調査研究	
創造性を蓄え、伝える【情報の蓄積と発信】	③文化遺産・自然遺産の保存と活用 ①情報発信機能の強化 ②札幌の文化芸術を通じた国内外への魅力発信	◎（仮称）札幌博物館計画の策定 ◎文化遺産の保存と活用 ⇒旧永山邸、遺跡公園、資料館の保存・活用 ◎情報発信・共有システムの検討 ◎ユネスコ創造都市ネットワークを活用した国内外都市との交流・情報発信	・次世代に残す文化資産調査【新規】 ・集客力の高い空間で行う情報発信【新規】

図14-1 「札幌市文化芸術基本計画」より，「今後の札幌の文化芸術振興施策」

出典：「札幌市文化芸術基本計画」【概要版②】，2015

の現代アートの展覧会や参加・実践型のプロジェクト，サウンドコンペティションなどの国際公募，ワークショップなどの市民参加型プログラムの実施により，札幌の魅力・存在感を国際的に向上させ，多様な人材の集積・交流を図ることが目的である。また〈文化芸術のための施設の整備・活用等〉の項目では，2018年秋にオープンした札幌市民交流プラザ（基本計画時点では「市民交流複合施設」）が挙がっている。ここには，ホールや図書館のほかに，市民やアーティストの文化芸術活動支援，情報発信を行うセンターが設置されている。

② **「創造性の種を蒔く」（文化芸術の未来への布石，育成）**

〈子どもたちの文化芸術活動の充実〉では，市内の小学５年生全員を札幌芸術の森美術館に招待して，作品への興味や関心を高める「ハロー！　ミュージアム」などのプログラムの実施が記されている。また，〈文化芸術を活かした様々な事業との連携強化〉では，芸術関連施設が集積している芸術の森地区や，高い芸術性が評価されているモレエ沼公園などでの取り組みが挙がっている。

③ **「創造性を実らせる」（文化芸術の支援，保存・活用）**

〈文化遺産・自然遺産の保存と活用〉では，重点取組事業として，「（仮称）札幌博物館計画の策定」が記されている。この博物館は，1986年から設置に向けた検討が続けられており，計画では，札幌の自然と人とのかかわりなどを市民とともに探究し，創造性の高い人材を育み，札幌の未来に貢献する博物館づくりを目指している。一方で，それらを観光客に発信することで，観光客の満足度を高めるとともに，札幌の都市ブランド向上も目指す。このような博物館の基本計画を2014年度中をめどに策定すると書かれており，同年度の３月に計画が完成した。

また同じ項目に，市内南区に立地するアイヌ文化交流センターを中心として，生活民具などの展示や文化体験講座の開催といった「アイヌ文

化の保存・継承・振興」も記されている。

④「創造性を蓄え，伝える」（文化芸術に関する情報蓄積と発信）

　ここでは，市民，企業，行政それぞれが有している文化芸術に関する膨大なデータや作品の有効活用に向けて，情報を一元化し，「文化芸術に関するデータベースの構築」に向けた検討を進めるとされている。

（3）札幌市芸術文化財団の設立と役割

　以上のような文化政策に関する歴史を経て，基本計画に沿った施策や事業が実施されている。基本計画にあるように，他の地方自治体と同様，札幌市にもさまざまな文化施設があることが分かる。ここでは，文化施設の運営管理組織について紹介するにあたり，札幌市が設置した文化施設であり，美術館などの施設を有する「札幌芸術の森」の運営管理組織を中心に見ていきたい。

　札幌芸術の森は，都心から車で40分ほどのエリアにあり，北方の新しい芸術・文化の創造を目指して，1986年7月にオープンした。個性ある新しい札幌の文化を育てることを目的に，札幌が誇りとする豊かな大自然と，都市，芸術，文化が調和した環境づくりを目指してきた。約40haの広大な敷地内には，国内外の彫刻作品を常設展示する「札幌芸術の森野外美術館」，「札幌芸術の森美術館」と「工芸館」では企画展示事業などを年間通じて開催している。また，「野外ステージ」，「アートホール」ではPMF（パシフィック・ミュージック・フェスティバル）やバレエセミナーなど将来を担う芸術家育成事業が行われ，海外から講師や参加者が集まる。

　芸術の森がオープンする前，1986年3月に同施設を運営管理する主体として「財団法人札幌芸術の森」が設立された。同財団には，企画委員会および工芸，音楽・舞台芸術，彫刻専門部会（のちに美術専門部会に

変更）が作られ，芸術の森運営管理の受け皿となった。さらに，1996年には「札幌コンサートホールKitara」が完成したが，この運営管理も同財団が委託を受けた。

　第12章の指定管理者制度で説明したように，この制度が施行されたのが2003年からであるので，財団法人札幌芸術の森が設立された当時は，指定管理者制度はまだなかった。そのため，管理委託制度下での運営管理委託であった。

　一方，札幌市が設置者となっている「札幌市教育文化会館」が1977年に開館したが，こちらの運営管理は同年設立された「財団法人札幌市教育文化財団」に委託された。同財団は1982年には「札幌市民ギャラリー」，1993年には「札幌市写真ライブラリー」の運営管理の委託を受けた。

　その後，1999年に「財団法人札幌芸術の森」と「財団法人札幌市教育文化財団」とは統合され，「財団法人札幌市芸術文化財団」となった（2016年より，公益財団法人となる）。現在，この新財団が運営管理をしている施設は，2007年に廃止された「札幌市写真ライブラリー」を除いて，これまで運営管理してきた「札幌芸術の森」，「札幌コンサートホールKitara」，「札幌市教育文化会館」，「札幌市民ギャラリー」の4施設に，2007年に「本郷新記念札彫刻美術館」，2018年に「札幌市民交流プラザ」の2施設が加わった。

　このように，公益財団法人札幌市芸術文化財団は6施設の運営管理を指定管理者として行っているが，一方で同財団の平成29年度「事業計画書」を見ると，「運営にあたっての基本方針」として以下の3つが記されている。

①財団の総合力を生かした施設運営と事業の推進
　・管理運営を行う各施設間で密接に連携を図る。

・財団がこれまで培ってきた専門的な知識・ノウハウや，幅広いネットワークを効果的に活用することで総合力を発揮し，安全で環境に配慮した施設管理や利用者満足度の高い施設運営を行う。
　・施設の特性を生かした魅力的で芸術性の高い事業を展開する。
②芸術文化の拠点としてまちづくりに貢献
　・芸術関係団体をはじめ企業や大学と連携を図り，また，積極的な市民参画を促すなど，市民の幅広い芸術文化活動を育成・支援する。
　・創造性豊かな市民の芸術文化活動の拠点として，芸術文化の力を通じ，生き生きとしたまちづくりに取り組む。
　・芸術文化分野に留まらず広く札幌の観光や産業の発展に貢献する。
③次世代の芸術文化体験を充実
　・観る，聴く，創るといった質の高い芸術文化の体験機会をさらに充実させる。
　・札幌の子どもたちの感性を醸成し，人間性豊かな心を育む。
　・多岐にわたる交流事業を通じ，国際的な視野をもった次世代を担う人材の育成に寄与する。

　この基本方針の①はまさに6施設の運営管理に関することであり，③は6施設で実施する事業で達成すべき目標であるととらえることができる。一方，②の内容も各施設での事業で達成可能な部分もあると考えるが，「芸術文化の力を通じ，生き生きとしたまちづくりに取り組む」，「芸術文化分野に留まらず広く札幌の観光や産業の発展に貢献する」といった内容は，札幌の全市的な取り組みとも深くかかわり，高いレベルの政策的な内容と考える。この「事業計画書」には指定管理者として6施設において遂行する具体的な事業名や実施時期が記されているが，そ

れ以外の事業としては「駐車場の管理運営」「各種の活動及び発表の場の提供」「その他公益目的に事業の推進に資する事業」とあるだけで，具体的な事業名や実施時期は記されていない。基本方針の②にある「まちづくりに取り組む」，「札幌の観光や産業の発展に貢献する」という部分が，同財団としてどのように着手されているのかをとらえることは，「事業計画書」からは難しかった。

3．地方自治体の文化政策と文化財団

　前節で，札幌市における文化政策の歴史と文化財団（札幌市芸術文化財団）の設立やその役割を見てきた。ここでは，地方自治体における文化政策と文化財団に関する全国的な動向と課題を考察する。

（1）文化政策の現状とその課題

　一般財団法人地域創造（2015：89）の調査報告書（全国1,623地方自治体から，3,588文化施設の運営実態に関する回答に基づく）によると，札幌市が2007年に制定した「札幌市文化芸術振興条例」のような，文化振興に関する条例について「策定している」地方自治体が9.7％であり，「策定していない」が89.8％となっている。つまり，調査時点で大多数の地方自治体には文化振興に関する条例がないことが分かる。一方，「策定している」割合は，都道府県では57.4％が，札幌市のような政令市では25.0％，市区町村では8.0％であり，地方自治体の規模によってかなり異なっていることが分かる（図14-2）。また，条例を策定していない地方自治体での検討状況も尋ねており，「策定に向けて作業中」が0.8％，「検討中」が5.9％であり，今後大きく策定が進む状況にないことが分かる。

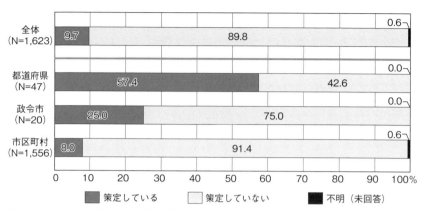

図14-2　文化振興条例の策定状況
出典：（地域創造2015：89）より筆者が作成

　では，札幌市が2009年に制定した第1期「札幌市文化芸術基本計画」のような，文化振興に関する基本計画の策定状況を同報告書（地域創造2015：90）から見ると，「策定している」地方自治体が22.0％であり，「策定していない」が77.2％であった。都道府県では，「策定している」割合が85.1％，政令市では95.0％とほぼすべての地方自治体で策定されていることが分かる。一方で，市区町村では条例と同様に19.2％と低いことが分かる（図14-3）。また，条例を策定していない市区町村では，「策定に向けて作業中」が2.8％，「検討中」が7.2％であり，ここでも今後大きく策定が進む状況にないことが分かる。
　札幌市がそうであったように，文化振興に関する条例が作成されていなくても，文化振興に関する基本計画や構想を策定することは可能である。しかしながら，条例とは，地方自治体が国の法律とは別に定める自主法であり，制定には議会の過半数の賛成が必要である。つまり，札幌市の条例にあるように，「基本計画を定めなければならない」（第6条第1項）という状況と，そのような法的根拠がない状況とでは，基本計画

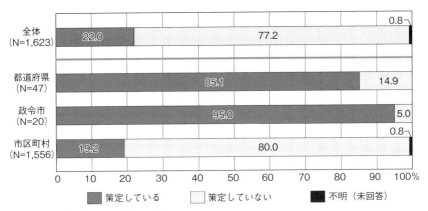

図14-3　文化振興基本計画の策定状況
出典：（地域創造2015：90）より筆者が作成

の政策的な位置づけ，将来への継続性がおのずと異なってくると考える。国が文化芸術振興基本法を制定したのは2001年であり，この調査報告はそれから14年経過した時点の現状である。この法律の狙いの一つであった，地方自治体が文化政策に取り組むことについて，まだ十分に浸透しているとは言えないであろう。

（2）文化財団の現状とその課題

　同じく地域創造（2015：91）の調査報告書によると，札幌市が1986年3月に設立した「財団法人札幌芸術の森」（現　公益財団法人　札幌市芸術文化財団）のように，文化芸術の振興を目的とする財団法人（以下，「文化財団」とする）を持っている地方自治体の割合は23.9％である。都道府県では95.7％，札幌市のような政令市では95.0％，市区町村では20.8％であり，二極化していることが分かる。なお，市区町村のうち人口20万人以上のところは80.5％であり，市区町村の人口規模が小さくなるほど文化財団を持たないことも分かる（**図14-4**）。

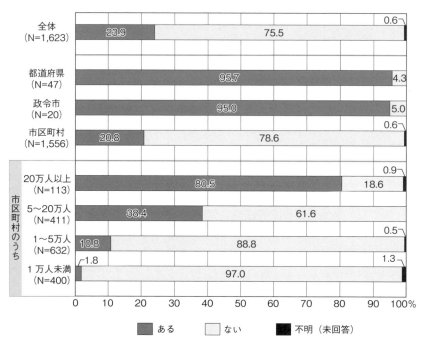

図14-4 文化財団の有無
　　　出典：(地域創造2015：91) より筆者が作成

　ここ50年あまりの地方自治体における文化施設開館数と文化財団設立数を見ると、文化施設の開館数が増加するとともに、文化財団の設立数も増加しており、両者に明確な関係があるように思われる（**図14-5**）。札幌市芸術文化財団の場合でも、文化施設ができるたびにその運営管理のための文化財団が設立されたり、そこが運営管理の委託を受けたりした歴史があった。このことに関して太下（2017：102-117）は、日本において地方自治体に文化財団が設置された背景は、主として内需拡大のために建設された文化施設の管理運営にあったと結論づけている。なお、指定管理者制度が導入されたのが2003年であるため、図14-5のほ

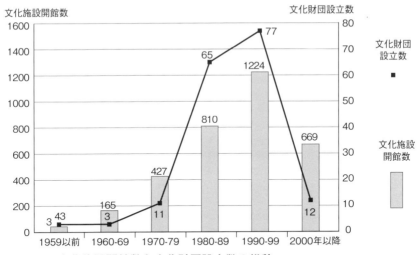

図14-5　文化施設開館数と文化財団設立数の推移
出典（太下2017：97），（地域創造2015：13）より筆者が作成

とんどの部分は指定管理者制度以前の管理委託制度下での事象である。

　併せて，太下（2017：97-101）は，文化財団の職員数は全体で8,155人であり，そのうち68.2％が指定管理施設に勤務している職員であり，指定管理業務以外で文化支援を担っていると推測できる財団職員は967人（11.9％）にとどまっていることを指摘した。また，文化財団の収入の大半が地方自治体からの指定管理料であるという実態からも，地方自治体の文化財団の主要な業務は指定管理業務であることを明らかにした。

　地域創造（2015：9-11）の調査では，調査対象の3,588文化施設のうち指定管理施設となっている1,526施設（42.5％）は，どのような団体が指定管理者になっているかを明らかにしている。それによると，設置者である地方自治体が出資した文化財団が指定管理者になっている施設が約半数の45.7％であり，指定管理者制度導入後も依然として，公立

の文化施設の運営と地方自治体が設置した文化財団との関係は強いということが分かる。

指定管理者制度は，印刷教材の第12章第3節で説明したように国の方針として，「指定管理者の指定の申請にあたっては，住民サービスを効果的，効率的に提供するため，サービスの提供者を民間事業者等から幅広く求めることに意義がある」ということが述べられているが，このような現実を文化施設の設置者および文化財団として，どのようにとらえるべきか。また，地方自治体の文化財団の主要な業務が指定管理業務になっている現状があるが，当該地域の文化政策や文化支援にどれくらい貢献しているのかなど，今後検討すべき課題は少なくないように思われる。

参考文献

太下義之『アーツカウンシル―アームズ・レングスの現実を超えて』水曜社，2017.
小林真理「第2章　芸術文化と政策　2．戦後わが国の文化政策の変遷」小林真理・片山泰輔監修・編『アーツ・マネジメント概論（三訂版）』水曜社，pp.75-85，2009.
地域創造「「平成26年度　地域の公立文化施設実態調査」報告書」一般財団法人地域創造，2015.
　http://www.jafra.or.jp/j/library/investigation/026/index.php　よりダウンロード可能
中川幾郎「第2章　芸術文化と政策　はじめに―政策と行政」小林真理・片山泰輔監修・編『アーツ・マネジメント概論（三訂版）』水曜社，pp.66-68，2009.
野田邦弘『文化政策の展開―アーツ・マネジメントと創造都市』学芸出版社，2014.
森啓『文化の見えるまち―自治体の文化戦略』公人の友社，2009.
札幌市の文化政策に関するホームページ
　http://www.city.sapporo.jp/shimin/bunka/keikaku.html
札幌市芸術文化財団のホームページ
　http://www.sapporo-caf.org

15 | 海外の博物館経営

亀井 修

《**目標&ポイント**》 博物館の社会的機能や存在感の維持や向上に資する海外の博物館経営について，目的と手段あるいは経営の視点から事例を説明する。博物館のような基本的に非営利で文化蓄積型の組織が，変化する世の中で時代の経過にかかわらず過去と同じように重要な役割を果たしていくことは簡単ではない。同じことを繰返すだけではその場にとどまること，すなわち現状を維持することすらできず，社会的立ち位置の後退や存在感の希薄化を意味する。変化の中で従来と同様以上の存在感を発揮させなければならないことは切実な経営課題である。
《**キーワード**》 グローバル化，資源の確保，アントロポシーン，赤の女王仮説，コンテステド・ヒストリーズ

1. 視点の拡大

(1) 博物館の社会的機能

　放送大学の印刷教材作成マニュアルには，各章は3節で各節は3項でという標準が示されている。伝えなければならない内容が，必要十分かつ等分に収まる3節3項のフレームワークを作ることはなかなか難しい作業である。この本でも必ずしもこの標準形に収まってはいない。一般的には**図15-1**の左側に示した博物館機能での分割が広く用いられているところであるが，前述の執筆上の制約，博物館の現況，時間軸を拡張した普遍的な博物館機能を意識したことから，第10章でも掲出した図中右側を用いた記述を行った。

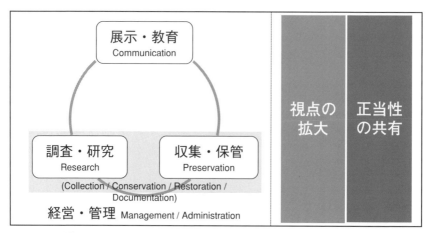

図15-1 博物館の機能
　　出典：亀井（2013）をもとに作成

　図15-2は人々の関心に着目して描いた「視点の拡大」のイメージの図である。Spaceの軸では空間の大きさを示した。人間の大きさを中心として、小さい方は素粒子、大きい方は宇宙の大きさまでの空間の広がりを表わしている。Timeの軸では時間を表わした。今日を中心に、手前側が過去を、奥側が未来を表わしている。縦軸では人々の関心の高さを表わした。一般の人々の関心は、大きさが人間くらい、遠い過去や未来より今日の問題に大きなピークを示す。それを表わしたのが、上に凸の曲面をもつグラフである。頂上の黒い丸印が人々の関心の所在を象徴している。博物館が行うことは、無目的な調査・研究に留まることなく、必要な局面で人々の関心を生起させ、必要な空間や時間の座標で高める、その高まった関心に必要な情報を提示し、社会的な課題の解決に資することである。

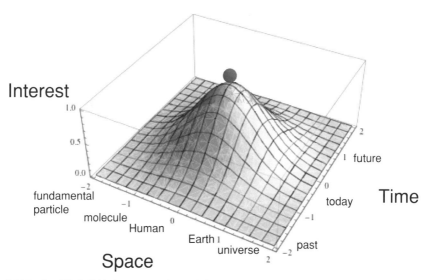

図15-2　関心の拡大　Expansion of Consciousness
出典：Kamei（2002），亀井修「グローバルとダイバシティ・現状から環境の未来を考える　ベネフィットの確認」，私立大学環境保全協議会，（2002.3.18）を基に作成

（2）実学としての博物館経営論

　実際の事象を現実的に扱う学問，実学においてはその学問領域が初めから体系だっていることはまれである。領域を絞って理論に合わない事象を排除した学問領域において，ある時代をスナップショットとして取り出したそのような理想の体系で考える例もあるが，実学は斜面に建てられた老舗の温泉旅館の建物をイメージさせるような複雑な構造をしていることが多い。理論体系が先にあって現実がそこに合わせて存在しているような姿を「美しい」学問とする考え方が主流の時代があった。現在においてはその「美意識」も変化し，多様化している。現実は複雑であり，単純化したり要素に分けたりすることによってかえってその全体

像や本質が見えなくなってしまうことが広く知られるようになり，かつて理論が先行していた領域でも広く共有され，学際的取り組みや因果関係だけでなく相関関係を重視する取り組みも増えている。

　ブラックボックスを無理に展開して分かろうとすることに力を割くのではなく，むしろブラックボックスはブラックボックスのままでそのまま固まりとして扱い，複数のブラックボックスを組み合わせて目的を実現する手法や，ブラックボックスのままで安全に使いこなす技術の教育に重きをおくことにも理解が得られつつある。仮説を立ててそれを検証することと，事例をたくさん扱うことから仮説が浮き上がってくることの両方を柔軟に扱うことが必要である。原理優先主義だけではかえって本質を見逃すことにつながる可能性がある。場面に応じて手法や戦略を柔軟に使い分けていくことが求められるのは，学問でも博物館でも同じである。

　学問という山の頂上を目指すとき，麓から一歩一歩登るのが王道であった。しかし，その山がとても高く，今なお急速なテンポで高くなり続け，しかも複数の頂上がある現代においては，いきなりある頂上近くまで飛んでそこから頂上を目指したり，頂上は目指さないという方針で臨んだりすることも必要である。基礎ができれば応用できるという考え方がすべてに当てはまるとは言い切れなくなった。応用するためには基礎があることが望ましいが，ときに基礎となるものが明確となっていなくても臨まなければならないのが現実であるし，特に現代の先端領域の姿でもある。このことを意識した学習や知識の構築が必要である。「応用事例から抽出されるもの」という考え方は，「技術」と「科学」の関係に似ている。科学史や科学哲学といった学術分野では，「科学の応用が技術……」はまれであり，「技術」が先行した後でその一部で理論が抽出されて「科学」として体系化される流れが普通であることが示され

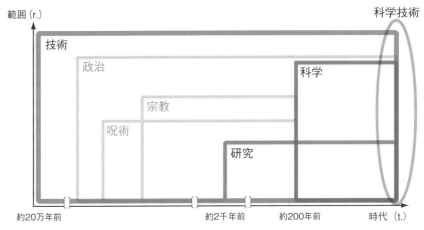

図15-3　「技術」の範囲　Range of "Technology"
出典：Osamu KAMEI, "Image of Science and Technology, Science Communication", ASPAC meeting（2007.6.21）を基に作成，2015.

ている。科学と技術については，概念を筆者の師匠と話した内容を整理して図を参考のために示した（図15-3）。博物館学や博物館経営論においてはこのように整理した図を考案するまでに至っていない。この講座を学習している皆さんとともに構築することができればと思っている。

2．経営・管理

（1）財源に見る傾向

　日本でも比較的よく知られている博物館の中から，筆者が訪問したことのある組織，あるいは知人から内部の様子を聞いたことのある組織を，公表された数字を基に，収入の構造を割合で並べて表に示した。館種や規模，博物館単独あるいは複数の博物館が所属する機構が混在して

表15-1　財源種別の状況

	国立科学博物館	スミソニアン機構	アメリカ自然史博物館	ロンドン自然史博物館	ベルリン自然史博物館	大英博物館	国立台湾博物館
運営費交付金	76	70	10	61	75	38	97
入場料収入	15	−	27		7	−	2
寄付金	1	16	18	13	18	26	−
補助金	1	−	−	−	−	−	−
その他	8	14	45	27	−	36	1
合計	100	100	100	100	100	100	100

注：単位は％
　　国立科学博物館＝2015年度決算
　　海外館＝annual report 2015．一部2018予算．
　　概数を用いた計算の都合等のため合計が100とならない場合がある

いるが，地域による傾向を読み取ることのできる資料となっている。運営費交付金に相当する資金の割合が高い組織は，比較的その国や地域の政府に近い関係があるか，アジア地域の組織であるのは従来の知見と一致する。大規模で人気がある有名館であっても入館料が無料の館がある。入館料に対する考え方も反映されている。欧米の組織には寄付金に相当する資金の割合が高い組織も多い。これは，寄付や集金に対する熱意や文化的な違いが大きいと思われる。

　図15−4に示す写真はICOM-NATHIST 2017年会の時のホスト博物館のパトロン（支援者，政治家，資産家）などの有力者を交えた会食風景である。博物館内にある特別に立派な部屋を用いて，それなりの食事をともにする会話主体の会である。プライバシー保護や安全確保等の都合により写真では筆者1人が大きく写っているが，会場は広く多くの人がいる。このような食事会はさらにフォーマルなものや，よりカジュアル

図15-4　会食会

なものを含めて会期中何回も繰り返される。ここでは国際会議という場を活用して，世界から集まった専門家や学者とふれあう特別な機会を博物館の支援者に提供したが，このような機を見た催しはほかでも定期的に行われている。

　米国全体では2015年１年間で約39兆円[1]の寄付が行われ，そのうち80％が個人によるものであった。日本では2010年１年間で約９千億円[2]の寄付が行われ，そのうち80％が法人によるものであった。寄付者は食事や特別待遇の対価として寄付を行うのではなく，特別待遇を受けるにふさわしい者としての高額の寄付をさりげなく行うというような意識や文化が前提として存在している。国や自治体としてキャッチアップする目標が明確であるときには税で集めて集中的に投資を行う方法が効率的で

1）Philanthropy Workshop, *TPW REPORT "Going Beyond Giving"*, http://www.tpw.org/events/entry/the_philanthropy_workshops_perspectives_on_philan-thropists_special_report, US$323B を１ドル120円で概算，（2018年１月23日現在）
2）内閣府, https://www.npo-homepage.go.jp/about/kokusai-hikaku/kifunichibeiei-joukyou,（2018年１月23日現在）

あった。社会が成熟し価値観が多様化してくると合意形成が難しくなる。迅速かつ効率的な社会機能の実現のための投資には，社会が成熟したある時点からは税によるものより個人ベースの寄付による方法の方が，効果的・効率的な場合が増加してくるように思われる。

　国内の公的な博物館でも自前で資金を集めることが話題とされている。入館料のような平等的手段によって負担を求める手法の改善などは，公平を尊ぶ文化的傾向からも社会的な抵抗は少なく，より広く用いることができると思われる。博物館側にも「低価格だからこの程度」という視点だけでなく，必要な負担を求めるとともに，それに対応するものの提供の仕方の開発や，意識の変化も必要になることが予想される。財源の確保は，その国や地域から期待される博物館の社会的機能を活用し，その国や地域の文化や価値観に則した形で行うのが効果的である。

（2）博物館の体制

　表15-2に主な博物館の体制を示した。日本の国立科学博物館，大英・自然史博物館，パリ・国立自然史博物館，スミソニアン協会・国立自然史博物館については研究系のスタッフの人数である。それぞれ，概数で，60, 350, 500, 270人の研究スタッフの体制を持つ。人数も異なるが，同じ研究職員でも扱う業務範囲にも違いが見られる。

　レオナルド・ダ・ヴィンチ国立科学技術博物館などその他の博物館のスタッフについては，教育者，トレーナー，建築家，デザイナー，グラフィックアーティスト，キュレーター，ジャーナリスト，説明者，専門技術者，歴史的遺産の保存と補修，プレスオフィス，コミュニケーション，外部関係，マーケティング，資金調達，イベント，経営，管理，人事，国際連携，市民と学校を含む連携一般などの職員が含まれる。このような記述に従えば日本・国立科学博物館の職員数は約130人となる。

第15章　海外の博物館経営

表15-2　主な博物館の体制

国	日本	英国	フランス	米国	ドイツ	英国	フランス	米国	イタリア	ドイツ
名称	国立科学博物館 National Museum of Nature and Science	大英・自然史博物館 Natural History Museum	パリ・国立自然史博物館 le Muséum national d'histoire naturelle	スミソニアン協会・国立自然史博物館 National Museum of Natural History	フンボルト博物館 Museum fur Naturkunde Berlin	ロンドン科学博物館 National Museum of Science and Industry	工芸博物館／フランス工芸院 Musée des arts et métiers, le CNAM	スミソニアン協会国立アメリカ史博物館 National Museum of American History	レオナルド・ダ・ヴィンチ国立科学技術博物館 Museo Nazionale Scienza e Tecnologia Leonardo da Vinci	ドイツ博物館 Deutsches Museum
設立年	1877	1883 (1683)	1793	1858	1886 (1810)	1857 (1851)	2000 (1802)	1964	1953	1925 (1903)
収蔵点数	4,800,000	70,000,000	60,000,000	126,000,000	30,000,000	5,000,000	80,000	3,000,000	15,000	100,000
職員数（人）	60 の研究者（うち9＋1は理工学領域）	350 の研究スタッフ／学芸員／技術者	500 研究スタッフ	270 研究／標本スタッフ	300 約70の科学者を含む約300の職員	790 雇用者。うち57が確定契約、16が障害者	74 の博物館職員	270 のスタッフ	116 のスタッフ	350 の職員、50のパートタイム、85のボランティア

職域や分類，有期・無期，有給・無給などの詳細や区分，イベントや展示あるいはその外販に力を入れたスタッフ体制であったり，研究の普及に力を入れた体制であったりするなど各館によって大きく異なる。大学と併設している場合には，教育研究スタッフと重複する場合がある。政府の役人と兼務など他の組織と入れ子になっている場合もある。

3．正当性の共有

（1）アントロポシーン

　アントロポシーン（人新世・Anthropocene）は，ホロシーン（完新世・Holocene）に続く地質年代を表わす国際層序委員会（ICS：International Commission on Stratigraphy）で検討中の学術用語である。ICSでは1951年あたりを境界線にしようという話も聞こえている。アントロポシーンは，人類の地球環境に対する影響が著しく増大した時代に発生する諸課題を把握し，その解決について人類が率先して取り組んでいくための概念[3]を現す一般用語として用いられている。その境界線は，人類が拡散を始めた時代から農耕を始めた時代，あるいは大量消費が可能になった時代にしようなどと論者によって定まっていない。しかしながら，今時点がアントロポシーンであることにおいては合意が得られている。図15-5の世界の人口グラフに示すように，人類は最も成功した生物種の一つである。

　一般用語のアントロポシーンについて，博物館は個別にまた国際博物館会議や各国の有力館等とともに取り組んできている。国立科学博物館で2016年に行われた国際シンポジウムでは，

3）この意味での使い方は2000年のPaul J. Crutzen（オゾンホール研究，1995ノーベル化学賞受賞者）が初出。

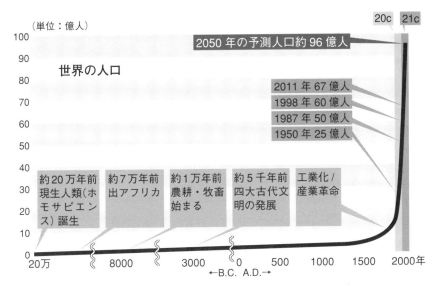

図15-5　人類の時代

出典：以下をもとに筆者が作成。

Biraben, Jean-Noel, 1980, An Essay Concerning Mankind's Evolution, Population, Selected Papers, December, table 2.

Durand, John D., 1974, "Historical Estimates of World Population: An Evaluation," University of Pennsylvania, Population Center, Analytical and Technical Reports, Number 10, table 2.

Haub, Carl, 1995, "How Many People Have Ever Lived on Earth?" Population Today, February, p. 5.

McEvedy, Colin and Richard Jones, 1978, "Atlas of World Population History," Facts on File, New York, pp. 342-351.

Thomlinson, Ralph, 1975, "Demographic Problems, Controversy Over Population Control," Second Edition, Table 1.

United Nations (UN), 1973, The Determinants and Consequences of Population Trends, Population Studies, No. 50., p. 10.

United Nations, 1996, "World Population From Year 0 to Stabilization", gopher://gopher.undp.org:70/00/ungophers/popin/wdtrends/histor

U. S. Bureau of the Census (USBC), 1995, "Total Midyear Population for the World: 1950-2050", Data updated 2-28-96, http://www.census.gov/ipc/www/worldpop.html

・哲学，文化人類学，自然人類学，考古学，歴史学，比較文明論，層序学，地球科学，神学，政治，経営学，自然史，科学史，技術史，工学，保存科学，博物館学など，多様な視点から裾野の広さを共有した
・正式な学術用語にはまだなっていない，
にもかかわらず，人類が招いた地球規模の影響を象徴する文化的な言葉として使われていくだろう
新しい方向性を社会に示せるのであれば，博物館等も使うことになる
・光と影がある　根拠に基づくモニタリングが必要である
・今は「アントロポシーン」である
・科学系（技術・自然史）博物館は新しい価値を示すことができる

が"Memorandum for the Anthropocene, Tokyo 2016 (January 31, 2016)"と整理して成果を共有した。世界の主な博物館においては，人と自然といった二項対立的に扱われることが多く見られたが，人間も自然の一部であるという考え方が広まりつつある。人間が自然を管理しなければならないという考え方も博物館の国際会議では主流となりつつあり，これに基づいた博物館の方向性の提示や政策提言も行われている（図15-6）。

「赤の女王仮説」は，ルイス・キャロルの小説「鏡の国のアリス」に登場する人物，赤の女王の「その場にとどまるためには，全力で走り続けなければならない」という台詞を比喩とする生物進化に関する仮説の

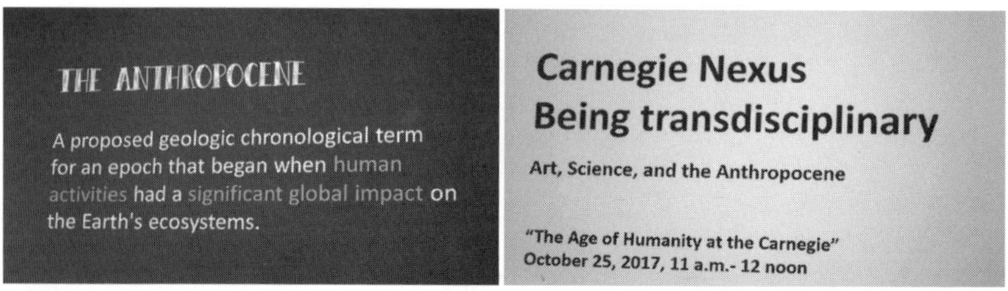

図15-6　「アントロポシーン」の活用

第15章　海外の博物館経営　275

図15-7　前に進むためには
出典：Lewis Carroll: Through the Looking-Glass, and What Alice Found There, 1871.

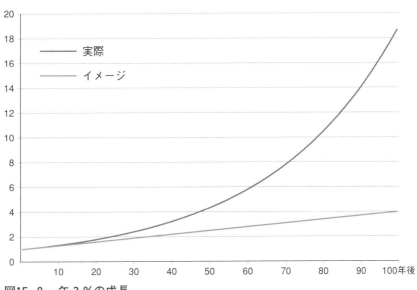

図15-8　年3％の成長

一つである（図15-7）。周りが変化する中で変わらないことは衰退を意味する。同じテンポで拡大してようやく現状維持となる。とはいえおだやかに見える3％の成長であっても100年後には20倍となり，それに見合った資源／消費の増大を意味する（図15-8）。いずれどこかで限界に達すると考えるのが妥当である。ブレークスルーは技術によってもたらされる。博物館はその時がきても社会的な知のよりしろになれることを目指したい。

(2) コンテステド・ヒストリーズ

アントロポシーンと合わせてビッグ・ヒストリーやコンテステド・ヒストリーズという考え方が日本でも普及してきている。狭義には「歴史」は紙に書かれたモノという定義がある。ビッグ・ヒストリーは学際的なアプローチで，これまでの一般的な歴史学よりも長い時間枠かつ大きな文脈で人間やその存在そのものを含め，宇宙の始まりから現在までを研究対象とした歴史を表わす言葉である。これまでの学問的知見を統合する取り組みである。コンテステド・ヒストリーズは2017年の「国際博物館の日」のテーマにも記述されたもので，複数の歴史の存在を認める考え方である（図15-9）。

図15-9　コンテステド・ヒストリーズ

図15-10に博物館で示されている1つの事象に対する2つの歴史の例として，米国スミソニアン協会国立アメリカンインディアン博物館の展示を示した。図左側は1872年のJohn Gastの作品「American Progress」である。図には一部しか示されていないが，当時の米国西部開拓を正当化する思想であるマニフェスト・デスティニー[4]のままに，文明の象徴である女神が，電信線を持ち，大西洋を渡ってきた文明人である農夫や工夫，あるいは汽車や駅馬車などのシステムを引き連れて，文明化されていない原住民や大型の野生動物を征服していく姿を誇らしげに描いている。同図右側は同じ事象を原住民側の視点で描いたものである。こちらも部分しか示していないが，なめし革に描かれた絵には壮絶な暴力の

図15-10　1つの事象に対する2つの歴史
　　　出典：National Museum of the American Indian, Smithsonian, 2017展示より作成

4）Manifest Destiny：米国の膨張を「文明化」・「天命」とみなしてネイティブ・アメリカン虐殺や西部侵略を正当化する標語。1845年ジョン・オサリヴァンが用いたのが初出。西部フロンティアが消滅した後は米西戦争，米墨戦争，米比戦争，ハワイ諸島併合などの領土拡大や覇権主義を正当化する言葉として用いられた。

やりとりが描かれている。最終的にインディアンは土地を喪失するだけでなく，ほぼ絶滅の状況に追いやられたのは周知のとおりである。同一のできごとから2つのまったく違う歴史が紡がれている。

　トーテムポールは北米の原住民がそれぞれの歴史を伝えるために立てる柱状の彫刻である。図15-11は2017年カーネギー博物館で行われたICOM-NATHISTの年会と並行して開催されたイベント（Kwel 'Hoy: We Draw the Line）の様子である。手前側に手作りのトーテムポールがおかれ，その前で製作者であるネイティブ・アメリカンが活動の支援者とともに，一般市民と国際会議の参加者にその意味を語る式典の場面の写真を載せた。このトーテムポールは分散した関係性を紡ぐシンボルとして北米中を旅行しここに到着したものである。ゴールとなった博物

図15-11　トーテムポール
　　出典：a) c)；ICOM-NATHIST, *2017 Conference Report*, December 30, 2017.
　　　　　b)；by Kamei, 2017.

館でのイベントで，アーティストや科学者およびその他の学者とともにネイティブ・アメリカンが人類と自然界の持続可能な関係をリードするという趣旨が示された。博物館で仕事をしているからというわけではないだろうが，数を減らした後でその大切さが社会的に共有される場面には，時々出くわすときがある。

　同じ1つの事象を基にしても複数の解釈，すなわち複数の歴史が存在することに加えて，「歴史は残した者しか残すことはできない」という言葉がある。また，ある事象が実際になかったにもかかわらず，あったことにするために後に史料や歴史を「復元」するという行為もある。また，過去の事象に対して現在の価値観から解釈や批判を行う場合もある。どのような事象を記録に残すかについてもある方向性をもった意図が働く場合もある。ドイツ語には歴史を意味する2つの言葉，ゲシヒト（Geschichte）とヒストリエ（Historie）がある。日本の博物館の多くはヒストリエ（Historie）である。グローバル化が避けられない現在，自分たちになじみが薄くても，世界的にはゲシヒト（Geschichte）の博物館が少なくないことを意識する必要がある。

　近代的博物館の機能は「視点の拡大」と「正当性の共有」の2つに収束することと整理した。博物館の国際会議は，博物館の存続や，研究，資源保護，経済活動などをかけた博物館相互の，また内外への外交の場である。異なる集団の強い衝突を避けるためには，日常活動を通じた関係作りや意見交換（意見表明）が大切である。こちらの常識が世界では非常識であることもある（**図15−12**）。正当性の共有を通じた外交[5]は今

5）「外交」：外国との交際に関わるさまざまな政治的活動の総称／国家が国益の最大化を図るために行う諸活動／「交渉」という技術的側面と「政策」という政治的側面。「戦争」：外交の一手段。「Unrestricted Warfare（超限戦）」：外交・国家テロ・諜報・金融・為替・資源・ネットワーク・法律・相手の正当性の意識を疑わせる心理・メディア・多数の移民による民主的意思決定への参画など，社会の全領域，あらゆる手段で限度なく行われる非軍事の戦争行動による戦争。

> 「あっ，私のトウシューズに画びょうが！」。そんな昭和期のマンガのような出来事が本当にあるのかと，最初は耳を疑った。カヌーのトップ選手がライバルを蹴落とすため，飲み物に禁止薬物を混入した問題である。失望や困惑の声はスポーツ界全体に広がっている。▼再来年に東京五輪を控えているのだから，ことは深刻だ。悪いのはもちろん愚行に手を染めた選手である。だが一方で，海外で競技した経験の長いスポーツ選手の話などを聞くと，別の意味で驚く。こちらが隙を見せれば薬を盛られる危険があって当たり前。我が身をどう徹底して守り切るかを含めての戦いなのだという。▼自分で飲んだか飲まされたかでなく，陽性反応が出ればアウト。だから栓の開いていないものしか口にしない。それが<u>海外の常識</u>だとも聞く。ドーピングがいかに大きな問題であるかを改めて実感する。今回，あれこれと驚かされるのも，これまで日本国内ではドーピング事件が少なかったことの裏返しなのかもしれない。▼平成に入って犯罪が急増したころ，海外の研究者がびっくりしていた。「道ばたにコインがたくさん入った自動販売機が並んでいるし，家のカギがちょっとした道具で簡単に開く！」。<u>スポーツ界も国際標準の対策で守りを固めるしかないのだろう。性善説を捨てるのは，幸せな時代が終わった証拠のようで寂しいけれど。</u>

図15-12　グローバル化
　　　　　出典：日本経済新聞，2018年1月13日付朝刊「春秋」より（傍線は筆者）

日的な博物館の重要な機能の一つである。この延長線上には人間の尊厳や「世界平和」などの安全の課題も位置する。グローバル化が進み微妙な緊張が続く国際状況ではあるが，平和と武力衝突との間は，白か黒かといったスイッチではない。間には階調をもったグラデーションがある（図15－13）。積極的に平和な状況を続けるために博物館の普段かつ不断の活動も貢献していることを意識したい。

平和 ⟷ 武力衝突（戦争）

図15-13　関係はグラデーション

参考文献

関秀夫「博物館の誕生：町田久成と東京帝室博物館」，岩波書店，2005．
松宮秀治「ミュージアムの思想」，白水社，2003．
喬良，王湘穂，坂井臣之助著，劉琦訳「超限戦　21世紀の「新しい戦争」」，共同通信社，2001．
CN, Qiao Liang, 1955- ,Wang Xiangsui, 1954- ; *Unrestricted Warfare*, 1999.
GB, Sir Harold George Nicolson, 1886-1968 ; *Diplomacy*, 1939
DE, Carl Philipp Gottlieb von Claußwitz, 1780-1831 ; *On War*, 1832
亀井修ほか編者「*International Symposium & Workshop, At the National Museum of Nature and Science (NMNS), Japan : Museums in the Anthropocene-Toward the History of Humankind within Biosphere & Technosphere*―アントロポシーン（人の時代）における博物館　生物圏（バイオスフィア）と技術圏（テクノスフィア）の中の人間史をめざして」，国立科学博物館，2016．
橋爪大三郎「世界は四大文明でできている」，NHK出版，2017．

索引

● 配列は五十音順，アルファベットで始まるものはABC順，＊は人名を示す。

●アルファベット

AAM（American Alliance of Museums）　189
ANA（全日本空輸株式会社）　33
ARTEFACTS　181, 189, 190, 191
Corporate Governance（コーポレート・ガバナンス）　199
CSR　29, 32〜34, 49, 50, 106, 115, 118, 127, 131, 138, 139, 199, 243
Curator　58, 59
EBP（Evidence-Based Policy）　69
F1層　110, 111, 113, 116, 117, 121
ICOM（International Council of Museums）　54, 181, 183〜185, 187, 238〜240
IDAサイクル　70
JMMA（Japan Museum Management Academy）　181, 192
Manifest Destiny　277
NPM　216
NPO　17, 20, 32, 91〜93, 96〜98, 104, 105, 108, 125, 176, 200, 223, 227, 232
OJT　64
OODA　70, 71
PBE（Policy-Based Evidence）　69
PDCA　70, 71
SHOT（Society for the History of Technology）　181, 190, 191

●あ　行

赤の女王仮説　263, 274
旭山動物　39, 40, 48, 49
アンデス　107, 109, 123, 124, 126
アントロポシーン（Anthropocene）　263, 272, 274, 276, 281

意思決定　51, 52, 55, 58, 61, 63, 65, 68, 69
威信的価値　46, 48, 123
遺跡　106, 107, 123
イタリア　271
イノベーション価値　46, 117, 123
イノベーションのジレンマ　203
因果関係　266
飲食　111, 112, 121
ヴェーバー，マックス＊　68
運営（オペレーション）　16
運営費交付金　67, 75, 79, 80, 86〜89, 230, 268
英国　271
営利組織　51, 54, 55, 66, 67, 71
江戸東京博物館　91, 93, 95, 96
大阪市ミュージアムビジョン　43, 49, 230〜232
公の施設　213〜217, 227, 228, 230
オーバーヘッド　193

●か　行

外交　279
回想法　35, 49
外部性　29, 45〜49
学芸員　14, 18, 31, 32, 51, 57〜62, 78, 91, 93, 98, 99, 101〜103, 135, 138, 172, 188, 190, 191, 204, 220, 223, 226, 248, 271
価値主導の段階　144
活動　164, 174, 175, 177
観光志向型　94, 95
館主体の評価　162, 166, 167, 170
鑑賞者開発（来館者開発）　155
関心の拡大　265
管理委託制度　215, 255, 261

危機　233～237
危機管理　233～237, 243
危機管理対応チーム　235, 237
危機管理へのアプローチ　233, 235
危機の種類　234, 235
企業市民　131, 132, 199
企業社会貢献　127, 132
企業社会責任　29, 32, 115, 127, 131～133, 138, 199
企業的経営　106, 107
企業統治　199
企業博物館　27, 127～131, 133～141
企業倫理　131, 243
技術　266, 267
機動力　212, 230, 231
機能志向型　136, 137, 140
機能の充実度　133～136, 138～141
寄付　67, 268～270
基本計画　249～254, 258～259
キャリア　52, 57, 62, 63
キャリアデザイン　98, 99, 223, 224
行政　65, 91, 95, 97, 98, 103
行政サービス　76～79, 90
行政評価法　163
「業績測定型」評価　170, 171
業績測定型評価　162, 172, 174, 176～178
共創　195, 206, 208～210, 212
グローバル化　63, 69, 144, 182, 263, 279, 280
クントゥル・ワシ　107, 123, 124, 125
クントゥル・ワシ博物館　106, 108, 124, 125
経営（マネジメント）　16
経営形態　27, 130, 133, 212, 213, 215, 220, 222, 228, 230, 231
経営資源　11, 16～18, 20, 27, 71, 73, 164, 175, 194, 198, 211

経済的価値　35
継続性　213, 220, 225, 229～231, 259
啓発的自己利益　132
ゲシヒト（Geschichte）　279
結果　164, 174～177
研究　91, 98～103
公益財団法人　106, 107, 119, 121～123
公益法人　80, 91, 93, 95, 96, 166, 219, 220
後援　30
効果　165～167, 174～177
公共財　45, 46, 89, 90, 116
高度経済成長期　91
公立　106
公立博物館　16, 19, 27, 43, 60, 91, 92, 97, 98, 103, 105～107, 128, 138, 162, 166, 167, 170, 177, 212～214, 218, 220, 225, 229, 232
合理的　69
国益（National interest）　183
国際委員会　184, 185
国際会議　183, 189, 269, 274, 278, 279
国際博物館会議　54, 181, 183, 272
国土形成計画（全国計画）　23, 28
国宝　阿修羅展　147, 148, 161
国民負担コスト　77
国立　106, 107, 110
国立科学博物館　55, 56, 67, 68, 73, 75～80, 82, 86～90, 106, 191, 268, 270～272, 281
国立美術館　73, 75, 77, 78, 82～86, 88, 90
国立民族学博物館　37, 109, 110
コトラー，フィリップ*　142～144, 152, 160
個人的文脈　100
コミュニケーション・マネジメント　14～16
コレクション・マネジメント　14～16, 99

コンテステド・ヒストリーズ　263, 276
コンプライアンス（法令遵守）　242

●さ　行

財源種別　268
財政　64, 65
財政悪化　92
財政難　91, 103
財務諸表　73, 74, 76, 78, 79, 81, 82, 85, 86, 88〜90, 121
札幌市芸術文化財団　254, 255, 257, 259, 260, 262
札幌市文化芸術基本計画　250, 258
札幌市文化芸術振興条例　249, 250, 257
札幌文化芸術円卓会議　250
参加型プラットフォーム　209〜211
産業博物館　129
「3方向」と「7項目」　41, 42
滋賀県立琵琶湖博物館　36, 91, 93, 99, 105, 195
事業―機能マトリックス　127, 136, 139, 140
事業志向型　136, 137, 138, 140
事業の関係性　133〜141
事業部制組織　52
事業報告書　73, 74, 76, 78〜81
資源不足　180
静岡県立美術館　158, 162, 168, 170, 178
自然災害　234, 235
持続可能な開発目標（SDGs）　33, 34
自治体　91, 92, 95, 96, 98, 105
実学　265
指定管理者制度　43, 91〜93, 96〜99, 197, 212, 213, 215〜223, 225〜229, 232, 255, 260〜262
私的財　45, 46, 116

視点の拡大　182, 263, 264, 279
シナジー志向型　136, 138, 139〜141
自分化　100, 104
島根県立古代出雲歴史博物館　220, 221, 224, 226
市民　91, 94, 95, 98, 102, 103, 105, 194, 195, 198〜201, 204, 205, 206, 208〜210
市民参画　36, 47, 169, 195, 256
使命　39, 40, 42, 48, 49, 54〜56, 66
使命の重要性　17, 166
社会的価値　23, 35, 36, 40, 42, 44, 131, 177
社会的向上価値　46, 47, 116, 123
社会批判機能価値　46, 47, 117
柔軟性　213, 214, 225, 227, 230, 231
重要文化財　119, 122
主催　30
手段　51, 54, 55, 66
手段的価値　29, 34, 35, 40, 44, 47, 48
種の保存　39, 40
準公共財　46, 116
小規模博物館　91, 97
消費者志向の段階　143, 145
情報開示　74, 78, 79
条例　167〜170
職人技　63, 64
職能別集団　51, 52
助成　30
シンクタンク　184
人口減少　23, 26, 63, 89
人災　234, 235
人材　51〜53, 57, 61, 62, 64
人材育成　57, 248
人新世（アントロポシーン）　272
人類　272〜274, 279
人類の時代　274
ステークホルダー　11, 17, 20, 21, 27, 29〜

34, 76, 77, 79, 115, 116, 118, 122, 132, 194, 198〜202, 204, 205, 209〜211
ステークホルダー主導型　209
成果　174〜177
政策　244, 245
成長　275, 276
正当性の共有　182, 264, 272, 279
製品中心の段階　143
セオリー評価　174, 175, 177, 178
セグメンテーション　143, 145, 146
設置者評価　162, 166, 167
絶滅危惧種の繁殖活動　39, 48
全科協（全国科学博物館協議会）　181, 190, 191
全国文化行政シンポジウム　247
専門人材　213, 225, 226, 230, 231
戦術　54, 71, 173, 180, 190
戦略　52, 54, 69, 71, 180, 181, 183, 190
戦略的提携　184, 205〜207
相関関係　266

....

●た　行
第一世代　93
大英博物館　89, 268
大規模博物館　91, 95, 201
第三世代　91〜94, 100, 105
第二世代　93
対話　93, 99, 100, 105
ターゲティング　143, 145
単位数　60, 61
地域志向型　94, 95
地域経済波及価値　46, 48, 123
地域創造　248, 257〜259, 261, 262
地域博物館　91, 92, 94, 95, 100
地域連携　14, 92, 99, 194, 196〜198, 203, 205〜207, 209〜211

地方自治体　254, 258〜262
地方自治法　92, 96, 213, 215, 216, 225, 227
地方独立行政法人　27, 43, 212, 213, 228〜231
地方の時代　247
中央志向型　94, 95
長期的・波及的に社会に及ぼす効果　164, 174
直接的成果　165, 176
展示制作における共同　36, 47
殿堂型　136, 137, 140
ドイツ　271
統治（ガバナンス）　16
投入　164, 174〜178
独立行政法人　73, 75〜79, 87, 89, 90, 163, 166, 229
ドラッカー，ピーター*　11, 12, 14, 15, 27, 28, 71

....

●な　行
名古屋鉄道　106, 107, 109, 119, 121
ニーズ　142〜146, 151, 153〜156, 158, 162, 174, 175, 178, 203, 206, 252
ニーズ調査　158
日博協（日本博物館協会）　181, 184, 188, 189
日本動物園水族館協会　40, 50
日本博物館協会　31, 166, 169, 170, 179, 181, 184, 188, 195, 201, 238〜240
日本ミュージアム・マネージメント学会（JMMA）　14, 28, 126, 128, 135, 181, 192, 193, 210, 211
入場　110〜112, 120, 121, 125
ニュー・パブリック・マネージメント　163
ネットワーク理論　207

年報　21, 29, 30, 34, 122
野田市郷土博物館　91, 93, 97, 98, 223, 224, 232

●は　行

博物館主導型　209〜211
博物館の機能　64, 182, 264, 279
博物館の原則　234, 240〜242
博物館の望ましい基準　179
博物館力　91, 104
はしかけ制度　36
万博　109, 117
繁文縟礼　68
非営利組織　17, 51, 54, 55, 66, 67, 71, 189
非公式組織　53
非合理的　69
ヒストリエ（Historie）　279
非日常　113〜115, 153
評価　42, 48, 49
評価の定義　162, 164
評価目的　176〜178
非来館者　202〜204
平塚市博物館　94, 95
ピラミッド型　51, 52, 65
琵琶湖博物館　36, 50, 91, 100〜105, 195
物販　111, 112, 121
ブラックボックス　266
フランス　58, 59, 187, 271
プログラム　162, 164, 165, 169, 173〜177, 179
プロジェクトチーム　52
プロセス評価　174, 175, 177
文化遺産的価値　46〜48, 117, 122
文化芸術　244, 245, 248〜254, 259
文化芸術基本法　244, 245, 248
文化芸術振興基本法　248, 259

文化財団　28, 244, 248, 257, 259〜262
文化政策　28, 195, 244〜248, 254, 257, 259, 262
文化庁　247, 248
文化の時代　247
文書主義　68, 69
米国　13, 15, 16, 28, 52, 53, 58, 59, 67, 142, 143, 155, 189, 199, 269, 271, 277
ペルー　106, 114, 115, 123〜126
方法　54
ボウモルとボウエン*　45
法令遵守（コンプライアンス）　132, 242
ポジショニング　145, 146
ボランティア　16〜18, 32, 64, 65, 97, 118, 123, 189, 196, 207〜210, 223
本質的価値　35

●ま　行

マーケティング　27, 142〜147, 153, 155, 156, 160, 161, 192, 270
マーケティング・ミックス　146
マーケティング1.0　142〜144
マーケティング2.0　143, 144, 145, 150, 153
マーケティング3.0　144, 151, 152, 160
マーケティング4.0　144, 160
マトリックス組織　51, 52, 194
マートン, ロバート・キング*　68
マニフェスト・デスティニー　277
マネジメント　11〜16, 27, 28, 49, 50, 91, 99, 126, 128〜130, 178, 197, 232, 238, 243, 252, 262
三重県総合博物館　17, 29, 30, 34, 40, 41, 49, 50, 162, 170〜172, 179
ミッション・マネジメント　14, 15
ミュージアム勧告　24
民間　106, 107, 115, 116, 118, 122, 125

民族衣装　112～114
6つの経験タイプ　152
明治村　106, 107, 109, 118～123, 126
名鉄インプレス　106, 107, 121
免許　60, 61
目的　51, 54, 55

●や　行
野外展示　108～110, 112, 113, 116
野外博物館　106, 107, 110, 122, 126

緩い結合　206, 207, 209
欲求　143～146, 153～156
弱い紐帯の強さ　207

●ら　行
リトルワールド　106～111, 113, 114, 116～118, 120, 123
レッドテープ　68
連携　180～183, 190～196, 198, 201, 205
連携疲れ　180

分担執筆者紹介

亀井　修（かめい・おさむ）　　　・執筆章→ 3・10・15

1959年	千葉県生まれ
1999年	千葉工業大学大学院工学研究科工業化学専攻博士後期課程修了
	千葉県立現代産業科学館研究員，公立学校教諭等を経て現職
	博士（工学），教育学修士
現在	独立行政法人国立科学博物館産業技術史資料情報センター副センター長，ICOM-NATHIST　ボードメンバー
専攻	産業技術史，工業化学，教育経営学，博物館経営論
主な著書	『サイエンス・コミュニケーション―科学を伝える人の理論と実践』（共訳，丸善プラネット，2003）
	『産業技術誌―科学・工学の歴史とリテラシー』（共著，裳華房，2010）
	『博物館経営論』（共著，NHK出版，2013）
	『ミュージアム・マネージメント学事典』（共著，学文社，2015）
	『日本のものづくり遺産―未来技術遺産のすべて』（監修，山川出版社，2015）
	『アントロポシーン（人の時代）における博物館―生物圏（バイオスフィア）と技術圏（テクノスフィア）の中の人間史をめざして』（共編著，国立科学博物館，2016）
	『日本のものづくり遺産Ⅱ』（監修，山川出版社，2017）
	『化学史事典』（共著，化学同人，2017）

（執筆の章順）

小津　稚加子（おづ・ちかこ）　　・執筆章→ 4

1989年	神戸商科大学（現　兵庫県立大学）大学院経営学研究科博士後期課程中途退学
現在	九州大学大学院経済学研究院准教授，日本学術会議史学委員会博物館・美術館等の組織運営に関する分科会委員
専攻	会計学
主な著書	『IFRS導入のコスト分析』（共編著，中央経済社，2011） 『IFRS適用のエフェクト研究』（編著，中央経済社，2017）

平井　宏典（ひらい・ひろのり）　　・執筆章→ 7・11・13

1979年	神奈川県生まれ
2008年	東洋大学大学院博士後期課程修了，博士（経営学） 東洋大学経営力創成研究センター助手，共栄大学国際経営学部専任講師，和光大学経済経営学部専任講師を経て現職
現在	和光大学経済経営学部准教授
専攻	経営戦略論，博物館経営論
主な著書	『ミュージアム・マネージメント学事典』（共著，学文社，2015） 「博物館における安定性分析に関する試論」和光経済 第48巻2号，pp.17－26，2016 「わが国における博物館経営論の変遷と最新動向」和光経済　第47巻3号，pp.45－52，2015

編著者紹介

稲村　哲也（いなむら・てつや）
・執筆章→5・6

1950年	静岡県生まれ
1981年	東京大学大学院社会学研究科単位取得退学
	野外民族博物館リトルワールド研究員，愛知県立大学教授を経て現職
現在	放送大学特任教授
専攻	文化人類学
主な著書	『リャマとアルパカ―アンデスの先住民社会と牧畜文化』（単著，花伝社，1995）
	『ヒマラヤの環境誌―山岳地域の自然とシェルパの世界』（共編著，八坂書房，2000）
	『続生老病死のエコロジー―ヒマラヤとアンデスに生きる身体・こころ・時間』（共編著，昭和堂，2013）
	『遊牧・移牧・定牧―モンゴル，チベット，ヒマラヤ，アンデスのフィールドから』（単著，ナカニシヤ出版，2014）
	『都市と草原―変わりゆくモンゴル』（共編著，風媒社，2015）
	『博物館展示論』（編著，放送大学教育振興会，2016）
	『博物館情報・メディア論』（共編著，放送大学教育振興会，2018）
	『レジリエンスの諸相―人類史的視点からの挑戦』（共編著，放送大学教育振興会，2018）

佐々木　亨（ささき・とおる）　————執筆章→ 1・2・8・9・12・14

1959年	北海道生まれ
1987年	北海道大学大学院文学研究科修士課程修了
	旅行代理店，民間シンクタンク研究員，北海道立北方民族博物館学芸員，東北大学東北アジア研究センター助教授を経て現職
現在	北海道大学文学研究院教授
専攻	博物館経営論，文化人類学
主な著書	『アーツ・マネジメント概論』（共著，水曜社，2009）
	『ミュージアム・マネージメント学事典』（共著，学文社，2015）
	『空間に遊ぶ—人文科学の空間論』（共著，北海道大学出版会，2016）
	『文化経済学の展望』（共著，ミネルヴァ書房，2016年）
	『博物館の歴史・理論・実践2—博物館を動かす」（共著，藝術学舎，2017）

放送大学教材　1555073-1-1911（ラジオ）

新訂　博物館経営論

発　行　2019年3月20日　第1刷
編著者　稲村哲也・佐々木　亨
発行所　一般財団法人　放送大学教育振興会
　　　　〒105-0001　東京都港区虎ノ門1-14-1　郵政福祉琴平ビル
　　　　電話　03（3502）2750

市販用は放送大学教材と同じ内容です。定価はカバーに表示してあります。
落丁本・乱丁本はお取り替えいたします。

Printed in Japan　ISBN978-4-595-31933-4　C1330